Sang neuf

109

Gault&Millau

Sang neuf

Chez Gault&Millau, nous sommes vraiment chanceux. Chanceux de pouvoir trouver sans aucune difficulté 109 nouveaux talents, de pouvoir mettre en avant 109 chefs qui ont ouvert une table d'intérêt dans l'année, de pouvoir citer 109 cuisiniers parmi lesquels certains sont, n'en doutez pas, les grands de demain. Chanceux de pouvoir compter à la fois sur des énergies positives qui osent se lancer dans des aventures par nature incertaines et sur un écosystème pas si défavorable que ça. Chanceux de pouvoir s'appuyer sur nos têtes chercheuses, impartiales et bienveillantes, qui, sous la houlette du directeur des enquêtes, Marc Esquerré, sillonnent toutes les routes de France, fouillent au cœur de tous les territoires, testent et dénichent ceux qui constituent le sang neuf de la gastronomie en France. Chanceux d'avoir pu compter sur l'enthousiasme de ces chefs à dévoiler l'une de leurs recettes signature. Vraiment chanceux, enfin, de pouvoir partager ces découvertes avec vous, passionnés ou amateurs, sur papier, certes pas glacé, mais satiné et surtout imprimé.

En cuisine, on ne parle pas de collection, mais on parle sans cesse de saison. Pourtant, en mode comme en gastronomie, il y a des attentes partagées qui apparaissent et des réponses communes qui se font jour, des lames de fond qui dessinent de nouveaux paysages avec de jeunes talents émergeant et donnant, de facto, des coups de vieux à certains. Les 109 chefs de cet ouvrage, dans toute leur diversité, en sont le reflet. Certains renversent certes plus la table que d'autres, à l'instar de leurs aînés, eux aussi en leur temps dénichés par Gault&Millau – les Paul Bocuse, Marc Veyrat, Pierre Gagnaire, Alain Ducasse, Michel Troisgros… Certains s'affranchissent un peu plus des règles imposées par le temps et les habitudes, quand d'autres reviennent à une forme de tradition, presque bourgeoise, de la cuisine ; certains soignent autant le fond que la forme, quand d'autres délivrent une expérience presque farouche de ce que devrait être, selon eux, la cuisine d'aujourd'hui ; certains réinterprètent leur propre terroir, quand d'autres viennent de très loin pour le réenchanter ; certains réinventent l'auberge de campagne, quand d'autres twistent le bistrot urbain ; certains s'inscriront dans un temps long et progresseront, quand d'autres rendront leur tablier et passeront à autre chose ; certains travaillent en solo au piano, d'autres n'imaginent pas leur table sans leur moitié, sans leur bande de copains ; certains sont au masculin, d'autres au féminin (pas assez encore, assurément) ; certains, autodidactes, ont quitté un métier, une vie confortable et des voies toutes tracées pour vivre leur passion, quand d'autres s'inscrivent dans une filiation assumée, parfois autant revendiquée par eux-mêmes que par leurs pères/pairs ; certains s'engagent davantage vers une cuisine plus responsable, plus inclusive, plus humble… Tous incarnent, finalement, à leur manière, ce nouvel élan, ce sang neuf, qu'il faut saluer, encourager, soutenir…

Depuis quelque temps, on parle – ils se définissent même parfois eux-mêmes comme tels – de chefs entrepreneurs. Une expression pas très belle qui sent un peu le marketing à deux sous, mais qui a au moins le mérite de rendre justice à ceux qui cuisinent, managent, imaginent, administrent, embauchent, déclarent, renouvellent ; bref, ceux qui sont sur tous les fronts et prennent le risque du gadin. Ce sont essentiellement ceux-là que distingue Gault&Millau dans cet ouvrage. Ceux-là qui s'inventent et se mettent au service du bien, du bon et du beau manger. Ceux-là aussi qui, comme me le disait l'un d'entre eux, *« cuisinent pour les autres, plus pour faire plaisir aux autres qu'à eux-mêmes, qui ne se regardent pas cuisiner, mais regardent et écoutent le client se régaler »*. Se régaler et parfois aussi s'interroger. Car c'est cela aussi ce sang neuf qui irrigue la gastronomie française : une cuisine qui questionne et éveille les consciences autant qu'elle surprend et apporte un moment, aussi fugace soit-il, de pur bonheur.

STÉPHANE BRÉHIER

Directeur de la rédaction

BE WTR
AQTIV
BE WTR

SAINT-VALERY-SUR-SOMME 1
HEUGUEVILLE-SUR-SIENNE 1
ROUEN 1
NASSANDRES 1
TRÉBEURDEN 1
SAINT-CYR-EN-ARTHIES 1
SAINT-CAST-LE-GUILDO 2
BOULOGNE-BILLANCOURT
QUIMPER 3
RENNES 1
JOSSELIN 1
BRUZ 1
LORIENT 1
CHAHAIGNES 1
VANNES 2
CHAUMONT-SUR-LOIRE 1
LA TURBALLE 1
SAUMUR 1
PORNICHET 1
LIGRÉ 1
LA TRANCHE-SUR-MER 1
SAINT-PIERRE-D'OLÉRON 1
PÉRIGUEUX 1
SAINT-ASTIER 1
ALTILLAC 1
ARÈS 1
BORDEAUX 3
CADILLAC-SUR-GARONNE 1
LIMOGNE-EN-QUERCY 1
SAINT-JUSTIN 1
BIDART 1
TOULOUSE 2
CAMBO-LES-BAINS 2
PAU 1
ESPELETTE 1
ROUÈDE 1

109 TABLES, LE SANG NEUF DE LA GASTRONOMIE EN FRANCE

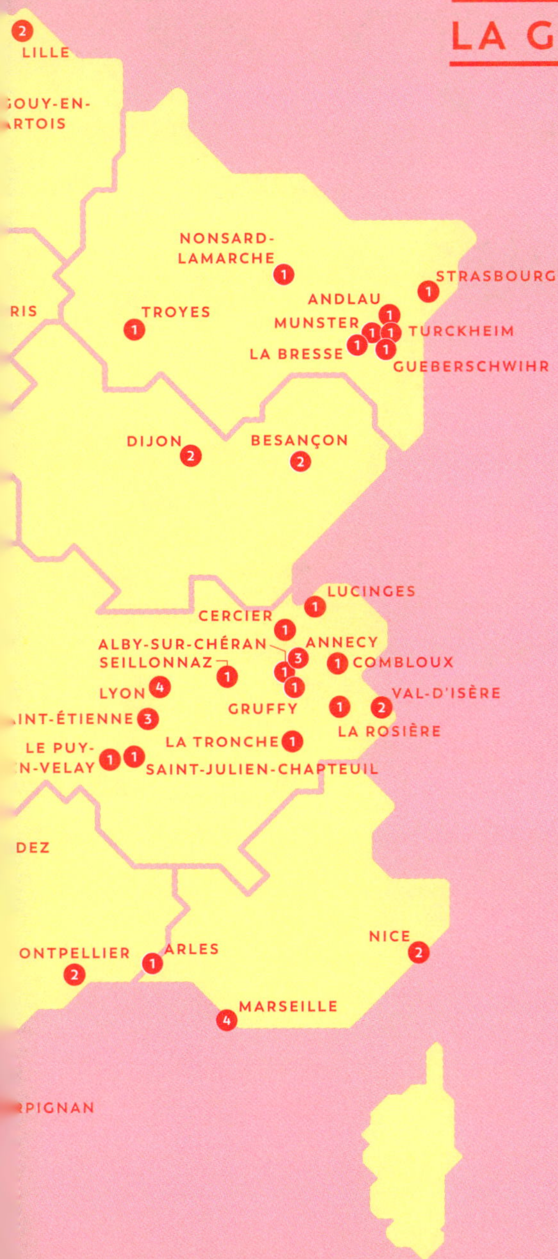

ENZO DUCHESNE

C'était un bourgeon ouvert à l'automne dernier, devenu une belle fleur au printemps, grâce à un jeune duo performant. Dans ce village d'Alby-sur-Chéran au charme pittoresque, Enzo Duchesne et Adrien Lavorel, quasiment copains d'enfance puisqu'ils se sont connus à l'école hôtelière de Thonon, ont choisi de bonnes graines pour faire pousser leur projet. Enzo a travaillé au Mont d'Arbois, Adrien aux Crayères, avant qu'ils ne se retrouvent du côté de la Côte de Jade chez Mathieu Guibert à l'hôtel Anne de Bretagne. L'exemple de ce chef 4 toques doublé d'un très bon manager et entrepreneur les inspirera pour revenir dans leur Savoie ouvrir leur propre maison.

Circuits courts, légumes et herbes, inspiration régionale et végétale, le message à la mode et désormais habituel est ici appliqué à la lettre. En parfaite osmose avec le travail d'Enzo, Adrien conduit la salle de main de maître et met son érudition de sommelier hors pair au service d'une cave pointue dans laquelle il virevolte avec passion, du vignoble local des mondeuses, altesses ou encore jacquères aux grands flacons classiques.

Pendant ce temps, Enzo nous fait visiter les villages voisins : les endives d'une ferme lombricole, le chèvre de Gruffy, la noix d'Alby... Et puis arrive le cochon des Bornes, la butternut du Jardin des Murmures, le jus à l'ail noir d'Alby. Le soin à l'assiette, l'aisance d'Adrien et la belle énergie qui se dégage de cette maison joliment designée par un duo d'architectes construisent déjà le succès d'aujourd'hui.

Le Bourgeon — 12,5/20
8, place du Trophée – 74540 Alby-sur-Chéran

RECETTE DE CHEF - FACILE

POUR	PRÉPARATION	CUISSON	REPOS
6 PERSONNES	45 MIN	1 H 15	24 H

Brochet
& radis

MOUSSELINE DE BROCHET
300 g de filets de brochet
300 g de crème fraîche entière liquide
1 blanc d'œuf
1 citron
1 c. à soupe de baies roses

PICKLES DE RADIS
1 botte de radis
50 g de sucre
10 cl de vinaigre blanc

ÉMULSION DE FANES DE RADIS
Les fanes de la botte de radis
2 échalotes
50 g de beurre
10 cl de vin blanc
40 cl de bouillon de légumes
Huile d'olive

BAVAROISE DE TOPINAMBOURS
400 g de topinambours
100 g de crème fraîche liquide
Feuilles de gélatine

DRESSAGE
20 g d'œufs de truite
Sel et poivre

1 – Réalisez les pickles de radis (la veille) : taillez les radis en cubes et mettez-les dans un bocal. Faites chauffer le sucre, le vinaigre et 15 cl d'eau avec un peu de sel et du poivre. À ébullition, versez le mélange sur les radis, fermez le bocal et laissez mariner au moins 24 h.

2 – Préparez l'émulsion de radis : émincez les échalotes, faites-les suer dans le beurre et un peu d'huile d'olive, ajoutez les fanes de radis grossièrement hachées. Déglacez avec du vin blanc, mouillez au bouillon de légumes, assaisonnez et laissez cuire 45 min. Mixez l'ensemble et laissez refroidir. Au moment de servir, montez l'émulsion à l'huile d'olive.

3 – Réalisez la mousseline de brochet : taillez les filets de brochet en morceaux, mixez-les avec la crème, ajoutez le blanc d'œuf. Passez l'appareil au tamis, puis assaisonnez et ajoutez les zestes du citron et les baies roses hachées. Faites cuire l'appareil à la vapeur 15 min, puis laissez refroidir.

4 – Préparez la bavaroise de topinambours : faites cuire à l'anglaise* les topinambours épluchés. Mixez-les afin d'obtenir une purée. Pesez-la et ajoutez à chaud 1 feuille de gélatine (préalablement ramollie dans de l'eau froide) par 100 g de purée. Laissez refroidir l'appareil au réfrigérateur, puis montez la crème au robot (avec le fouet). Incorporez-la dans la purée de topinambours, rectifiez l'assaisonnement, puis mettez-la dans une poche à douille.

5 – Dressage : au centre de l'assiette, placez un cercle de mousseline, assaisonnez de fleur de sel et de baies roses broyées au moulin, ajoutez les pickles de radis et une cuillerée à café d'œufs de truite. Dressez la bavaroise de topinambours tout autour de la mousseline. Montez l'émulsion de fanes au mixeur plongeant et disposez-la autour de l'assiette.

OSCAR GARCIA

Oscar Garcia aime les challenges. Non pas qu'il soit velléitaire, mais il réussit souvent là où on ne l'attend pas, sait mieux que personne réveiller la campagne, s'approprier un terroir, faire briller un territoire. L'ancien second de Franck Putelat, qui nous avait tant séduit dans son premier poste de chef à la Table d'Uzès en raflant 3 toques d'emblée, a ouvert il y a un an avec sa compagne, Julie Pons, cette belle table dans un fier manoir XIXe classique à la lisière du département, tout près de Beaulieu-sur-Dordogne.

Dans ce superbe cadre, qui fut une demeure viticole et celle d'un négociant en bétail, le chef exprime le sens du beau et du bon en s'appuyant sur la région. Avec son bagage technique, il sait valoriser le produit tout en lui donnant une tournure très personnelle, élaborée, graphique, dans une très belle salle aux murs de pierre et aux matériaux chaleureux, bois blond et tons beiges en majorité. La restauration se double d'une activité hôtellerie avec cinq chambres élégantes.

Les herbes viennent du jardin, les truites de la pisciculture, les légumes des maraîchers alentour et les fraises de Beaulieu, bien sûr, la capitale en la matière. Même le caviar peut ici prendre du sens, tant celui produit à Neuvic, dans le proche Périgord, est aujourd'hui reconnu comme produit régional de qualité. Avec le saumon de fontaine et le veau sous la mère, évidemment corrézien, qu'il associe à l'anguille fumée, Oscar dresse un menu très affriolant, à 75 € pour sept services qui tracent une ligne cohérente et valorisante.

Cueillette — 12,5/20
3, La Raufie – 19120 Altillac

POUR
6 PERSONNES

PRÉPARATION
20 MIN

CUISSON
35 MIN

Saumon de fontaine
asperges & fraises

1 saumon de fontaine
Œufs de saumon

SAUCE VIN BLANC
4 échalotes
25 cl de vin blanc
25 cl de crème
40 g de beurre
1 bouquet garni

TARTARE DE FRAISES ET ASPERGES
6 grosses asperges blanches
4 asperges vertes
1 branche de mélisse
10 grosses fraises Mariguette
Huile d'olive
Fleur de sel

1 - Préparez le saumon de fontaine: levez les filets, désarêtez (réservez les arêtes), parez et portionnez en 6. Vous pouvez demander à votre poissonnier de le faire.

2 - Réalisez la sauce vin blanc: avec les arêtes et le bouquet garni, réalisez un fumet de poisson. Laissez cuire 20 min avec 50 cl d'eau. Faites suer les échalotes ciselées, mouillez au vin blanc. Laissez réduire, puis mouillez au fumet de poisson. Laissez réduire de nouveau et ajoutez la crème. Laissez concentrer et rectifiez en ajoutant du vin blanc. Montez au beurre.

3 - Réalisez le tartare de fraises et d'asperges: épluchez, taillez et biseautez les têtes d'asperge blanche. Taillez les asperges vertes et les queues des asperges blanches en brunoise (petits dés). Coupez 3 fraises en deux, taillez le reste en brunoise et mélangez avec la brunoise d'asperges. Assaisonnez, ajoutez de l'huile et la mélisse ciselée. Faites cuire les têtes d'asperge dans l'eau bouillante salée 12 min.

4 - Cuisson du saumon: marquez le dos de saumon dans une poêle bien chaude. Retirez et laissez terminer la cuissonhors du feu. Assaisonnez à la fleur de sel.

5 - Dressage: disposez harmonieusement sur chaque assiette une quenelle de tartare, une cuillerée de sauce parsemée d'œufs de saumon, l'asperge blanche et la fraise « croque sel ». Décorez de quelques fleurs de votre jardin et de mélisse.

HUGO EHRHARDT

C'est la nouveauté de l'année sur la route des vins d'Alsace : Julie Soiteur et Hugo Ehrhardt, passés par Lameloise à Chagny, La Maison des Têtes à Colmar et le Royal Savoy à Lausanne, ont repris le Caveau du Val d'Éléon et l'ont transformé en table pour fins gourmets.

Ce caveau était un lieu emblématique dans ce ravissant village au pied du mont Sainte-Odile. Nous y passions d'excellents moments, avec une cuisine rustique et régionale de très bonne facture. Il était important que cet esprit de partage et de convivialité alsacienne perdure.

Dans cette demeure à colombages, postée au milieu du bourg, le folklore coloré a néanmoins laissé place à des teintes plus claires ; la pierre et le bois sont mieux mis en valeur. Julie est seule en salle, elle accueille les convives avec douceur et discrétion. Hugo, chef de cuisine plein de verve, décline dans une carte et deux menus une gastronomie aux bases solides, franche, axée sur les produits de saison, rehaussée de petites touches d'originalité.

On ressent, dès les premières notes, un pâté en croûte garni de foie gras, ris de veau et noisettes, les radis couleurs d'Ariane et Julien en pickles, cette volonté d'ancrer chaque assiette dans son terroir tout en développant, sur les bases traditionnelles, sa propre lecture. Un peu plus loin, nous avons encore passé un excellent moment avec le quasi de veau de lait cuit sur le gril, artichauts en texture, poudre d'olive, offrant une viande épaisse et un vrai plaisir, avec un jus aromatique bien réduit.

Restaurant Partage — 13/20

19, rue du Docteur-Stoltz – 67140 Andlau

POUR	PRÉPARATION	CUISSON	REPOS
6 PERSONNES	1 H 30	5 H	12 H

Lapin d'Alsace confit
anguille fumée en terrine, aspérule et fraîcheur de radis

8 cuisses de lapins d'Alsace
200 g de filets d'anguille fumée
1 kg de graisse de canard
2 citrons jaunes
5 g de raifort frais ou en pâte
10 cl d'huile de noisette
Sel et poivre

PICKLES
1 belle botte de radis (n'hésitez pas à jouer sur les formes et les couleurs)
25 cl de vinaigre de miel
125 g de sucre
5 g de sel

CONDIMENT ASPÉRULE
15 cl de liqueur aspérule
5 cl de jus de citron
2 g d'agar-agar

1 – Préparez les pickles (la veille) : lavez les radis et, selon le calibre, coupez- les en 2 ou 3 dans le sens de la longueur. Réunissez dans une casserole 50 cl d'eau, le vinaigre, le sel, le sucre (des épices, graines ou poivres peuvent être ajoutés à votre convenance). Portez à ébullition et plongez-y ensuite les radis. Donnez une brève ébullition à nouveau, puis laissez refroidir et réservez au réfrigérateur jusqu'au lendemain.

2 – Préparez la terrine (la veille) : dans un plat de taille moyenne, disposez le lapin, salez légèrement les deux faces, puis recouvrez-les avec la graisse de canard. Enfournez à 120 °C pendant 4 à 5 h en baissant la température à 80 °C.
– À la fin de la cuisson, les cuisses doivent être confites et s'effilocher facilement. Laissez refroidir légèrement, puis retirez délicatement la chair des os et déposez-la dans un saladier. Zestez les citrons, ajoutez l'huile de noisette, du sel, du poivre, le raifort râpé ou en pâte et mélangez.
– Chemisez un petit moule rectangulaire ou carré avec du film alimentaire, puis disposez de façon régulière et homogène la moitié du lapin. Recouvrez avec les filets d'anguille fumée, puis disposez l'autre moitié du lapin de façon à avoir une superposition régulière lapin/anguille/lapin. Recouvrez de film alimentaire, puis déposez un poids dessus de façon à presser la terrine. Conservez au frais une nuit.

3 – Préparez le condiment à l'aspérule : portez à ébullition l'aspérule avec le jus de citron et l'agar-agar en remuant avec un fouet. Débarrassez et laissez figer au réfrigérateur.
– Une fois la préparation gélifiée, mixez au mixeur plongeant jusqu'à obtention d'une texture onctueuse et dense.

4 – Dressage : démoulez la terrine et taillez de belles tranches dans la longueur, disposez les pickles de radis. À l'aide d'une poche à douille ou d'une pipette, dressez le condiment à l'aspérule sur la terrine. Décorez avec des copeaux de radis, des fleurs comestibles et des herbes sauvages.

OLIVIER VITTE

Voilà une adresse de quartier qui va faire parler d'elle, un excellent bistrot aux sourires méditerranéens avec un excellent rapport prix-plaisir, confirmant Annecy comme une nouvelle destination gastronomique pour la jeune cuisine.

La nouvelle donne, c'est aussi le profil atypique des deux instigateurs de ce Bistro Sauvage. Olivier Vitte a tout simplement changé de métier en intégrant Ferrandi en 2015 pour y obtenir un CAP de cuisine. Il fréquente alors les beaux lieux branchés de la capitale : les Pères Populaires avec Elsa Marie, le Châteaubriand avec Inaki Aizpitarte, le bouillant Gravity et ses cocktails ensorcelants. Installé à Annecy en 2017, il devient chef du Ouistiti à Roulettes et passe au Cheval à Bascule où il développe cette cuisine levantine qu'il affectionne. Quant à Aurore Mainfroy, qui donne de si précieux conseils sur la belle carte des vins qu'ils ont réussi à assembler, elle est aussi prof d'ayurveda…

En quelques mois, ils ont rallié les suffrages et conquis, bien au-delà du quartier, une clientèle annécienne charmée par l'ambiance chill out et les assiettes pleines d'idées d'Olivier, qui profite de tous les bienfaits de la nature en les assaisonnant d'accent sudiste, dans un total respect des producteurs et de la saisonnalité. Il faut goûter ses éclairs du moment, son généreux moutabal, de très bons et régressifs gnocchis de patate douce et pesto à l'ail des ours, le « banista » d'origine bulgare avec ses feuilles de brick, feta épinards et mozzarella ou encore le bluffant dessert duo aubergine-chocolat blanc, surmonté d'ail noir, brownie et huile d'olive…

Bistro Sauvage — 12/20
9, avenue des Îles – 74000 Annecy

RECETTE DE CHEF - **FACILE**

POUR	PRÉPARATION	CUISSON	REPOS
4 PERSONNES	55 MIN	40 MIN	1 H

Tartare de thon de Saint-Jean-de-Luz, salade lentilles corail, haricots verts & abricots

1 filet de thon germon

MARINADE
1 bouquet de coriandre
1 oignon rouge
Gingembre confit
Huile de tournesol
1 orange
1 citron vert
Piment d'Espelette
50 g d'œufs de truite

SALADE
500 g de lentilles corail
200 g de haricots verts
4 abricots
1 bouquet de cébette
Huile d'olive
Vinaigre de cidre

TOPPING
1 fenouil

1 – Préparez la salade : faites cuire les lentilles corail dans une casserole en lançant la cuisson à froid et stoppez le feu 5 min après ébullition. Laissez refroidir sous un filet d'eau dans une passoire et réservez.
– Faites cuire les haricots verts bien croquants. Dès que l'eau bout, mettez une pincée de gros sel et laissez cuire durant 5 min. Faites-les refroidir en les plongeant dans une glaçante*. Coupez-les en petits tronçons et réservez.
– Coupez les abricots en petits quartiers et réservez.
– Émincez finement les cébettes.
– Mélangez le tout dans un saladier avec une vinaigrette mélangeant une huile d'olive première pression et un vinaigre de cidre de qualité.

2 – Pour le topping : coupez le fenouil à la mandoline et plongez-le dans l'eau froide pendant 30 min afin de l'assouplir.

3 – Préparez le tartare : détaillez des petites tranches dans le filet, puis coupez en dés. Réservez au réfrigérateur.

4 – Préparez la marinade : émincez finement l'oignon rouge, le gingembre et la coriandre. Zestez un citron vert et une orange, puis pressez-les. Mettez le tout dans un bol, laissez mariner en y ajoutant les œufs de truite, une cuillerée d'huile de tournesol, une petite cuillerée de piment d'Espelette et une pincée de fleur de sel. Laissez reposer au réfrigérateur pendant 30 min.

5 – Dressage : mélangez la salade, disposez trois cuillerées généreuses au milieu de l'assiette. Mettez les dés de thon dans le bol de marinade afin de bien les imprégner de la sauce, puis déposez les morceaux sur la salade. Ajoutez le topping de fenouil par-dessus ainsi qu'un filet d'huile d'olive.

E. DEHILLERIN
75001 PARIS · FRANCE

ATHANOR

ALBAN CHANTELOUP

Parmi les Dotations Jeunes Talents Gault&Millau attribuées cette année, une des sessions nous a particulièrement impressionné, par la qualité des lauréats, leur façon d'envisager le métier et leur aventure personnelle, leur projet, leurs envies. L'un deux était Alban Chanteloup.

Un cuisinier bien dans sa tête et dans son époque. Après sa formation première à Bourges et un stage chez Bras, il passe chez Alain Périllat (Atmosphères, au Bourget-du-Lac), puis Laurent Petit (Clos des Sens, à Annecy), avant de s'envoler pour voyager et travailler en Australie et en Asie. Il rentre ensuite en Suisse, puis devient chef en résidence à Fulgurances, à Paris, avant de mûrir son projet durant trois ans comme chef et consultant.

Le voilà chez lui, dans ce lieu qu'il veut « choral », en travaillant en équipe, tout en poursuivant ses objectifs, en termes d'engagement, de durabilité, mais aussi de bien-être en salle comme en cuisine. L'engagement, c'est de s'appuyer sur les fournisseurs locaux et la pêche de petit bateau. Annecy est une terre bénie : le lac est une beauté, la clientèle se montre avisée, la Suisse est proche et le dynamisme bien présent, ainsi qu'en témoignent les nombreuses tables créées depuis quelques années et s'inscrivant dans la modernité selon Gault&Millau.

Son Choral au look contemporain est déjà victime de son succès : 20 couverts seulement ; des réservations qui s'accumulent ; pour les veinards, la joie de pouvoir profiter de cette adresse vite devenue indispensable. Avec son complice Aymeric Velluz en salle, excellent animateur et promoteur d'une cave elle aussi atypique, Alban fait passer le bon message d'une cuisine savoureuse et naturelle.

Choral — 12,5/20
33, avenue des Romains – 74000 Annecy

POUR	PRÉPARATION	CUISSON	REPOS
6 PERSONNES	30 MIN	25 MIN	2 H

Asperges trop cuites
de ma grand-mère

12 grosses asperges
300 g de yaourt de brebis
Croûtons de pain
2 pamplemousses
20 cl de tonic
Huile d'olive
Thym
3 gousses d'ail
Herbes (suivant la cueillette ou le marché)
Sel fin marin
Fleur de sel
Piment (facultatif)

1 – Yaourt monté : ajoutez une pincée de sel au yaourt et laissez-le s'égoutter dans une étamine ou un filtre à café au minimum 2 h (idéalement 24 h). Montez le yaourt avec de l'huile d'olive (si le yaourt n'est pas assez crémeux, ajoutez du petit lait).

2 – Condiment pamplemousse : mélangez 100 g de pulpe de pamplemousse cuite avec l'intégralité du jus de pamplemousse, une pincée de sel, 20 cl de tonic, faites cuire le tout à feu doux. Une fois une consistance bien compotée, mixez avec un trait d'huile d'olive.

3 – Préparez les asperges : épluchez chaque asperge deux fois. Dans un grand sautoir, faites-les suer à couvert pendant 5 à 7 min. Dès qu'une légère coloration apparaît, assaisonnez et ajoutez 1 ou 2 cuillerées d'eau si nécessaire. Faites réduire le feu au minimum. Ajoutez le thym et une gousse d'ail écrasée en chemise (avec la peau). Laissez cuire jusqu'à ce que l'asperge soit confite.

4 – Dressage : le plat peut être servi froid ou tiède. Sur une assiette ou dans un bol, coupez les asperges selon votre envie. Vérifiez l'assaisonnement (si nécessaire, ajoutez un peu de fleur de sel). Disposez le yaourt et le condiment pamplemousse de façon harmonieuse. Parsemez quelques herbes assaisonnées d'huile d'olive, de jus de citron et de fleur de sel. Enfin, ajoutez les croûtons de pain émiettés.

CLÉMENT TORRES

Grand admirateur du Japon et de ses rites, Clément Torres est un adepte du concept intéressant de « cuisine de soustraction ». Autrement dit, une cuisine où l'on élimine le superflu pour ne conserver que l'essence même du plat, le produit brut dans sa nudité et sa pureté. Comme le rappelle souvent avec à-propos notre académicien Michel Trama, *« la bonne cuisine, ce n'est pas quand il n'y a plus rien à ajouter, c'est quand il n'y a plus rien à enlever »*.

Le jeune chef montpelliérain a trouvé à Annecy l'adresse idéale pour s'exprimer. Le faubourg Sainte-Claire, très touristique mais aussi très gourmand, est une pépinière pour les jeunes maisons qui se lancent. Lauréat de la Dotation Jeunes Talents Gault&Millau l'an passé, Clément a enchaîné les belles expériences afin de mieux définir son projet.

Ancien moniteur de voile, il s'est reconverti il y a une dizaine d'années, commençant en Australie, avant de revenir en France passer un CAP cuisine, travailler dans la région toulousaine (notamment chez Frank Renimel, à En Marge), puis à Genève pour y suivre son épouse et terminer par un voyage particulièrement marquant au Japon. *Saba*, mot japonais qui signifie « maquereau » en français, est donc un hommage à l'un des poissons fétiches de cette cuisine qu'il affectionne.

Des plats intelligents, des saveurs peu communes et des cuissons parfaites : un excellent bouillon à l'anguille fumée, des crevettes sauvages, légèrement fumées, patate douce et nashi ou cette superbe lotte, aubergines compotées et charbon végétal avec une sauce gochujang légèrement pimentée, voilà un programme original à l'affiche de cette indispensable nouveauté annécienne.

Saba — 13,5/20
21, faubourg Sainte-Claire – 74000 Annecy

POUR	PRÉPARATION	CUISSON	REPOS
4 PERSONNES	25 MIN	13 H	12 H

Échine de cochon fermier laquée à l'anguille, champignons de Rudy et algues de Julie

1 échine de cochon fermier de 600 à 800 g

MARINADE/BOUILLON
1 anguille fumée
2 oignons
1 gousse d'ail
1 clou de girofle
1 cardamome
½ étoile de badiane
2 morceaux d'algue kombu de 20 à 30 cm
25 cl de sauce soja sucrée
100 g d'algue dulse
100 g d'algue wakamé
100 g de haricot de mer (algue)
200 g de pleurotes

HUILE DE SHISO
5 feuilles de shiso
10 cl d'huile de pépins de raisin

LAQUAGE
Peau et tête d'anguille fumée
15 cl de saké
15 cl de mirin
10 cl de sauce soja

DRESSAGE
Katsuobushi (flocons de bonite séchée, fermentée et fumée)
Algues nori

1 - Préparez la marinade (la veille) : mettez dans une cocotte l'échine avec l'ail, les oignons, le clou de girofle, la cardamome, la badiane, un morceau de kombu, la sauce soja sucrée et quelques morceaux d'anguille fumée. Mouillez d'eau à hauteur, couvrez et cuire à 80 °C pendant 12 h.

2 - Préparez l'huile de shiso (la veille) : mixez et chauffez à 80 °C au Thermomix (vitesse 4, pendant 6 min) l'huile de pépins de raisin et les feuilles de shiso (ou effectuez les étapes successivement si vous n'avez pas le robot). Débarrassez sans filtrer et laissez infuser toute la nuit. Le lendemain, filtrez et mettez en pipette. Réservez.

3 - Sortez le cochon de la cocotte et réservez. Laissez refroidir, puis dégraissez le bouillon préalablement filtré. Dessalez les algues 5 min dans de l'eau froide, puis égouttez-les.

4 - Préparez le laquage : mettez dans une casserole les parures et la tête d'anguille. Colorez, puis déglacez au saké. Mouillez à hauteur, laissez cuire 45 min, puis filtrez. Faites réduire, ajoutez la sauce soja, puis le mirin. Taillez 4 tranches d'échine d'environ 4 cm d'épaisseur, répartissez le laquage au pinceau. Faites griller la viande, idéalement au BBQ japonais, sinon au four à 160 °C durant 6 min.

5 - Chauffez le bouillon de cuisson de cochon, ajoutez les algues et pleurotes nettoyés. Portez à ébullition, rectifiez l'assaisonnement (avec soja, laquage et mirin).

6 - Dressage : disposez un morceau de cochon dans l'assiette et parsemez de copeaux de katsuobushi et nori sur le dessus. Versez le bouillon avec les algues et les pleurotes dans un bol, puis perlez avec de l'huile de shiso.

MARC-ANTOINE LEPAGE

Toute la Gironde en bruissait de curiosité. Après la médiatique Claire Vallée, qui allait reprendre cet Ona dont on avait tant parlé ? Il fallait une pointure au moins équivalente pour relever le gant d'une notoriété aussi fulgurante.

C'est le très talentueux Marc-Antoine Lepage, précédemment aux Foudres de Cognac, qui s'est installé pour son premier restaurant avec sa compagne, Adeline Lesage. Son CV est plus impressionnant que celui d'un général napoléonien: depuis sa jeunesse nantaise, avec une première formation chez les Vételé à la Plaine-sur-Mer, il a enchaîné les grandes toques et les palaces – Michel Rochedy et Stéphane Buron au Chabichou, Jacques Chibois à La Bastide Saint-Antoine, Mauro Colagreco au Mirazur –, avant la belle expérience aux Chais Monnet qui lui valut 3 toques.

Le cadre est posé: redonner le plaisir de la découverte, montrer les produits locaux sous un jour brillant, avec la patte d'un chef de haut niveau pour offrir d'emblée l'une des plus belles tables du bassin d'Arcachon, à l'ambiance douce et chic. Avec des assiettes qui savent à chaque fois raconter une belle histoire.

Nacre — 13,5/20
3 bis, rue Sophie-et-Paul-Wallerstein – 33740 Arès

POUR
6 PERSONNES

PRÉPARATION
1 H 30

CUISSON
55 MIN

Merlan
tartelette butternut, jus potiron-clémentine

3 merlans de ligne

PÂTE À HUILE
500 g de farine
12 cl d'huile d'olive
5 g de sel
1 jaune d'œuf
15 cl d'eau

CONFIT DE BUTTERNUT & CURCUMA
150 g de chair de butternut
50 g de miel
20 g de baies de goji mi-sèches
Le zeste de 1 orange
10 cl de jus d'orange
6 g de curcuma frais
Le jus de 1 citron

CARPACCIO DE BUTTERNUT
1 butternut
Huile de mandarine

PURÉE DE BUTTERNUT
1 butternut
2 oignons
Beurre
Bouillon de légumes

GELÉE DE KALAMANSI
25 cl de jus de kalamansi
5 g d'agar-agar

JUS POTIRON-MANDARINE
2 kg de potiron
1 kg de mandarines
10 g de Maïzena
5 g de miso
150 g de beurre
Sel

MATÉRIEL SPÉCIFIQUE
Four vapeur

1 – Habillez* les merlans, levez les filets et enlevez les arêtes. Faites cuire les filets de poisson au four vapeur à 54 °C pendant 10 min.

2 – Pâte à huile : mélangez tous les ingrédients au robot pour réaliser une pâte et faites-en une boule. Abaissez*-la finement à l'aide d'un rouleau à pâtisserie et foncez les moules à tartelette. Faites cuire à blanc 15 min dans un four à 180 °C (th. 6).

3 – Confit de butternut : épluchez, puis taillez le butternut en brunoise pour faciliter la cuisson. Réalisez un caramel avec le miel et 5 cl d'eau dans une casserole. Ajoutez la brunoise de butternut, les baies de goji, le zeste d'orange, et déglacez au jus d'orange. Ajoutez le curcuma et laissez cuire à couvert pendant 10 à 15 min à feu doux, jusqu'à ce que la courge soit fondante. Acidifiez, si vous le souhaitez, avec un peu de jus de citron. Mixez afin d'obtenir une purée bien lisse, poivrez et réservez au frais.

4 – Carpaccio de butternut : épluchez, puis taillez le butternut en fines tranches. Faites blanchir rapidement (afin de les garder croquantes) dans une grande casserole d'eau bouillante salée. Taillez-les en quatre, puis superposez-les en quinconce pour former des écailles.

5 – Purée de butternut : épluchez et taillez la butternut. Émincez les oignons et faites-les suer avec une noix de beurre dans une casserole. Ajoutez la butternut et mouillez au bouillon de légumes, cuisez le tout. Mixez en ajoutant le beurre afin d'obtenir une purée lisse.

6 – Gelée de kalamansi : dans une casserole, faites chauffer une partie du jus de kalamansi, ajoutez l'agar-agar et laissez cuire pendant 3 min. Ajoutez le reste de jus et laissez refroidir. Mixez pour obtenir une gelée lisse.

7 - Jus potiron-mandarine : récupérez le jus de potiron (à la centrifugeuse) et des mandarines. Faites réduire les jus séparément. Mélangez 10 cl de jus de mandarine pour 15 cl de jus de potiron. Liez le tout à la Maïzena. Ajoutez le miso avant de monter au beurre froid. Salez et passez au chinois fin.

8 - Finition : dans une tartelette, disposez une cuillère de confit, recouvrez de purée de butternut et terminez avec le carpaccio. Lustrez le tout au jus potiron-mandarine. Et finissez avec des points de gelée de kalamansi. Dressez le merlan à côté.

SARAH & JULIEN RICHARD

On dirait le Sud ! Sarah et Julien Richard ne pourraient sans doute pas s'exprimer aussi bien dans une autre région. Bercés tous deux au parfum du basilic, de l'huile d'olive et de la tomate, ils ont ouvert leur Seize dans cette ville aussi historique qu'artistique, en Arles.

Julien a quitté son Quercy natal pour venir étudier au lycée Paul-Augier, à Nice. Il fréquente de belles brigades, comme celles du MOF Didier Aniès à Saint-Jean-Cap-Ferrat. Sarah, après son CAP cuisine, débute dans la région au Jules César arlésien, bel établissement à la longue réputation, avant d'enchaîner dans une des grandes tables languedociennes, l'Alexandre de Michel Kayser.

C'est pourtant à la montagne qu'ils se rencontrent, au Cœur du Village de La Clusaz, et décident alors de faire la route ensemble. En Méditerranée, dans les îles Paul Ricard, puis au Grand Hôtel de Saint-Jean-de-Luz. Leur projet commence à mûrir. Julien revient dans la région avec une belle opportunité, le poste de chef à La Mère Germaine où il sera déjà remarqué par Gault&Millau (2 toques, 14,5/20). Après un passage à L'Arlatan, la décision est prise de s'installer, et Arles leur plaît !

Postulant à la Dotation Jeunes Talents Gault&Millau, ils sont lauréats au début de cette année 2023 et dénichent l'adresse de leurs rêves au cœur de la cité, dans la gourmande rue des Porcelets.

Ils peuvent ainsi donner libre cours à leurs envies et à leurs préférences : une cuisine inspirée et naturelle, gavée de produits sous le soleil de Provence. Nous avons profité de l'ouverture pour leur rendre une première visite estivale très réussie. Il n'y avait guère de doute : ce couple-là est fait pour gagner, et Julien, habitué des concours (il a remporté le Taittinger en 2016, le Prosper Montagné en 2018), a trouvé avec Sarah le moteur pour aller très loin.

Le Seize — 12,5/20
15, rue des Porcelets – 13200 Arles

POUR	PRÉPARATION	CUISSON	MARINADE
4 PERSONNES	45 MIN	1 H 20	6 H

Les huîtres de Camargue tartare concombre kiwi, glace au pain de seigle

GLACE AU PAIN DE SEIGLE
125 g de pain de seigle artisanal
0,5 l de lait entier fermier
1 jaune d'œuf
30 g de sucre
1 pincée de fleur de sel de Camargue

PULPE DE CITRON
2 citrons de Menton
2 pincées de fleur de sel de Camargue
Huile d'olive

TARTARE CONCOMBRE KIWI
1 concombre de région
2 kiwis jaunes français
½ citron jaune de Menton
Huile d'olive
Sel fin

PICKLES DE CONCOMBRE
1 volume de sucre
2 volumes de vinaigre
3 volumes d'eau
1 anis étoilé
3 grains de poivre de Sichuan
Feuilles d'estragon
Lamelles de concombre

HUÎTRES POCHÉES
12 huîtres de Camargue n° 2
½ citron jaune de Menton

TUILES DE SEIGLE
30 g de farine de seigle
40 g de beurre doux
1 blanc d'œuf
1 pincée de sel fin

MATÉRIEL SPÉCIFIQUE
Sorbetière / Thermomix

1 – Glace au pain de seigle : tranchez le pain de seigle en cubes d'environ 1 cm. Placez-les sur une plaque et enfournez à 170 °C pendant 20 min afin de le toaster.
– Pendant ce temps, réalisez une crème anglaise : portez à ébullition le lait et blanchissez le sucre et le jaune d'œuf. Faites cuire la crème à 85 °C et débarrassez-la dans un cul-de-poule. Ajoutez le pain de seigle toasté et la fleur de sel. Mixez 2 min au mixeur plongeant (30 secondes à pleine vitesse au Thermomix).
– Si vous disposez d'une sorbetière, faites refroidir la glace dans un cul-de-poule d'eau glacée, puis programmez l'appareil. Si vous disposez d'un Thermomix, congelez la glace en bac à glaçons et mixez à pleine puissance environ 30-40 secondes une dizaine de glaçons de 2 cm.

2 – Pickles de concombre : faites bouillir le vinaigre, le sucre et l'eau avec les aromates, puis laissez refroidir. Faites-y mariner les lamelles de concombre 6 h minimum.

3 – Pulpe de citron : disposez les citrons sur une feuille de papier sulfurisé, ajoutez le sel et un peu d'huile d'olive. Fermez le papier sulfurisé hermétiquement comme une papillote et enfournez à 160 °C pendant 40 min. Mixez les citrons à chaud fortement avec leur jus. Réservez.

4 –Tartare concombre kiwi : épluchez et taillez en petits cubes le concombre et les kiwis. Mélangez dans un cul-de-poule et zestez le citron jaune, assaisonnez à l'huile d'olive et au sel fin. Réservez au frais pour le dressage.

5 – Huîtres pochées : faites bouillir une casserole d'eau salée. Plongez-y les huîtres avec coquille pendant 1 min 30. Refroidissez-les dans l'eau glacée 4 min. Ouvrez-les délicatement en prenant soin de conserver le muscle. Rincez-les et déposez-les dans une assiette, assaisonnez avec le zeste de citron. Réservez au frais si vous ne dressez pas immédiatement.

6 – Tuiles de seigle : mélangez l'ensemble des ingrédients, étalez la pâte et enfournez à 150 °C pendant 10 min dans un moule à forme, puis réservez.

7 – Dressage : dans un emporte-pièce de votre convenance *(ici en forme de calisson)*, dressez le tartare. Disposez les huîtres, ajoutez les pickles de concombre égouttés et roulés, ainsi que la pulpe de citron. Disposez la glace au pain de seigle et finissez avec quelques fleurs comestibles et la tuile de pain. Servez immédiatement.

ÉPICÉA
ÉPICÉA

CAMILLE & BASTIAN LORIDAT

La restauration évolue avec son époque et les nouvelles générations n'ont pas toujours les mêmes codes ni les mêmes aspirations que leurs aînés. Camille et Bastian Loridat montrent depuis quelques mois aux Bisontins une philosophie différente, davantage basée sur l'entraide, la solidarité, le partage.

Ce qui frappe d'emblée dans la petite salle d'Épicéa, c'est l'absence apparente de hiérarchie, même si l'attribution des postes est claire. Car chacun aide l'autre, sans ordre ni contrordre, pour tendre vers une harmonieuse fluidité. Tout le monde se penche sur l'assiette et tout le monde sert, Camille sort facilement de sa cuisine pour aller expliquer la composition et la réalisation du plat.

C'est toute la réussite de ce lieu singulier: après être passés par quelques belles maisons, à Paris notamment, et avoir voyagé jusqu'en Norvège pour une expérience fondatrice au cœur d'un écosystème, en lien direct avec les producteurs, Camille et Bastian ont forgé leur conviction dans un projet durable où chaque acteur trouverait son bénéfice, matériel et immatériel.

Il règne là une atmosphère de bien-être: la petite équipe se concentre autour d'une tâche bien définie, faire plaisir à ses clients en se faisant plaisir, en valorisant le pois chiche local, les herbes cueillies dans la région, le pain du boulanger. Quelques plats, qui se comptent sur les doigts de la main, et ne sont révélés qu'au fur et à mesure, composent les menus cachés, dévoilés quand l'assiette arrive sur la table. C'est frais, spontané, naturel et vertueux.

Épicéa — 12/20
11, rue Claude-Pouillet – 25000 Besançon

POUR
4 À 6 PERSONNES

PRÉPARATION
2 H

CUISSON
10 MIN

REPOS
48 H

Fraise
égopode & lin

HUILE DE LIN SOUFFLÉ
35 g de lin
5 cl d'huile de tournesol

LE MASCARPONE
50 cl de crème liquide 30% MG
3 cl de vinaigre blanc
30 g de vergeoise

GELÉE D'ÉGOPODE
75 g d'égopode (à défaut, des fanes de carotte)
50 g de sucre
50 g de vinaigre de cidre
1,5 feuille de gélatine

CRÈME À L'ORIGAN
25 cl de crème liquide 30% MG
13 g d'origan entier

CRÈME FOUETTÉE MASCARPONE-ORIGAN
100 g de mascarpone (réalisé maison ou du commerce)
100 g de crème origan
50 g de sucre blanc

TARTARE DE FRAISE
125 g de fraises

GASPACHO DE FRAISE
400 g de fraises
100 g d'égopode
70 g sucre blanc

1 – Huile de lin soufflé (2 jours avant) : faites griller le lin dans une poêle de façon à ce qu'il soit très toasté. Gardez 10 g pour le dressage. Mixez le reste dans l'huile et laissez macérer 48 h. Filtrez et réservez l'huile de lin en pipette.

2 – Mascarpone (la veille) : portez 50 cl crème à ébullition avec la vergeoise. Ajoutez le vinaigre, fouettez rapidement. Laissez refroidir à température ambiante pendant 1 h. Rincez un torchon et déposez-le dans une passoire. Versez la préparation dans le torchon, puis laissez égoutter au frais environ 24 h. Récupérez le mascarpone.

3 – Crème à l'origan (la veille) : faites bouillir la crème, versez sur l'origan. Mixez et passez au chinois (ou passoire fine).

4 – Gelée d'égopode (la veille) : réhydratez la gélatine dans de l'eau très froide 10 min. Pendant ce temps, mixez l'égopode fraîche avec 20 cl d'eau, le sucre et le vinaigre. Passez dans une passoire fine pour récupérer le jus. Faites chauffer sans porter à ébullition un quart du jus. Hors du feu, y dissoudre la gélatine réhydratée et essorée. Laissez refroidir quelques minutes à température ambiante et ajouter le reste du jus. Réservez au froid 24 h.
– **Le jour J,** mixez la gelée finement et réservez-la dans une pipette ou une poche à douille avec un embout uni fin.

5 – Tartare de fraise : lavez, équeutez les fraises. Taillez-les en brunoise (0,5 cm) et réservez.

6 – Gaspacho de fraise : mixez tous les ingrédients avec 7 cl d'eau, passez la préparation au chinois pour obtenir un gaspacho bien lisse.

7 – Crème fouettée mascarpone-origan : fouettez tous les ingrédients ensemble.

8 – Dressage : disposez au fond d'une coupelle la crème fouettée à l'origan. Posez dessus le tartare de fraise. Versez autour le gaspacho et un filet d'huile de lin. Parsemez de points de gelée d'égopode et de graines de lin grillées. Vous pouvez décorer d'éclats de meringue.

Parole de chef :

« L'égopode est une plante sauvage qui peut être consommée crue, en salade (jeunes pousses) ou cuite, comme les épinards. Vous pouvez la remplacer dans cette recette par des fanes de carotte, dont le goût se rapproche subtilement de celui de l'égopode. »

SIMON BRENET

C'est évidemment un projet collectif, qui brasse l'histoire avec beaucoup d'humanité et de goût pour la transmission. Le « momentum », ce moment où tout bascule, et de préférence du bon côté, est arrivé à Besançon.

Trois siècles d'architecture militaire vous contemplent depuis cette majestueuse citadelle. Dans un bâtiment de l'une des cours a été créé, au milieu de l'hiver, un restaurant qui, depuis, ne désemplit pas. Car le concept est excellent : un lieu historique, un territoire à mettre en avant dans une cuisine « honnête et réfléchie ».

Le rôle du chef Simon Brenet et de ses équipes est donc double : valoriser le lieu par une carte lisible en phase avec l'environnement et promouvoir la région au sens large par ses producteurs et ses spécialités. Les potagers voisins et les éleveurs vertueux sont mis à contribution, dans un choix qui se veut éthique et sain. Alors, en avant pour le brési du tuyé, les œufs bio, la saucisse de Morteau, roulée dans un nem avec les escargots comtois, la truite de Bonnevaux confite à l'huile citronnelle gingembre purée et palets de patate douce, sans oublier l'indispensable vin jaune morilles, par exemple sur un risotto délicieux.

Cette cuisine ne s'interdit donc pas d'afficher sa créativité nourrie aux fondements régionaux, montrant une histoire bisontine en évolution à partir de sa gastronomie. Ce concept connaît depuis l'inauguration un franc succès, fonctionnant sur réservation en semaine, laissant la porte ouverte le week-end. Le résultat est assez surprenant : en un quart d'heure, à chaque service, la totalité du restaurant est occupée !

Momentum — 11,5/20
99, rue des Fusillés-de-la-Résistance – 25000 Besançon

POUR	PRÉPARATION	CUISSON	REPOS
6 PERSONNES	55 MIN	25 MIN	12 H

Nems escargots
& saucisse de Morteau

PICKLES DE LÉGUMES
1 bulbe de fenouil
2 carottes
1 oignon rouge
15 cl vinaigre de riz
80 g de sucre cassonade
1 petite c. à café de sel
Graines de coriandre
Poivre en grains

BEURRE D'AIL
150 g de beurre demi-sel
½ échalote ciselée
1 gousse d'ail haché
1 botte de persil ciselée
2 g de poivre Tellicherry

CRÈME DE COMTÉ
100 g de crème à 35% MG
100 g de lait
75 g de comté
2 pincées de sel
3 tours de moulin à poivre

NEMS
6 galettes de riz
4 douzaines d'escargots
180 g de saucisse de Morteau cuite
5 échalotes émincées
150 g de carottes en petits dés
1 petite c. à café de sel
5 tours de moulin à poivre
1 feuille de laurier
3 cl de Grand Pontarlier « L'Original » Distillerie Marguet-Champreux

1 – Préparez les pickles de légumes (la veille) : mélangez le vinaigre, le sucre, le sel et les épices avec 25 cl d'eau et portez à ébullition. Versez le liquide sur les légumes taillés au préalable. Réservez.

2 – Préparez le beurre d'ail : mélangez tous les ingrédients taillés au beurre demi-sel ramolli. Réservez au frais.

3 – Pour la crème de comté : mélangez le lait, la crème, le sel et le poivre, portez à ébullition. Versez sur le comté râpé et remuez jusqu'à obtention d'une crème bien lisse. Réservez au frais.

4 – Préparez les nems : faites suer sans coloration les échalotes à l'huile d'olive avec la feuille de laurier, salez en début de cuisson, ajoutez les carottes. Faites cuire *al dente* les carottes.
– Taillez la saucisse de Morteau en petits cubes. Faites fondre le beurre d'ail, puis ajoutez les escargots. Faites bien revenir et flambez au Pontarlier.
– Réalisez la farce en mélangeant les légumes, les escargots et la saucisse. Montez les nems en détrempant légèrement les galettes de riz.

5 – Faites frire les nems dans une poêle, avec 2 cm d'huile, de chaque côté pendant 2 minutes. Dressez et dégustez.

ALEXANDRE WILLAUME

Si vous recherchez une table qui choisit des producteurs de viande respectueux des animaux et de la terre, si vous privilégiez les légumes, le bio et le vin nature, voilà une nouvelle adresse faite pour vous.

Ce lieu fut auparavant l'éphémère Éléments, qui avait bien secoué le paysage. Alexandre Willaume a le même objectif en empruntant des chemins légèrement différents. Ce chef bien formé, à la longue expérience, cultive le propre, le sain, le local, sans jamais y déroger, il aime la cuisine à la braise et les saveurs naturelles.

Formé à l'école Ducasse, il a longtemps travaillé à Paris, notamment à l'Assemblée nationale, comme chef de partie aux Minots (dans le 11e), puis en visitant quelques grands hôtels en tant que chef exécutif au Pullman Roissy et au Sofitel Le Scribe, avant de connaître le charme du Pays basque durant un peu plus d'un an comme chef exécutif du Grand Hôtel de Saint-Jean-de-Luz. Aujourd'hui, à l'aube de ses 50 ans, il ouvre son premier restaurant.

Si l'extérieur donnant sur la route livre peu de secrets, l'intérieur aux matériaux bruts est plus parlant, bois, béton et métal composant un univers sans concession ni maniérisme. Dans l'accueil, pas de faux-semblants, le sourire est franc, l'atmosphère, détendue, avec une équipe bien en place pour être l'ambassade des cuisines, qui envoient les premières assiettes avec conviction : après le houmous petits pois courgette céleri sésame, nous avons goûté l'audacieuse association entre la bonite de petit bateau, mi-cuite, et la pastèque, cordifole et granité miel.

La cave s'intéresse aux deux côtés de la frontière, avec une offre au verre bien étoffée, assurant la promotion des producteurs les plus connus en irouléguy, Brana, Arretxea ou Ilarria.

Etika — 11/20
1247, avenue de Bayonne – 64210 Bidart

POUR	PRÉPARATION	CUISSON	MARINADE
8 PERSONNES	50 MIN	10 MIN	1 H

Crudo d'encornet de ligne concombre pickles, piment doux, vinaigrette moutarde

1 encornet de ligne de 500 g
1 piment doux d'Anglet
1 petit concombre
5 c. à soupe de vinaigre de riz
4 c. à soupe de sauce soja
1 c. à soupe de moutarde à l'ancienne
1 c. à café de saké
1 c. à café d'huile de sésame torréfié
Quelques feuilles d'oseille rouge
Quelques pousses de coriandre
Poivre du moulin
Fleur de sel

1 – Préparez l'encornet : videz l'encornet, détachez la tête, puis le bec. Coupez-le, gardez les tentacules et les nageoires. Ouvrez l'encornet sur toute sa longueur, puis une nouvelle fois sur la longueur. Nettoyez avec un papier absorbant.
– Mettez de l'eau à bouillir, puis plongez-y un par un rapidement les morceaux d'encornet. Faites-les refroidir directement dans l'eau glacée. Essuyez bien les morceaux, puis réservez au froid.

2 – Préparez les spaghettis de concombre : à l'aide d'une mandoline japonaise, faites des lamelles sur la longueur de toute la partie verte du concombre. Taillez ces lamelles en julienne tels des spaghettis verts. Immergez-les dans le vinaigre de riz et laissez mariner.

3 – Coupez le reste du concombre en deux dans la longueur, enlevez le cœur délicatement avec une cuillère parisienne. Taillez de nouveau en deux dans la longueur, puis émincez en biseau. Réservez.
– Émincez le piment, puis enlevez les graines.

4 – Préparez la vinaigrette : mélangez la moutarde, le saké, la sauce soja et l'huile de sésame.

5 – Coupez les morceaux d'encornet (corps + nageoire) en fines lanières. Coupez les tentacules en petits tronçons. Faites sauter brièvement avec le piment doux en y ajoutant une pincée de fleur de sel.

6 – Finition : dans un cul-de-poule, mélangez délicatement l'encornet avec les spaghettis de concombre au vinaigre, les morceaux de concombre, le piment doux et la vinaigrette.

7 – Dressez sur la hauteur les différents ingrédients. Ajoutez quelques tours de moulin à poivre. Déposez quelques pousses de coriandre et oseille rouge.

Adrien Pin

ADRIEN PINOT

Lauréat de la Dotation Gault&Millau Jeunes Talents, Adrien Pinot nous avait séduit, dans son projet, pour de multiples raisons. Par son parcours de belles tables judicieusement choisies – notamment un passage par le Meurice version Yannick Alléno et quelques années aux côtés de Thomas Boullault, à L'Arôme, puis au Marloe en tant que sous-chef –, par une forme d'humilité et de droiture aussi : on sent ce jeune homme mûr et décidé à avancer, sans pour autant brûler les étapes.

À Bordeaux, il suit son parcours, entamé il y a quelque temps à Paris, à 585 km de cette jolie salle au style épuré et sobre, pierre et miroirs, à laquelle il a tout simplement donné le nom de cette distance qui le sépare de ses débuts, pour mieux en jalonner le chemin. Son désir d'être installé dans une région viticole, allié à la richesse du terroir girondin, l'on fait opter pour cette destination.

Au piano, le chef montre la même discrétion et la même maîtrise, qui nous rappelle ce qu'il nous confiait en évoquant son projet d'une cuisine *« basique mais moderne »* : les associations sont souvent audacieuses, mais il sait où il va, avec sa fregola sarda façon risotto, châtaignes torréfiées, mousseline de potimarron et crème de fourme d'Ambert, une réussite aussi surprenante que savoureuse, comme avec la ballottine de volaille, purée de panais au grué de cacao, tombée de chou vert et jus de viande, des assiettes pleines de liberté et d'intelligence qui révèlent à coup sûr une personnalité naissante.

585 — 13/20

7, rue Paulin – 33000 Bordeaux

POUR	PRÉPARATION	CUISSON	REPOS
10 PERSONNES	30 MIN	20 MIN	30 MIN

Parfait vanille abricot & verveine

PARFAIT VANILLE
27 cl de lait
70 g de sucre
4 jaunes d'œuf
7 g de vanille liquide
2,5 feuilles de gélatine
25 cl de crème

COULIS D'ABRICOT
250 g de coulis d'abricots

GELÉE VERVEINE
20 g de sucre
6 feuilles de verveine
1 feuille de gélatine

DRESSAGE
5 abricots
1 citron vert (zeste)

1 – Réalisez le parfait vanille : faites tremper les feuilles de gélatine dans de l'eau froide pour les ramollir. Montez la crème bien froide. Faites bouillir le lait avec la vanille, ajoutez les feuilles de gélatine égouttées et ramollies. Battez le sucre et les jaunes d'œufs, incorporez-y le lait tiédi et la gélatine. Puis ajoutez la crème montée. Débarrassez et réservez le parfait au frais.

2 – Préparez le coulis d'abricots : faites chauffer le coulis d'abricots doucement pendant 15 min, puis mixez pour obtenir une texture lisse.

3 – Réalisez la gelée verveine : faites bouillir 10 cl d'eau mélangée à 20 g de sucre. Ajoutez-y les feuilles de verveine ciselées et la feuille de gélatine. Débarrassez la préparation et réservez au froid le temps que la gélatine prenne. Fouettez-la pour obtenir une gelée.

4 – Dressage : mettez une cuillère à soupe de coulis d'abricots au fond de l'assiette, découpez un rectangle de parfait vanille, posez dessus un demi-abricot taillé avec quelques zestes de citron vert. Pour finir, répartissez quelques points de gelée verveine.

GARY VILLAGE

Pour succéder à Mampuku, table ethnique bouillonnante, elle-même émanation de Miles, c'est-à-dire la révolution sonnée il y a dix ans dans le vieux Bordeaux, il fallait un concept aussi actuel, intrigant, séduisant.

On a donc convoqué Déméter, la déesse de l'agriculture et des moissons, la « terre mère » nourricière, celle qui fait pousser les légumes, le symbole même de la fertilité. Et pour ceux qui ne sont pas férus de mythologie grecque mais s'intéressent aux pratiques culturales modernes, Déméter, c'est aussi le label le plus connu de la biodynamie.

L'enseigne est bien choisie au cœur de ce quartier très urbain où les potagers sont rares. Dans ce décor mixte attendu – pierre au mur, sol béton, grand comptoir et cuisine ouverte –, l'efficacité s'accorde aux sourires de la jeune équipe. Guillaume Le Goff et Gary Village ont bien posé l'esprit de la cuisine, baroudeuse et voyageuse, tout en s'appuyant et en s'inspirant du local, dans le rythme naturel des saisons, proche de la tendance slow food.

La carte est courte, avec cinq entrées et trois plats, et plus ramassée encore le midi avec la formule à 23 € : asperges et mayonnaise yuzu poutargue graines de courge laquées au soja et chili oil, thon rouge ketchup de rhubarbe et shiso, échine de porc, salsa macha jus de cochon spicy sauce patate douce. Un dessert symbolique, la crème diplomate au mélilot, fraises crues et cuites, gâteau yaourt, gel citronnelle, crousti choc qui mêle de nombreux ingrédients pour constituer un ensemble harmonieux, en goût et en textures.

Déméter — 12/20
9, rue Ausone – 33000 Bordeaux

RECETTE DE CHEF - FACILE

POUR
4 PERSONNES

PRÉPARATION
40 MIN

CUISSON
25 MIN

Tomates herbes fraîches, sauce Yu Xiang, furikake, ail frit

1 kg de tomates anciennes panachées
1 botte de coriandre
1 botte d'oignons nouveaux
1 botte d'aneth

SAUCE YU XIANG
40 cl d'huile de tournesol
5 gousses d'ail
50 g de gingembre
5 g de flocons de piment
1 piment rouge
10 g de sucre
4 cl de vinaigre noir
5 cl de sauce soja claire
1 citron
7,5 cl de sauce chili bean

FURIKAKE
Sésame blanc + noir + doré
10 feuilles d'algues nori
10 g de flocons de prune Ume
Sel

1 – Préparation : lavez, puis taillez les tomates en quartiers, réservez au frais.
– Lavez et séchez les herbes fraîches. Séparez les feuilles des tiges de coriandre et d'aneth.
– Émincez l'oignon nouveau. Réservez au frais dans une boîte avec un papier humide.

2 – La sauce Yu Xiang : émincez finement l'ail et le piment. Pelez, puis taillez le gingembre en fine julienne. Zestez le citron. Préparez le mélange sauce soja claire, sucre, sauce chili bean.
– Dans une casserole, faites chauffer l'huile à feu moyen, faites frire les copeaux d'ail jusqu'à ce qu'ils blondissent, puis retirez-les et réservez-les. Plongez le gingembre et le piment dans l'huile chaude pendant 1 à 2 min, ajoutez les flocons de piment et laissez infuser. Ajoutez la sauce préalablement préparée, mélangez et coupez le feu. Ajoutez les copeaux d'ail, réservez.

3 – Le furikake : torréfiez* le sésame à sec, et faites griller l'algue au four à 180 °C pendant 20 min. Mixez l'algue et ajoutez les flocons de prune et le sel une fois le mélange sésame refroidi.

4 – Dressage : dans un saladier, mélangez les quartiers de tomate et la sauce Yu Xiang, disposez-les dans une assiette ou un bol. Saupoudrez de furikake et ajoutez les herbes fraîches par-dessus.

TANGUY LAVIALE

C'est peu dire que l'événement était attendu. Celui qui avait fait la révolution dans la restauration bordelaise il y a bientôt dix ans avec son Garopapilles récidivait à l'automne dernier. Avec encore davantage d'engagement, de résolution, et aussi d'assurance.

Même si son parcours est assez classique, Tanguy Laviale n'est ni un cuisinier ni un restaurateur comme les autres. Il a connu les plus grands chefs – Alain Dutournier au Carré des Feuillants, Christian Le Squer chez Ledoyen, Jean-Louis Nomicos chez Lasserre –, et il a commencé à régaler les buveurs d'étiquettes au Château Haut-Bailly dans les graves. Et puis vint cet ovni.

Garopapilles, c'était une première expérience de gastronomie directe, sans effusions ni pirouettes, du langage compréhensible par tous, mais dans le haut niveau. Deux toques, puis 3 (à 15/20) et un titre de Grand de Demain pour le guide 2017. Pour un bistrot « plus plus » qui sentait bon la vérité avec ces plats d'inspiration et d'humeur.

Tanguy n'a jamais varié d'éthique, mais il a ajouté avec son Ressources une dimension d'écologie sociale en faisant par exemple abstraction de la « hiérarchie verticale » souvent en vigueur dans les brigades au règlement militaire. Dans ce nouveau lieu bien à son image, proche du Palais Gallien et du Jardin public, il garde la main ferme sur des assiettes aussi précises que naguère, les saint-jacques juste snackées siphon de pommes de terre beurre noisette, crème de fenouil, pickles de fenouil, gel de cédrat, poudre de champignons dans un ensemble harmonieux et parfumé ou encore le faux-filet de jersiaise maturé, avec les champignons et tomates du jardin en pickles.

Ressources — 14/20
126, rue Fondaudège – 33000 Bordeaux

POUR
4 PERSONNES

PRÉPARATION
50 MIN

CUISSON
1 H 10

Caille fermière scorsonères & lentins de chêne

2 cailles fermières
Huile d'olive
Sauce soja
Poivre du moulin

GARNITURE
6 bras de scorsonère (salsifi noir)
8 pièces de lentins de chêne première pousse (shiitaké)
1 c. à café de sucre
1 grosse noix de beurre noisette
Fond blanc (ou bouillon)
1 c. à soupe de jus de veau
½ échalote
Sel

SAUCE
25 cl de bouillon de bœuf
5 cl de crème liquide
50 g de beurre de truffe

DRESSAGE
4 tranches fines de guanciale (lard italien)
4 belles feuilles de trévise
Vinaigre de xérès

1 – Préparez les cailles : levez les cailles et désossez les cuisses en gardant le pilon. Marquez-les à l'huile d'olive côté peau. Dès qu'elles ont blondi, retournez-les et laissez-les ainsi quelques instants. Réservez-les. Déglacez la poêle à la sauce soja, laquez les cailles avec les sucs et débarrassez-les sur une grille.
– Au moment de servir, repassez les cailles au four à 160 °C (th. 5/6) pendant 2-3 min. Poivrez juste avant le dressage.

2 – Préparez la garniture : épluchez les scorsonères, rincez-les et taillez-les en morceaux d'environ 10 cm. Faites blondir le sucre et une grosse noix de beurre noisette dans un sautoir, ajoutez les scorsonères et roulez-les. Déglacez au fond blanc (ou bouillon), et renouvelez trois fois l'opération de légère caramélisation. Puis mouillez à mi-hauteur et laissez cuire à couvert. Vérifiez la cuisson, et retirez les légumes au fur et à mesure pour les garder *al dente*. Dès qu'ils sont tous débarrassés, réduisez le jus de cuisson, ajoutez le jus de veau, et remettez les scorsonères dedans, réservez.
– Équeutez les lentins de chêne et taillez-les en 4. Colorez sur toutes les faces dans une huile d'olive bien chaude, assaisonnées au sel fin. Déposez-les dans le sautoir des scorsonères.
– Préparez ½ échalote ciselée, que vous viendrez mélanger à la garniture au dernier moment.

3 – Réalisez la sauce : mélangez la crème au bouillon, et faites réduire jusqu'à l'obtention d'une sauce bien goûteuse, puis montez au beurre de truffe. Rectifiez l'assaisonnement.

4 – Dressage : positionnez les scorsonères en fagot, les lentins dessus et autour. Posez la guanciale sur le dessus (la chaleur de la garniture va la rendre transparente et savoureuse), le filet et la cuisse à côté. Un gros point de sauce au milieu, et enfin deux beaux éclats de trévise assaisonnée de vinaigrette sur le dessus.

MANON GUICHARD

Le choix de l'enseigne est à la fois un hommage aux beaux produits français et un nom bien mignon pour un restaurant. La célèbre petite pomme de terre de Noirmoutier trouve donc ses lettres de noblesse dans ce lieu aux murs blancs, parquet et tables de bois clair.

Manon Guichard est en cuisine, Antoine en salle – c'est lui qui, gamin, a passé pas mal de temps à Noirmoutier. Ils se sont connus au George V période Éric Briffard, et ont mené leurs chemins séparément avant de fusionner pour un même projet. Lasserre, Semilla et Café Ineko pour Manon ; Ledoyen, Taillevent, The Peninsula avec David Bizet pour Antoine. Deux beaux CV à mettre en commun pour cette aventure à deux.

Le menu déjeuner est sage, presque basique et bien placé pour le chic boulonnais à 38 €, très orienté sur le marché. Le soir, la cheffe tente davantage, montrant un bel arrivage et un élevage de qualité : cru de thon rouge de ligne, pomme verte, aneth, huître spéciale n° 2, lotte, endive caramélisée, zéphir soubise, vierge passion-estragon, ris de veau, poireaux rôtis, oseille, oignons fondants, sauce blanquette herbacée… Antoine assure une belle fluidité en salle, conseillant les visiteurs sur une carte des vins aux références classiques et indispensables (Jaboulet, Pinard, Colette Faller, La Chevalerie…).

Leur envie de grandir ne se fait pas au détriment du bien-être, bien au contraire : les produits sont sourcés pour leur qualité, mais aussi pour leur durabilité, en accord avec l'environnement et la saisonnalité, en conciliant gourmandise et écoresponsabilité.

Bonnotte — 12/20

1, rue de Billancourt – 92100 Boulogne-Billancourt

POUR	PRÉPARATION	CUISSON	REPOS	MARINADE
8 PERSONNES	2 H	10 H	4 JOURS	48 H

Lièvre à la royale

1 lièvre de 2,7 kg environ

FARCE LIÈVRE
300 g d'échalote grise
5 gousses d'ail
100 g de mie de pain
4 g de persil
350 g de gorge de porc
200 g de foie gras cru
40 g de truffe hachée
5 g de sel
5 g de poivre noir de Sarawak
Cœur, foie, sang

MARINADE
Crème
150 g de chair de lièvre
100 g de lard gras
200 g de foie gras

BASE SAUCE LIÈVRE
5 avants de lièvre
2 bouteilles de vin rouge
200 g de carottes
200 g d'oignon
100 g de poireaux
2 gousses d'ail
Thym, laurier, poivre concassé, baies de genièvre

CONDIMENTS D'AIRELLE
960 g d'airelle
100 g d'échalotes
22 cl de vinaigre de xérès
2 bottes d'estragon
30 g de sucre
Oxalys

1 – Préparez le lièvre (quelques jours avant) : laissez rassir en peau quelques jours pour détendre les chairs et les nerfs.

2 – Préparez la base sauce lièvre (2 jours avant) : concassez les avants de lièvre, mettez-les à mariner avec le vin rouge et la garniture aromatique* taillée. Mettez-la en chaussette. Laissez reposer pendant au moins 48 h.

3 – Dépouillez le lièvre (la veille), récupérez le sang et abats, désossez, dénervez. Laissez mariner 24 h en retournant plusieurs fois.

4 – Préparez la farce (la veille) : mélangez tous les ingrédients et laissez mariner 12 h, puis passez au hachoir.

5 – Égouttez bien la base sauce lièvre, faites colorer les carcasses et faites flamber, puis réduire la marinade. Colorez la garniture, singez* et torréfiez*. Mouillez le tout avec 75 cl de base volaille et 25 cl de fond blanc. Faites cuire à couvert au four comme un civet.

6 – Cuisson du lièvre (la veille) : égouttez le lièvre, farcissez-le, mettez-le en chaussette, ficelez-le et faites-le cuire dans la base sauce lièvre.
– Laissez cuire 10 h immergé, selon l'âge et le poids du lièvre, à 85 °C (petit frémissement). Le refroidissement se fait dans le jus de la cuisson. Égouttez, laissez reposer 12 h, roulé bien serré dans du film alimentaire.

7 – Condiments d'airelle : faites suer les échalotes avec un peu de coloration, déglacez au vinaigre, faites réduire à glace*. Ajoutez l'oxalys, salez et poivrez, mixez et passez.

8 – Réalisez la sauce : récupérez le jus de la cuisson du lièvre, filtrez-le et faites-le réduire, ajoutez le tanin et liez le tout avec les abattis mixés et le sang de lièvre.

9 – Dressage : tranchez et nappez la tranche de lièvre servi très chaud, disposez les garnitures sur le bord de votre assiette en suivant l'harmonie des couleurs. Salez et poivrez.

CARTE

JEAN-BAPTISTE PHILAU

Avant d'ouvrir dans la banlieue rennaise son premier restaurant à l'aube de sa quarantième année, Jean-Baptiste Philau a connu un parcours exemplaire, ou à tout le moins symbolique : lycée hôtelier de Dinard, expériences dans le monde des palaces – Ritz en Irlande, Four Seasons en Polynésie, Chabichou à Courchevel –, approche de la culture parisienne branchée chez Sven Chartier, découverte à cette occasion d'une façon plus simple et saine de travailler, très près des produits, faisant connaissance aussi avec une nouvelle gamme de vins de vignerons.

Revenu en Bretagne, Jean-Baptiste commence à expérimenter ces mantras façon bistrot au Tire Bouchon, à Rennes, avant de s'envoler enfin : ce sera Récolte, quasiment sur la place centrale de Bruz, au rez-de-chaussée d'une petite maison blanche. Le décor est simple, un grand comptoir pour huit couverts, des murs et des plafonds blancs, un esprit direct et convivial.

Même son de cloche dans l'assiette, où se manifeste un refus certain de la banalité : des associations et des saveurs familières, mais toujours un zeste de fantaisie, un grain de surprise qui fait bouger la langue, sur une cuisine de marché bien engagée. Avec un tartare de veau anchois topinambours lactofermentés, une viande savoureuse et des légumes transfigurés, un joli pavé de lieu jaune à la peau croustillante, chou-fleur et garam masala, avant un classique bien réalisé, riz au lait caramel beurre salé et le muesli maison.

La cave est encore filiforme, mais elle suit la ligne nature et bio appréciée par le chef, s'enrichissant de bières locales.

Récolte — 12/20
2-4, rue Gaudrine – 35170 Bruz

POUR
4 PERSONNES

PRÉPARATION
45 MIN

CUISSON
30 MIN

REPOS
30 MIN

Fraises
acacia & persil

300 g de fraises
Jus de citron

SIROP D'ACACIA
270 g de sucre
30 à 50 g de fleurs d'acacia

CRÉMEUX D'ACACIA
3 jaunes d'œuf
70 g de sucre
10 cl de lait
40 g de farine
20 g de sirop d'acacia

GLACE PERSIL SUR LA BASE D'UNE CRÈME ANGLAISE
100 g de persil
180 g de lait entier
90 g de crème
20 g de sucre inverti
20 g de sucre
3 jaunes d'œuf

MATÉRIEL SPÉCIFIQUE
Sorbetière

1 - Le sirop d'acacia : faites chauffer 20 cl d'eau avec le sucre et versez sur les fleurs. Filmez de manière hermétique pendant 30 min environ afin que les fleurs infusent de manière optimale dans le sirop.

2 - Le crémeux d'acacia : comme pour une crème pâtissière, mélangez le sucre et les jaunes d'œuf, puis ajoutez la farine et ensuite le lait que vous aurez fait bouillir. Laissez cuire le mélange jusqu'à épaississement.

3 - La glace au persil : faites blanchir le persil, puis plongez-le dans l'eau glacée, égouttez et essorez-le afin de ne pas amener d'humidité à la glace. Mélangez énergiquement les jaunes d'œuf avec le sucre, puis ajoutez-les au mélange crème-lait que vous aurez préalablement porté à ébullition. Faites cuire à la nappe* comme une crème anglaise. Laissez refroidir la crème. Mixez-la avec la purée de persil, passez le tout à la passette (petite passoire) et versez dans une sorbetière.

4 - Finition et dressage : taillez les fraises en deux. Assaisonnez avec un peu de sirop d'acacia et un trait de jus de citron. Mettez le crémeux d'acacia au fond d'un bol ou d'une coupelle, recouvrez de fraises, puis d'une quenelle de glace au persil.

ALEXANDRE GONIAK

Voilà une affaire de famille qui tourne rond. L'acronyme a été tout trouvé pour les initiales d'Alexandre, de Gerie et de leur fille, Aleena. Restait le lieu : le couple a déniché cette maison typique dans la charmante ville fortifiée de Cadillac, à deux pas d'une porte médiévale. Le lieu a du cachet, Alexandre Goniak et Gerie Jenner travaillent la main dans la main et, depuis un an, cette nouvelle table du Sauternais fait parler d'elle, dans une cité mondialement célèbre, plus encore pour l'automobile que pour le vin.

Alexandre a bien tourné avant de prendre son envol. Diverses étapes depuis le lycée hôtelier de Blois, en tant que chef privé, puis dernièrement comme celui de l'illustre Diligence à Montpellier, cédant la place à Clément Briand-Seurat pour tenter l'aventure girondine.

Deux toques dès la première année d'installation, confirmée par nos visites au printemps et plus récemment en juin. Cela valait un coup de projecteur et l'apparition dans le *109*. Car il s'agit bien de cela : enfin en liberté, Alexandre donne libre cours à son instinct autant qu'à son savoir. La carte est élaborée en fonction du marché et de sa vision du moment.

Dans cette salle sobre avec mur de pierre, ambiance zen, tables en bois tendance et fauteuils confortables, Gerie, seule en scène, apporte sourire et détente. En confiance, les convives découvrent des menus toujours bien dessinés, bien développés dans la formule du soir et aussi performants au déjeuner avec une formule à 28 € qui ne bouge pas en tarif, mais systématiquement renouvelée dans le contenu : dernièrement, les lentilles corail de la ferme du Pradas, très bien assaisonnées avec cerfeuil, pomme granny, abricots confits et herbes aromatiques surmontées d'une mousse siphonnée de pommes de terre, et la savoureuse volaille de la ferme de Tauziet, riz blanc de Camargue, salade de pak-choï, tomate et concombre et sésame à la prune…

Aga — 13/20
7, rue Porte-de-la-Mer – 33410 Cadillac

POUR
4 PERSONNES

PRÉPARATION
55 MIN

CUISSON
40 MIN

Œuf mollet frit
tomate cocktail, eau de tomate & condiment épicé

ŒUFS MOLLETS FRITS
4 œufs fermiers
2 œufs
20 g farine
Chapelure
50 cl d'huile de friture

TOMATES MONDÉES
400 g de tomates cocktail de couleur

CONDIMENT TOMATE
500 g de tomates
1 oignon doux
2 gousses d'ail
25 g de moutarde de Dijon
5 cl de vinaigre balsamique blanc
50 g de sucre cassonade
5 g épices Tex Mex
Huile d'olive

HUILE VÉGÉTALE
2 bottes de basilic
1 botte de persil
10 cl d'huile neutre

EAU DE TOMATE
500 g de tomates

Sel et poivre

1 – Réalisez l'eau de tomate (la veille): mixez les tomates et mettez la pulpe obtenue à égoutter toute la nuit dans un linge afin de récupérer l'eau. Assaisonnez.

2 – Faites cuire les œufs mollets: plongez les 4 œufs fermiers dans l'eau bouillante pendant 6 min. Débarrassez dans un bain d'eau glacée. Une fois écalés, panez les œufs en les plongeant dans le mélange œuf-farine, puis en les roulant dans la chapelure.

3 – Mondez* les tomates: incisez la peau des tomates cocktail et plongez-les dans l'eau bouillante pendant quelques secondes. Débarrassez dans un bain d'eau glacée et pelez les tomates.

4 – Préparez le condiment tomate: faites suer l'oignon émincé et l'ail haché à l'huile d'olive. Ajoutez le sucre, les épices, la moutarde, et laissez caraméliser. Déglacez avec le vinaigre, réduisez à sec*. Incorporez les tomates préalablement taillées grossièrement et laissez compoter jusqu'à obtenir la consistance souhaitée. Mixez et réservez.

5 – Réalisez l'huile végétale: mixez l'huile et les herbes, puis passez dans un tamis fin.

6 – Finition et dressage: disposez au centre de l'assiette les tomates mondées taillées en deux, quelques points de condiment tomate et recouvrez d'eau de tomate perlée à l'huile végétale.
– Faites frire les œufs dans une huile à 170 °C jusqu'à obtenir une belle coloration. Posez chaque œuf sur les tomates. Ajoutez quelques herbes ou fleurs comestibles pour rafraîchir l'ensemble.

MANON GRASSET & ADRIEN LAYSSAC

Ils étaient faits l'un pour l'autre. La pâtissière et le cuisinier, le sucré et le salé, le tout baigné dans le soleil atlantique, à quelques minutes de l'océan dans un village basque typique et accueillant. Comme le notent nos enquêteurs, c'est l'harmonie qui règne ici, la belle complémentarité entre deux talents, qui entraînent aussi dans leur sillage une belle ambiance de salle, animée par Max.

Au cœur de la cité thermale où s'établit Edmond Rostand dans sa villa Arnaga, Manon Grasset et Adrien Layssac ont ouvert cette maison tout en longueur à l'intérieur lumineux, conservant des éléments de tradition (un vieil établi, une échelle…) tout en apportant un confort contemporain. L'enseigne réunit les initiales de leurs prénoms et le Pays basque les rassemble : s'ils se sont connus à Moustiers chez Alain Ducasse (Manon est marseillaise), c'est à l'Auberge Ostape – lancée au début des années 2000 par le pape de la cuisine française – qu'ils ont réellement pris attache avec ce terroir prodigue, travaillant de concert jusqu'à voler de leurs propres ailes.

Leur cuisine est à la fois personnelle et ancrée. Leur première mission aura été de nouer un solide réseau de producteurs locaux, puis de composer à leur idée, à quatre mains, toujours en phase. Adrien prouve, avec une simple et magnifique pintade fermière et topinambour (filet, cuisse et rôtie succulente, à l'ancienne), que la vérité est dans le produit, mais aussi dans une tradition bien comprise. Manon met en valeur les fruits de saison et le miel de la région avec la même belle énergie.

Ama — 12/20
6, allée Anne-de-Neubourg – 64250 Cambo-les-Bains

POUR
8 PERSONNES

CUISSON
50 MIN

REPOS
1 H

Agrumes
miel & granola

TARTARE ET MARMELADE
8 oranges
4 pamplemousses
6 citrons verts
6 citrons jaunes
50 g de sucre
4 g de pectine

GRANOLA
100 g de graines de courge
100 g de graines de tournesol
50 g de pignons de pin
50 g de noisettes concassées
50 g de flocons d'avoine
2 blancs d'œuf
50 g de miel

CRÉMEUX BERGAMOTE
80 g de jus de citron
60 g de jus de bergamote
110 g de sucre
50 g de miel de bruyère
4 œufs
130 g de beurre
2 feuilles de gélatine

SIPHON MIEL
2 jaunes d'œuf
20 g de sucre
50 g de miel de bruyère
60 g de lait
200 g de crème

1 – Préparez tartare et marmelade : taillez les agrumes en suprêmes*, émincez-en la moitié pour le tartare. Mettez l'autre moitié à compoter avec le sucre et la pectine jusqu'à obtention d'une marmelade.

2 – Réalisez le granola : mélangez les différentes graines avec les blancs d'œuf et le miel. Étalez sur une plaque et faites cuire au four à 160 °C pendant 20 min. Le granola doit être légèrement coloré.

3 – Crémeux bergamote : hydratez la gélatine dans de l'eau froide. Prélevez les zestes et le jus des citrons, portez-les à ébullition avec le sucre. Versez sur les œufs et le miel en fouettant. Portez à nouveau à ébullition, puis ajoutez la gélatine. Laissez un peu refroidir et incorporez le beurre.

4 – Siphon miel : mélangez les jaunes d'œuf, le sucre et le miel. Portez à ébullition le lait et la crème, puis versez sur les jaunes en fouettant. Laissez refroidir, mettez en siphon, gazez deux fois.

5 – Dressage : répartissez le crémeux bergamote au centre des assiettes creuses, le tartare d'agrumes autour. Disposez des morceaux de granola sur le tartare *(le crémeux est ici surmonté d'une quenelle de sorbet orange sanguine)*. Dans un bol, déposez une cuillère de marmelade au fond, puis dressez le siphon miel en dôme. Zestez un citron vert par-dessus.

GRÉGORY MÉNARD

Ce n'est jamais facile pour un jeune établissement d'être visité dès l'ouverture. Les impératifs de bouclage de notre *109* nous ont contraint à l'exercice. Réussi haut la main par Grégory Ménard et Lucile Voisin.

Le Pays basque est une terre d'accueil : Lucile et Grégory ont vécu une expérience assez passionnante à Espelette, aux côtés de Flora Le Pape et de Clément Guillemot (Choko Ona, 2 toques), et comptent bien connaître à leur tour le succès.

Ils ont tout pour y parvenir. Grégory est un chef d'excellente formation, qui a commencé comme commis de cuisine à l'Hostellerie de Plaisance, à Saint-Émilion, avant de passer chef de partie chez Arnaud Lallement, puis sur la Riviera, auprès de Patrick Raingeard à Cap Estel, puis de Nicolas Decherchi à la Paloma de Mougins. Autant d'expériences qui apprennent la rigueur et la précision, mais aussi la traque du bon produit utilisé au bon moment.

C'est tout le credo de cette cuisine qui sent bon sa région. Dans ces tout premiers services d'un couple qui ouvre un nouveau chapitre de sa vie, comme un accouchement, il y avait une petite part de stress et beaucoup de joie. Les amis sont là, certes indulgents, mais aussi attentifs. Et tout se déroule superbement avec un menu inspiré (encore caché, espérons que cela ne dure pas) et les bons produits du moment, dans un cadre de bistrot basque élégant, bois brut et doré, tables nues, fauteuils confortables pour une quinzaine de convives, créant intimité et chaleur.

La sucette de volaille mayonnaise au curry noir en mise en bouche, la betterave en raviole, le filet d'agneau au BBQ tourte aux blettes et le dessert chocolat réglisse ne nous ont apporté que des ondes positives.

Terrae — 12,5/20
7, avenue de la Mairie – 64250 Cambo-les-Bains

RECETTE DE CHEF - **INTERMÉDIAIRE**

POUR	PRÉPARATION	CUISSON	REPOS
6 PERSONNES	50 MIN	1 H 45	12 H

Pigeon de Magescq
aux épices d'Orient, semoule vigneronne & pois chiches

3 pigeons entiers de 300 g
1 citron bio non traité

SEMOULE VIGNERONNE
250 g semoule moyenne
50 cl de vin rouge
2,5 cl de sauce soja
20 g de beurre
1 brin de thym
1 gousse d'ail

HOUMOUS
200 g de pois chiches secs
1 brin de thym
7,5 cl d'huile d'olive
Piment d'Espelette
Cumin
Sel

SALADE DE POIS CHICHES
100 g de pois chiches secs
2 belles échalotes
Huile d'olive
1 botte de coriandre
Sel

JUS DE PIGEON AUX ÉPICES
Carcasses de pigeon
Huile d'olive
1 verre de vin rouge
1 oignon
1 échalote
125 g de beurre
Cumin
Piment d'Espelette
Cannelle

DRESSAGE
100 g d'olives de Kalamata
50 g de sarrasin torréfié ou kasha

1 – La veille, faites tremper les pois chiches dans un grand volume d'eau.

2 – Houmous : faites cuire les pois chiches réhydratés dans de l'eau non salée (le sel rend la cuisson beaucoup plus longue) avec le thym. Aux trois quarts de la cuisson, ajoutez le sel. Mixez ensuite les pois chiches en ajoutant petit à petit de l'eau de cuisson jusqu'à obtenir une pâte lisse. Continuez à mixer en ajoutant l'huile d'olive et les épices.

3 – Levez les pigeons en filets et réservez.

4 – Semoule vigneronne : dans une casserole, faites réduire de moitié le vin rouge avec la sauce soja, le beurre, le thym et l'ail. Dans un récipient, versez la semoule, puis mouillez avec la réduction et couvrez d'un film alimentaire.

5 – Salade de pois chiches : faites cuire les pois chiches comme précédemment. Ciselez les échalotes, faites-les suer sans matière grasse. Lorsqu'elles deviennent translucides, ajoutez l'huile et faites cuire à feu très doux.

6 – Citron confit : emballez le citron dans de l'aluminium et enfournez 45 min à 190 °C. Taillez la peau en brunoise (petits dés) et ajoutez-la à la salade de pois chiches.

7 – Jus de pigeon : dans une sauteuse, à feu vif, mettez l'huile et les carcasses concassées. Laissez colorer sur toutes les faces, dégraissez. Ajoutez le beurre et décollez les sucs au fond de la sauteuse. Ajoutez l'oignon et l'échalote taillés grossièrement, laissez suer. Mouillez au vin et laissez réduire. Versez de l'eau presque à hauteur. Faites cuire 30 min jusqu'à réduction. Torréfiez* les épices à la casserole, ajoutez-les.

8 – Dressage : cuisez les filets de pigeon à la poêle ou au barbecue (c'est encore meilleur !). Laquez-les avec le jus et surmontez d'olives coupées en deux. Dressez la semoule au fond de l'assiette, ajoutez des points de houmous ainsi que la salade de pois chiches. Servez le jus en saucière.

LOÏC DELETRAZ

Il faut le connaître, ce petit village entre Annecy et Genève, célèbre pour ses vergers, en particulier ses pommiers, du côté de Cruseilles. C'est là que Jennifer et Loïc Deletraz ont posé leur piano pour leur premier restaurant. L'enseigne indique un penchant pour le végétal, mais pas que. Le jeune chef s'attache avant tout au produit local, frais et de saison, cultivant autant le respect de la tradition que l'intérêt pour des techniques et saveurs contemporaines.

La démarche est vertueuse, prônant l'écoresponsabilité et le respect des valeurs humaines comme celui du bien-être animal. Ses références et mentors ont été de bon conseil : Laurent Petit, Christian Constant, Lionel Giraud à Narbonne ou encore Fabien Lefebvre à Béziers ont aidé à forger une conception loyale de la cuisine d'aujourd'hui.

Dans le cœur du bourg, près de l'église, la maison est simple dans son décor et accueillante grâce à Jennifer, attentive à la satisfaction du client. Dans l'assiette, l'engagement pour le local est patent, avec une recherche de touches personnelles : ainsi la mise en bouche saumon betterave très soignée, qui fait aussi apprécier le pain graines de la boulangerie de Copponex, et la truite de Charles Murgat avec une crème montée et une gelée à l'« Arbre de Vie ». La canette vient des Dombes, avec les endives braisées et suprême d'agrumes pour la note d'acidité traditionnelle. Le local encore au dessert, sur la chicorée de la Ferme de Chosal, avec une pointe d'amertume très originale, ou sur la pomme de Cercier, tout aussi réussie.

L'Arborescence — 12/20
22, route d'Allonzier – 74350 Cercier

POUR	PRÉPARATION	CUISSON	REPOS
8 PERSONNES	1 H 30	45 MIN	15 H

Truite gravlax
à « l'Arbre de Vie »

TRUITE GRAVLAX
1 truite entière de 1 kg
1 kg de gros sel
300 g de sucre
1 orange
1,5 g de clous de girofle
4 g de baies de genièvre
8 g d'anis vert
3 g d'anis étoilé
4,5 g de cannelle
5 g de coriandre
3 g de poivre de Sichuan

GRANITÉ D'ARAK
15 cl d'Arak
300 g de parures de truite
100 g de carottes
80 g d'oignons
80 g de poireaux
2 feuilles de laurier
5 g de sel

CRÈME MONTÉE À L'ARBRE DE VIE
250 g de crème 35%
1 citron
1 feuille de gélatine
2,5 g d'un mélange de piment d'Espelette et de sel
25 g d'infusion « L'Arbre de Vie » (Terroir Café 73)

GELÉE À L'ARBRE DE VIE
20 g d'infusion « l'Arbre de Vie » (Terroir Café 73)
1,5 g d'agar-agar
2 g de sel

DÉCORATION
Tuiles de pain de mie (dans pain de mie non tranché)
Feuilles de capucine
Fleurs de souci et bleuet
Zestes de citron
Huile d'olive
Fleur de sel
Piment d'Espelette

1 – Écaillez et videz la truite (conservez les parures : tête, arêtes, queue). Levez (ou faites lever) les deux filets. Dans un récipient, faites couler de l'eau froide pendant 15 min sur les parures. Égouttez et réservez au frais. Désarêtez les filets.

2 – Gravlax (la veille) : mélangez le gros sel, le sucre, le zeste d'orange et les épices. Versez une fine couche dans le fond d'un plat, disposez les filets de truite, puis disposez le reste du mélange par-dessus. Tout le poisson doit être recouvert. Conservez au réfrigérateur 11 h.
– Rincez les filets à l'eau claire et disposez-les sur un torchon au réfrigérateur pendant 4 h (séchage).
– Tranchez les filets (environ 20 tranches par filet), réservez sur une assiette filmée au frais.

3 – Granité d'Arak (6 h avant) : coupez finement les légumes et faites-les suer sans coloration à l'huile d'olive dans une cocotte 10 min à feu doux, ajoutez les feuilles de laurier.
– Dans le même temps, concassez les parures de truite, rajoutez-les dans la cocotte, poussez la cuisson 5 min.
– Déglacez le fumet avec l'Arak, laissez réduire de moitié avant de mouiller avec 1 l d'eau. Laissez cuire à faible ébullition pendant 30 min à couvert.
– Au-dessus d'un récipient plat, faites couler le fumet dans une passoire recouverte d'un torchon (propre et humide) pour obtenir un liquide limpide. Laissez refroidir avant de le placer au congélateur pendant 6 h. Une fois congelé, grattez la surface afin d'en obtenir un granité. Conservez-le dans une boîte au congélateur.

4 – Préparez la crème montée à l'Arbre de Vie : dans une casserole, versez 90 g de crème, ajoutez l'infusion et montez le mélange à ébullition, puis laissez 10 min hors du feu. Incorporez la gélatine avant que le mélange ne refroidisse.
– Versez le restant de crème dans un récipient, ajoutez le zeste d'un citron et son jus, ainsi que le sel et le piment d'Espelette, montez au batteur. À l'aide d'une passette fine, incorporez le premier mélange avec le second.

– Laissez refroidir au réfrigérateur pendant 15 min, puis montez la crème au batteur afin d'obtenir une consistance onctueuse. Réservez dans une boîte au réfrigérateur.

5 - Préparez la gelée à l'Arbre de Vie : dans une casserole, rassemblez 25 cl d'eau, le sel, l'infusion et portez le tout à ébullition, laissez infuser 10 min hors du feu.
– Dans une seconde casserole, filtrez l'infusion à travers une passoire fine, incorporez l'agar-agar à l'aide d'un fouet, puis faites bouillir pendant 20 secondes. Filmez le fond d'un plat (la surface doit être lisse), versez l'infusion par-dessus. Laissez figer pendant quelques minutes. Une fois la mixture transformée en gelée, cerclez 8 pièces à l'aide d'un emporte-pièce (ou un verre). Réservez au frais sur une assiette filmée.

6 - Décoration : retirez la croûte du pain de mie et placez-le 30 min au congélateur. À l'aide d'un couteau, coupez 16 fines tranches, puis disposez-les sur une plaque de four entre deux feuilles de papier cuisson légèrement saisies à l'huile d'olive. Enfournez 7 min à 160 °C (th. 5/6).

7 - Dressage : disposez un cercle de gelée au centre de l'assiette, créez deux points de crème (en quenelle ou à la poche à douille) de part et d'autre. Roulez 5 tranches de truite et placez-les autour. Cassez les tranches de pain de mie, saupoudrez les fleurs et les feuilles, ajoutez un trait d'huile d'olive, une pincée de fleur de sel et de piment d'Espelette. Insérez le granité d'Arak au tout dernier moment pour éviter qu'il fonde.

FLORENT DEMAS & MAÏTÉ HERVÉ

Un retour à l'âge de pierre en forêt de Bercé ? Non, rien de tout cela : vous ne mangerez pas dans une caverne avec des convives habillés de peaux de bête et partageant un aurochs. Le silex, c'est juste le sol du plus prestigieux des cépages de la vallée du Loir, le jasnières.

En reprenant Chez Miton, bien connu des locaux, à l'un des angles du carrefour principal de Chahaignes et face à l'église, Maïté Hervé et Florent Demas se sont rapprochés de leurs racines. Maïté est originaire de Jupilles, le pays des sabotiers ; Florent, de Montabon, plus au sud dans la vallée. Ils cultivent tous deux le respect et l'amour du terroir, en particulier pour les beaux grains de chenin qui font les grands vins de là-bas.

Parcours de globe-trotteuse pour Maïté, qui a musardé d'une région à l'autre, passant par de belles maisons – Roc Alto à Saint-Véran dans le superbe environnement du Queyras ou Le Vieux Logis à Trémolat dans la douceur de vivre périgourdine. Florent a lui aussi voyagé, depuis les paysages corses jusqu'à ceux plus lointains d'Australie, sans jamais oublier ses origines.

Bien sûr, ils n'ont pas touché à l'esprit du lieu, celui d'une auberge comme dans le temps, où l'on prend soin de vous accueillir et de vous mettre à l'aise. La cuisine est différente, plus élaborée et plus actuelle, mais l'objectif reste le même, faire plaisir aux clients de passage de la même manière qu'aux habitués. La carte est variée et subtilement parfumée (tartare de maigre aux herbes, crémeux de petits pois et framboise, courgette grillée et en mousseline, riz sauté, tofu frit, shiitakés…), les vins viennent d'ici, ceux de Joël Gigou en tête, celui qui a donné noblesse et réputation aux jasnières durant quarante ans, et qui vient de transmettre le flambeau à ses enfants.

Silex — 12,5/20

15, place de l'Église – 72340 Chahaignes

POUR	PRÉPARATION	CUISSON	REPOS
4 PERSONNES	1 H 30	30 MIN	2 H

La courgette en variation
feta crémeuse origan, gyoza croustillant riz noir, gel hibiscus

PURÉE FINE
2 kg de courgettes vertes, longues ou rondes
1 l de lait
150 g de beurre doux
10 g de gros sel marin

COURGETTES GRILLÉES
1 courgette ronde jaune
1 courgette ronde verte
Huile d'olive
Fleur de sel

PÂTE À GYOZA
100 g de farine de blé
4,5 ml d'eau chaude
25 g de Maïzena
5 g de sel

FARCE
250 g de riz noir
2 oignons ciboule
100 g de feta
15 cl de crème liquide 18%
Fleur de sel
Poivre du moulin

FETA CRÉMEUSE
150 g de feta
200 g de crème liquide 30%
10 feuilles d'origan frais
5 cl d'huile d'olive
Poivre du moulin
Fleur de sel

GEL HIBISCUS
20 g de fleurs d'hibiscus séchées
20 cl d'eau
25 g de sucre glace
20 g de Maïzena
3 g de sel

1 – Purée fine : dans une casserole, portez 3 l d'eau, le lait et le sel à ébullition. Taillez les courgettes en rondelles de 3 mm, faites cuire 3 min après reprise de l'ébullition. Égouttez, mixez au blender avec le beurre. Rectifiez l'assaisonnement.

2 – Courgettes grillées : taillez les courgettes en huit, assaisonnez avec l'huile d'olive et la fleur de sel, faites griller au gril ou dans une poêle bien chaude 2 min sur chaque face.

3 – Pâte à gyoza : mettez la farine dans un bol, ajoutez le sel et mélangez bien. Versez l'eau peu à peu tout en remuant. Pétrissez la pâte jusqu'à ce qu'elle se décolle des parois. Transférez sur une surface lisse, travaillez-la pendant environ 10 min. Lorsque la pâte est homogène et douce, enveloppez-la dans un film et laissez-la reposer pendant 2 h.
– Retravaillez la pâte en formant un grand cylindre, divisez-le en deux. Conservez une moitié dans un film, formez un cylindre plus fin avec l'autre moitié en roulant.
– Coupez chaque cylindre en six, saupoudrez un peu de Maïzena. Aplatissez légèrement chaque pièce avec la main.
– Formez des disques fins au rouleau à pâtisserie (avec le milieu un peu plus épais que les bords si possible).

4 – Farce : portez à ébullition 50 cl d'eau salée, versez le riz noir et laissez cuire jusqu'à évaporation complète de l'eau. Laissez reposer 15 min et laissez refroidir.
– Ciselez les oignons et taillez la feta en cubes de 5 mm. Mélangez, avec la crème et le riz. Rectifiez l'assaisonnement.

5 – Feta crémeuse : montez la crème au batteur, ajoutez la feta, l'origan et l'huile d'olive. Rectifiez l'assaisonnement.

6 – Gel hibiscus : infusez les fleurs d'hibiscus dans l'eau chaude pendant 15 min, filtrez, laissez refroidir. Ajoutez le sucre glace et la Maïzena. Portez à ébullition en remuant régulièrement au fouet. Placez au réfrigérateur pour les refroidir. Fouettez la masse gélifiée jusqu'à l'obtention d'une texture lisse. Réservez dans une poche à douille.

7 – Ravioles gyozas : à l'aide d'une cuillère à café, disposez l'équivalent d'une noix de farce au centre de chaque disque, humidifiez légèrement les bords et repliez bord à bord en formant une demi-lune, puis pressez bien à la jointure. Versez 0,5 cm d'huile de tournesol au fond d'une sauteuse. Quand l'huile est chaude, faites cuire les gyozas 2 min sur chaque face.

8 – Dressage : au fond d'une assiette creuse, disposez la purée chaude. Ajoutez les courgettes grillées. Taillez des bandes de courgettes à l'économe, roulez-les et garnissez-les de feta crémeuse. Disposez-les dans l'assiette. Ajoutez les ravioles, agrémentez de quelques points de gel hibiscus. Terminez avec quelques fleurs comestibles ou herbes fraîches.

GUILLAUME FOUCAULT

Perdu de vue, Guillaume Foucault ? Pas du tout ! Depuis Vendôme et son Pertica, il mûrissait son projet avec son épouse, Quy Phi, et le résultat est assez bluffant. Imaginez une structure contemporaine, comme une église, jaillissant du sol à la place d'une ancienne ferme, non loin du château de Chaumont. Imaginez – c'est très spectaculaire de nuit – un dôme, aux parois bleu nuit, hérissées de flèches que l'on interprétera selon son humeur comme des feuilles, des oiseaux ou des tours Eiffel, et vous aurez une idée du nouveau terrain de jeu de ce chef singulier.

Quatre ans chez Alain Senderens au Lucas Carton, quatre autres chez Pascal Barbot à l'Astrance, c'est dans son envol à Uzès que nous l'avions remarqué pour la première fois, en lui attribuant dès sa première année un titre de Jeune Talent Languedoc pour sa jolie table Artémise. Quatre ans plus tard, il avait émigré au seuil du Perche, en vallée du Loir, pour recevoir cette fois le trophée Grand de Demain. C'était en 2015, presque un siècle.

Aujourd'hui, il nous épate encore. Très attaché, comme il aime à le répéter, à la *« cuisine du vivant »*, il n'est jamais loin de la tendance en privilégiant le végétal à maturité et l'élevage responsable. Il sait aussi s'en démarquer en n'empruntant pas la route commune, n'en faisant décidément qu'à sa tête.

À Chaumont, le grand spécialiste des fruits et légumes qu'il est, particulièrement les pommes et les poires, vous fera peut-être découvrir une espèce rare, la pomme de Rose, ou la locard, et goûter une bête de concours, comme cette pintade d'exception, dans une séquence qui lui fait retrouver dès cette année les 3 toques.

Le Grand Chaume — 15/20

Queneau – 41150 Chaumont-sur-Loire

RECETTE DE CHEF - **FACILE**

POUR	PRÉPARATION	CUISSON	REPOS
4 PERSONNES	30 MIN	25 MIN	12 H

100% gardon et pomme de Rose

2 gardons de petite taille
1 pomme de Rose (variété locale, à remplacer par 250 g de pommes, de préférence légèrement spongieuses)
20 cl de crème liquide
10 cl de vinaigre de poire
20 cl de garum (sauce à base de poisson fermenté)
50 g de sucre
1 échalote
1 gousse d'ail
3 branches de cardamine
50 g de sel fin
Beurre

1 – La veille, épluchez les pommes, puis coupez en quartiers pour les faire sécher pendant la nuit. Le jour J, réhydratez-les dans un mélange de 20 cl de garum, 50 g de sucre et 20 cl d'eau.

2 – Préparez les gardons : écaillez, videz, levez les filets des gardons, puis désarêtez-les (ou faites-le faire par votre poissonnier), gardez les parures.
– Faites toaster fortement les têtes au four à 230 °C (th. 7/8), puis faites-les infuser dans 20 cl de crème liquide. Faites revenir l'échalote ciselée et l'ail dans une noix de beurre. Versez la crème filtrée une fois les éléments colorés et mixez. Passez au chinois étamine.
– Faites frire les arêtes.
– Enrobez les filets de sel, puis laissez reposer (et donc cuire à froid) durant 6 min. Rincez au vinaigre.

3 – Dressez en éventail en intercalant les pommes et les gardons, puis versez dessus la crème infusée de têtes. Posez les branches de cardamine sur les pommes, puis les arêtes sur le dessus.

FLORENT MEYER

Combloux, c'est le coin résidentiel des beaux chalets, pour les habitués discrets qui préfèrent cette simplicité au luxe plus voyant de Megève, juste au-dessus. L'atmosphère y est aussi plus familiale, et les clients d'un jour deviennent vite des fidèles lorsqu'ils trouvent une bonne adresse à adopter.

Dans le vieux village, le parfum d'antan enveloppe les murs de cette ferme authentique, sur le sentier des Graniteurs. C'est une belle opportunité pour le jeune chef Florent Meyer, qui a su saisir sa chance. Formé dans les meilleures écoles de la région (René Meilleur à La Bouitte, Emmanuel Renaut à Flocons de Sel ou encore Julien Gatillon au 1920, avant de passer chef exécutif au Fer à Cheval), il montre une remarquable sensibilité et une belle connaissance des produits de la région, intégrant ce sens très moderne (Marc Veyrat, Emmanuel Renaut...) du plat de montagne revu en version gastro : à l'image de ce joli cromesquis paysan ou de cette très brillante tartiflette lard paysan et reblochon fermier, le lard de speck de la Forêt-Noire rehaussant une crème siphonnée excellente avec une petite tombée d'oignons...

Cette cuisine rurale revisitée est bien l'atout numéro un du lieu, avec le talent du chef à valoriser un sourcing exigeant, sur l'élevage comme sur le maraîchage. Son filet de veau est une pure merveille, très bien traité, avec un joli jus réduit infusé au foin et une fricassée de légumes racines aux champignons sauvages. La carte des vins, déjà bien étoffée, offre autant de variété en région que sur des vignobles plus éloignés, comme la vallée de la Loire.

Signature — 12/20
62, chemin de la Promenade – 74920 Combloux

POUR	PRÉPARATION	CUISSON
4 PERSONNES	2 H	2 H 10

Pigeons rôtis au genévrier
cuisses en cromesquis, embeurrée de chou rouge aux myrtilles

4 pigeons (préparés par votre boucher) soit 8 suprêmes et 8 cuisses
2 choux rouges
400 g de myrtilles sauvages (fraîches ou congelées)
100 g de beurre fermier
4 cl de vinaigre balsamique
Maïzena
Baies de genièvre
Agar-agar
1 bouillon Kub Or
2 pommes de terre agata
10 g de chapelure Panko
4 jaunes d'œuf
40 g de farine
1 botte de ciboulette ciselée
Huile
Beurre

GARNITURE AROMATIQUE
1 carotte
½ oignon
1 échalote
2 gousses d'ail
1 branche de thym

DRESSAGE
Herbes (oxalis, venecress, pouces d'oseille ou autres)

Sel
Fleur de sel
Poivre

1 – Embeurrée de chou rouge aux myrtilles : sélectionnez les quatre feuilles extérieures des choux. Faites-les blanchir 6 min dans de l'eau bouillante salée, puis plongez-les dans de l'eau froide. Réservez.
– Émincez finement le reste des choux en enlevant le cœur. Dans une casserole, faites fondre 50 g de beurre, mettez les choux avec 200 g de myrtilles, 6 g de sel et 20 cl d'eau. Couvrez et laissez cuire à feu doux environ 20 min. Le chou doit être fondant et il ne doit plus y avoir de liquide.
– À l'aide d'un film alimentaire, réalisez des rouleaux en roulant la compotée dans les feuilles de chou cuites. Fermez en faisant un nœud de chaque côté et réservez au frais.

2 – Coulis de myrtilles au genièvre : faites cuire 10 min dans une casserole 200 g de myrtilles avec le vinaigre, 10 cl d'eau et 5 baies de genièvre concassées finement. Ajoutez l'agar-agar et laissez figer la préparation au frais. Mixez au blender jusqu'à ce qu'elle soit bien lisse et mettez-la en pipette.

3 – Cromesquis de cuisses : faites cuire 20 min les pommes de terre épluchées dans de l'eau salée, passez-les au moulin à légumes pour réaliser une purée.
– Faites cuire les cuisses dans une casserole avec la garniture taillée finement, un Kub Or, 10 baies de genièvre, 3 g de sel et 20 cl d'eau. Couvrez et laissez cuire 45 min. La chair doit se détacher de l'os.
– Taillez finement la chair des cuisses. Gardez 4 os pour le dressage et le jus de cuisson pour la sauce. Mélangez la chair et le même poids de pulpe de pommes de terre, concassez 2 baies de genièvre, salez et poivrez. Mettez dans des moules en forme de sphère. Congelez-les, puis démoulez-les.
– Panez les sphères (encore congelées) obtenues à l'anglaise en les passant dans la farine, les œufs battus, puis la chapelure. Réservez au congélateur et cuisez-les à la friteuse dans une huile à 180 °C en leur donnant une belle coloration.

4 – Jus de pigeon : faites réduire de moitié le jus de cuisson des cuisses avec le restant des baies de genièvre, assaisonnez et liez jusqu'à bonne consistance avec de la Maïzena diluée avec de l'eau froide. Passez au chinois et incorporez 10 g de beurre taillé en petits morceaux. Réservez dans une casserole pour le dressage.

5 – Cuisson des filets de pigeon : mettez une noisette de beurre et un peu d'huile de tournesol dans une poêle bien chaude. Salez les suprêmes et faites-les cuire vivement, côté peau, durant 2 min. Retournez-les 1 min et retirez-les de la poêle. Réservez pour le dressage.

6 – Dressage : sortez les rouleaux de chou rouge du film, coupez les extrémités, puis au milieu en biseau. Disposez-les dans un plat et passez-les au four à 150 °C durant 15 min. Enfournez également les filets pendant 3 min. Nappez de sauce les rouleaux de chou et les filets, puis ajoutez la ciboulette ciselée.
– Disposez sur l'assiette le rouleau de chou, puis les points de coulis de myrtilles. Posez ensuite les suprêmes de pigeon. Versez la sauce et terminez avec les herbes. Faites frire le cromesquis, salez légèrement. Plantez l'os de cuisse à l'intérieur et disposez-les sur le support de votre choix *(ici, un bol rempli de foin et baies de genièvre).*

Établissement trois ecotables
LIEU RECOMMANDÉ
VIN NATUREL &
GASTRONOMIE 2023
FOODING

CLARA REYDET

Un petit coup de nostalgie avec Monique, revival du bon temps où l'on savait manger ? Pas seulement. Même si le cadre pierre apparente, bois, parquet, suspensions vintage vous tire un peu par la manche, Clara Reydet n'a pas emprunté le prénom de sa grand-mère pour un restaurant où l'on pleurnicherait sur les blanquettes oubliées.

C'est d'ailleurs presque tout le contraire. Monique, c'est joyeux, tendre et porteur d'avenir. Le terroir et les produits de la ferme sont présents, oui, mais pour la bonne cause, celle qui dynamise une région en créant le lien précieux entre producteurs et cuisiniers. Celle aussi qui donne à la restauration d'aujourd'hui un tour plus simple et solidaire.

Dans la très animée rue Amiral-Roussin, à deux pas du palais des Ducs, Clara met du réconfort dans l'assiette tout en y laissant une signature ; de fraîcheur, de netteté, d'identité. Fruit de sa personnalité et de ses expériences passées, comme celle où elle officiait en pâtisserie aux Cariatides, la belle pépinière de talents de Thomas Collomb.

La base line du restaurant, « boire et manger », dit tout de ce contact direct et sans fanfreluches. Vous savez pourquoi vous êtes là, pour partager un moment entre amis, avec des gens souriants et motivés qui savent vous accueillir, message principal que Clara souhaite transmettre, celui de sa grand-mère dont elle aime rappeler le sens de l'hospitalité. Une chaleur renforcée par Victor, son compagnon, qui porte lui aussi l'étendard du naturel, notamment dans une carte des vins pleine de découvertes.

Monique — 12/20
33, rue Amiral-Roussin – 21000 Dijon

POUR	PRÉPARATION	CUISSON	MARINADE/REPOS
4 PERSONNES	20 MIN	20 MIN	4 H/12 H

Truite de l'Aube
aigre-douce, crémeux pomme de terre raifort, chou rouge

TRUITE AIGRE-DOUCE
2 truites entières
400 g de sel fin
280 g de sucre
30 g de vinaigre de cidre
8 g de poivre noir moulu ou concassé
1 bouquet d'aneth haché fin

CRÉMEUX POMME DE TERRE ET RAIFORT
600 g de pommes de terre
20 cl de crème
20 cl de lait
100 g de raifort râpé
Sel et poivre

CHOU ROUGE
½ chou rouge
Huile
Sel et poivre

DRESSAGE
125 g d'œufs de truite
Feuilles de pourprier

1 - Préparez les truites (la veille) : levez les filets de truite, ôtez les arêtes et conservez la peau. Mélangez tous les condiments et recouvrez entièrement les filets. Laissez reposer (cuire) les filets au frais pendant 4 h.
– Rincez-les à l'eau claire et séchez-les avec un torchon. Laissez reposer une nuit au frais pour que les filets perdent leur humidité. Ôtez la peau.

2 - Réalisez le crémeux de pomme de terre : coupez les pommes de terre en quartiers, faites-les cuire avec le lait, la crème et le sel. Quand les pommes de terre sont cuites, mixez très finement avec le poivre et le raifort. Passez la préparation au siphon et gazez deux fois.

3 - Préparez le chou rouge : émincez très finement le chou rouge à la mandoline. Assaisonnez d'huile d'olive, de sel et de poivre.

4 - Dressage : coupez la truite en fines lamelles, recouvrez-la de chou émincé, ajoutez les œufs de truite et disposez de manière aléatoire le siphon de pomme de terre au raifort. Ajoutez si possible quelques feuilles de pourpier.

Sublime
Buttaci Salvina
Sublime
Spataro Cammarata
Giovanni

SALVINA BUTTACI & GIOVANNI SPATARO CAMMARATA

Quelle promesse ! Du sublime dans la restauration dijonnaise, on n'en demandait pas tant, mais il l'a fait. En s'installant tout près des halles et en annonçant une gastronomie teintée d'accent italiens, Giovanni Spataro Cammarata nous met l'eau à la bouche.

Tandis que sa compagne, Salvina Buttaci, gère la salle avec maîtrise, donne des conseils sur les vins et s'occupe de la pâtisserie (un excellent dessert abricot crémeux vanille fleur de sureau l'autre jour), Giovanni compose avec adresse et finesse. Dans cette salle bien aménagée (tables espacées, atmosphère feutrée) toute proche des halles, le chef a tout le loisir de s'exprimer.

Habitué des coins chics, de Courchevel aux Antilles, il sait répondre à une clientèle exigeante, avec des plats qui ont belle allure, multipliant les ingrédients pour un look et des associations de saveurs originaux. Luisant tel un vernis, son foie gras comme laqué de sauce, les myrtilles et le chou rouge, avec un jus maniguette, offre un large éventail de saveurs, de l'acide au sucré, tandis que les spaghettone moules palourdes ail et courgettes prennent davantage à la tradition transalpine, à l'image du bon ris de veau avec d'excellentes gambas de Sicile, fraîches et croquantes comme des bouquets.

Cette table nouvelle est évidemment un pari audacieux. Au milieu des bistrots qui se concurrencent au dixième d'euro près, un menu dégustation ambitieux doit trouver sa place, avec une carte des vins entre Bourgogne et Italie qui propose elle aussi de beaux choix et des verres autour de 10 €.

Sublime — 12,5/20
24, rue Bannelier – 21000 Dijon

RECETTE DE CHEF - FACILE

POUR	PRÉPARATION	CUISSON	REPOS
4 PERSONNES	30 MIN	35 MIN	3 H

Pizza soufflée
jambon de Parme, poires confites, noisettes et crème de parmesan

PÂTE À PIZZA
500 g de farine T45
32 cl d'eau
10 g de sel
3 g de poudre à lever
Huile neutre

CRÈME DE PARMESAN
1 l de crème
250 g de parmesan râpé
2 g de poivre blanc

POIRES
2 poires williams
100 g de sucre

DRESSAGE
8 tranches très fines de jambon de Parme 24 mois
100 g de noisettes du Piémont grillées et hachées
Crème de vieux vinaigre balsamique de Modène
Jeunes pousses ou fleurs comestibles

1 – Préparez la pâte à pizza : versez la farine et la levure chimique dans la cuve du robot équipé d'un crochet et ajoutez un quart de l'eau (soit 8 cl). Actionnez le batteur. Versez le reste de l'eau petit à petit. Enfin, ajoutez le sel en s'assurant qu'il se marie bien avec la pâte.
– Terminez de travailler la pâte à la main. Elle doit être lisse et homogène. Faites une boule et réservez dans un bol recouvert de film alimentaire. Laissez reposer environ 3 h. La pâte doit avoir triplé de volume.
– Farinez le plan de travail et étalez la pâte à l'aide d'un rouleau à pâtisserie (environ 3 mm d'épaisseur). Découpez des cercles à l'emporte-pièce et faites-les frire dans de l'huile chaude. La pizza se développera et gonflera pendant la cuisson.

2 – Réalisez la crème de parmesan : faites réduire la crème dans une casserole jusqu'à ce qu'elle épaississe, puis ajoutez le parmesan. Faites-le fondre et assaisonnez avec le poivre.

3 – Préparez les poires : faites chauffer 50 cl d'eau et le sucre dans une casserole. Dès que le mélange commence à bouillir, mettez-y les poires préalablement pelées et épépinées pendant environ 15 min, puis retirez-les du sirop. Dès qu'elles ont refroidi, coupez-les en cubes.

4 – Dressage : sur une assiette plate, mettez la crème de parmesan au centre et disposez les cubes de poire, les noisettes et la crème de vinaigre balsamique. Placez la pizza soufflée sur la crème de parmesan et les tranches de jambon sur le dessus. Décorez avec les jeunes pousses ou les fleurs.

MATTEO GIUA

L'une des qualités les plus importantes – à nos yeux – dans une cuisine de chef est l'identité. Dès les premières bouchées, on doit savoir où l'on est et avec qui. Et si, comme pour Matteo Giua, on s'installe loin de ses bases, il faut que le déracinement soit précisément prolifique, et que l'apport de chaque culture se distingue dans l'assiette.

Un chef sarde, donc, établi dans un village emblématique du Pays basque, réputé pour son piment. Après avoir œuvré en Angleterre et en Allemagne, Matteo Giua est passé par Paris puis Bordeaux avant de choisir le Pays basque avec sa compagne, Aurore Martinat, au passé d'avocate. Pour ce projet prometteur, il a reçu la Dotation Jeunes Talents Gault&Millau en 2022.

La double culture ne lui pose aucun problème, bien au contraire, il la considère comme une richesse. Son Brenti (« ventre », en sarde) lui permet de passer en revue les traditions ancestrales de son île pour valoriser les produits locaux dans un mix idéal : le saucisson de Kintoa et le jambon de Parme, le crudo de thon de Saint-Jean-de-Luz alla puttanesca, les pâtes bien sûr, la parmigiana d'aubergine et le « tiramisu d'antan » qui rallie tous les suffrages.

On sent déjà une âme dans cette grande bâtisse typique. Et pour cause, Aurore et Matteo y habitent : le restaurant au rez-de-chaussée, la maison au-dessus, qu'ils ont pu aménager petit à petit et à leur guise.

À la cave, pas de bagarre et les amateurs trouveront facilement leur bonheur : la représentation italienne est conséquente, mais l'irouléguy est bien là et dans les trois couleurs !

Brenti — 12/20
65, Plazako Karrika – 64250 Espelette

POUR	PRÉPARATION	CUISSON	REPOS
4 PERSONNES	15 MIN	15 MIN	1 H

Seiche snackée guanciale, coques & condiment rémoulade-persil

ORANGE CONFITE
1 orange sanguine
50 g de sucre

CONDIMENT RÉMOULADE-PERSIL
2 jaunes d'œuf
1 œuf entier
20 cl d'huile d'arachide
1 c. à soupe de vinaigre de cidre
1 botte de persil
2 œufs durs
1 c. à café de moutarde
1 pincée de sel

GUANCIALE
60 g de guanciale

COQUES
80 g de coques
2 cl de vin blanc
1 gousse d'ail
Huile d'olive

SEICHE
120 g de seiche
Fleur de sel

DRESSAGE
Quelques feuilles de mesclun
1 c. à café d'huile d'olive
1 pincée de fleur de sel

1 – Préparez l'orange confite : pelez l'orange et coupez-la en julienne. Dans une casserole, mettez à chauffer le sucre avec 1 l d'eau. Lorsque l'eau arrive à ébullition, retirez la casserole du feu et ajoutez l'orange coupée. Réservez au frais pendant 1 h.

2 – Réalisez le condiment rémoulade-persil : faites blanchir le persil, puis plongez-le dans de l'eau glacée pour arrêter la cuisson. Dans un bol, mélangez les deux jaunes d'œuf, l'œuf entier, l'huile d'arachide, le vinaigre de cidre, la pincée de sel et la moutarde. Mixez jusqu'à obtenir une mayonnaise solide. Ajoutez les œufs durs (froids) à cette mayonnaise ainsi que le persil et remixez jusqu'à obtenir une rémoulade onctueuse. Réservez au frais.

3 – Préparez le guanciale : enlevez le gras du guanciale et réservez-le. Coupez le guanciale en morceaux de 2 cm environ et faites-les rissoler dans une casserole jusqu'à obtenir un guanciale croquant. Réservez.

4 – Préparez les coques : faites chauffer une casserole avec l'huile d'olive et l'ail, puis ajoutez les coques et le vin blanc, recouvrez la casserole et attendez que les coques s'ouvrent, puis décoquillez-les. Réservez.

5 – Faites cuire la seiche : snackez la seiche dans le gras du guanciale (précédemment mis de côté). Salez.

6 –Dressage : faites revenir le guanciale et les coques dans une sauteuse, puis assemblez le plat en disposant d'abord le condiment rémoulade-persil, puis le guanciale croquant et les coques, la seiche snackée et, enfin, l'orange confite sur le dessus. Ajoutez l'huile d'olive et une pincée de fleur de sel. Décorez avec quelques feuilles de mesclun.

HAUTS-DE-FRANCE
GASTRONOMIE
2023
XXIII VII MMXIX

MAËLLIE POYNARD

À dix minutes d'Arras, à l'écart de la route de Doullens, une ferme a été aménagée pour offrir une table originale qui met le terroir à l'heure d'aujourd'hui. Maëllie Poynard et Alexandre Laboureur ont bien mûri leur projet pour proposer, en pleine campagne, une autre vision de l'auberge rurale.

À vrai dire, ce n'est pas tout à fait une expérience inédite puisqu'ils sont restés quelques années à Lille pour leur première aventure commune (A La Maison, rue Pierre-Mauroy). Néanmoins, ce retour aux origines, près du berceau familial, a tout l'air d'une renaissance.

Le couple a repris l'ancien café du village, a aménagé une jolie salle prolongée d'une agréable terrasse, noué les meilleurs contacts avec les producteurs locaux, institué le zéro déchet et imposé une cuisine naturelle et de saison. Alexandre a même installé une microbrasserie – justement baptisée Origin'ale – pour tirer le précieux jus de houblon sous diverses formes, blonde ou blanche.

Le programme se fait spontanément au fil des semaines, selon le cycle naturel et l'arrivage, notamment celui de la criée de Boulogne, qui fournit Maëllie en poissons et fruits de mer. Elle propose un menu « Découverte » déclinable de 3 à 6 services, à l'aveugle, mais aussi une courte carte pour les adultes qui aiment choisir ce qu'ils mangent, via les associations originales et les idées du moment : le maquereau marié à la bière et à la pomme, le turbot et l'asperge, l'entrecôte aux légumes de saison avec une sauce chimichurri... Avec son sens du décalage et du contrepoint, la cheffe ne dédaigne pas cuisiner les légumes au dessert, comme cette pavlova carotte, et met la régionale rhubarbe à l'honneur.

Origine — 12/20

16, rue de Monchiet – 62123 Gouy-en-Artois

POUR	**PRÉPARATION**	**CUISSON**	**REPOS**
4 PERSONNES	20 MIN	25 MIN	8 H

Maki de poireaux
vinaigrette d'œufs de truite

5 poireaux entiers
10 feuilles d'algues nori
30 cl d'huile de tournesol
100 g d'œufs de truite
12 cl de vinaigre au piment doux
Fleurs comestibles
Sel et poivre

1 – La veille, nettoyez les poireaux à l'eau claire, puis séparez les verts des blancs. Faites blanchir les verts des poireaux, puis plongez-les dans un bain d'eau glacée. Égouttez-les, puis séchez-les.

2 – Avec la pointe d'un couteau, piquez légèrement les blancs de poireaux, puis disposez-les sur un plat allant au four et assaisonnez-les de sel et de poivre. Enfournez les blancs dans un four préchauffé à 170 °C à chaleur tournante pendant 20 min. Laissez-les refroidir.

3 – Réalisez une huile de poireaux : mixez les verts avec de l'huile de tournesol et filtrez soit avec un torchon soit avec un filtre à café en récupérant l'huile dans un récipient (attention, il faut que les verts soient bien secs pour la réalisation).

4 – Réalisez les makis : placez la moitié des poireaux sur du film alimentaire tapissé d'algues nori, puis la seconde moitié par-dessus et réalisez un rouleau en serrant bien pour créer un boudin. Fermez hermétiquement les extrémités en les nouant (en cas de doute, mettez une seconde couche de papier film), puis plongez le boudin dans un saladier d'eau glacée et placez au frais pour la nuit.

5 – Le jour J, préparez la vinaigrette d'œufs de truite : dans un petit récipient, mélangez les œufs de truite, puis le vinaigre de piment doux et l'huile de tournesol.

6 – Dressage : détaillez des tranches d'environ 2 cm dans les poireaux encore filmés, disposez-les sur les assiettes et retirez le film (cette étape doit se faire lorsque les poireaux sont encore très froids et avec un couteau très aiguisé pour un rendu bien net). Ajoutez le sel et le poivre, puis la vinaigrette aux œufs de truite, quelques fleurs comestibles et un trait d'huile au poireau.

MAXIME ARDIN

Quand le destin fait des clins d'œil... Lorsque Maxime Ardin nous présenta son projet il y a trois ans afin d'obtenir la Dotation Jeunes Talents Gault&Millau, il cherchait à s'établir *« quelque part dans le secteur d'Annecy »*. Puis vint la pandémie. Le dossier ne fut validé que l'année dernière, plus étayé, car le lieu commençait à se préciser. Aujourd'hui, Maxime le globe-trotter, formé au campus de Groisy, puis à Dijon, passé par nombre de belles maisons, chez Stéphane Léger et Philippe Augé en Bourgogne, chez Régis Marcon, où il apprit beaucoup, parti ensuite en Italie, est finalement installé à cinq minutes de son village natal !

Cette auberge du pont de l'Abîme, sur le Chéran, était une belle endormie qui avait, naguère, sa petite réputation. Situé à l'entrée du parc naturel régional des Bauges, le site a du cachet et du potentiel. Bien réhabilité, il retrouve vie et couleurs, dans un cadre rafraîchi, blanc et bois, avec une agréable terrasse pour l'apéritif.

La cuisine proposée par Maxime est locale, directe, nourrie de produits et de fournisseurs proches, dont l'excellent pain de Fournil et Délices, du village voisin de Viuz. En salle, Lucie – une connaissance de Gault&Millau puisqu'elle avait remporté un trophée d'Éloquence à un récent Gault&Millau Tour –, vient épauler cette jeune équipe avec brio. En détaillant et commentant les plats d'un menu caché déjà bien au point : la truite de Grésy, confite au lierre terrestre et beurre blanc, le faux-filet de cochon de la maison Baud, salade de fenouil et petit taboulé d'herbes, avec le fromage frais de la Marmotte en Bauges.

Abîme – L'Auberge du Pont — 13/20
991, route du Pont-de-l'Abîme – 74540 Gruffy

POUR	PRÉPARATION	CUISSON	REPOS
4 PERSONNES	20 MIN	10 MIN	20 MIN

Truite confite au lierre terrestre

2 filets de truite désarêtés de 150 g chacun
1 beau bouquet de lierre terrestre
2 échalotes
2 c. à soupe de vinaigre blanc
1 verre de vin blanc sec
1 c. à soupe d'œufs de truite
150 g de beurre
1 tranche de pain de la veille
½ l d'huile de pépins de raisin
500 g de gros sel
Sel fin

1 - Préparez la truite : placez les filets dans un plat et recouvrez-les de gros sel, laissez reposer 20 min. Rincez ensuite abondamment et taillez les filets en deux pour avoir 4 portions.

2 - Préparez la sauce : ciselez les échalotes finement et faites-les suer dans une casserole avec une noisette de beurre, salez. Déglacez les échalotes avec le vinaigre blanc et le vin blanc, laissez réduire d'un tiers. Incorporez le beurre coupé en petits cubes, puis mixez au mixeur plongeant.

3 - Préparez les croûtons : taillez le pain en petits morceaux et faites-les dorer dans du beurre. Faites chauffer l'huile de pépins de raisin tout doucement jusqu'à 65 °C environ et plongez les filets de truite 5 min dans l'huile. Dès que la peau se retire, c'est cuit.

4 - Finition et dressage : ajoutez au dernier moment dans la sauce du lierre terrestre ciselé et les œufs de truite. Dressez la truite avec les croûtons et quelques feuilles de lierre.

TRISTAN WEINLING

Cette Utopie nouvelle, dans un village alsacien charmant, est plus qu'une nouvelle table, c'est tout simplement la découverte la plus excitante de l'année en Alsace. Camille Besson et Tristan Weinling ont donc quitté leur restaurant de poche de la Petite-Rue-des-Dentelles, à Strasbourg, pour cette grande maison typique sur la route des vins. Le décor signé Poivre Design reprend les codes d'aujourd'hui, zen scandinave avec un vaste comptoir qui mange un peu l'espace.

Cette maison est la leur. Après un petit mois d'ouverture, nous les avons trouvés l'un comme l'autre très à l'aise. Camille déploie autant de compétence que d'élégance, de finesse et de bienveillance pour que chacun se sente au mieux. Tristan est maître des éléments : il jongle avec les parfums épicés de son enfance réunionnaise et peut tout à la fois montrer une superbe technique comme une grande liberté d'interprétation, fruit de ses passages chez d'illustres figures du métier, tels Éric Briffard et Pierre Gagnaire, et des expériences inspirantes, à l'image de Juan Arbelaez et de Jean Imbert.

Le menu unique est certes une facilité, mais il permet d'accrocher les bons wagons pour le début. On est à fond dans la naturalité avec les poireaux confits, servis froids et brûlés à l'extrémité, riz noir et vinaigrette de poireau, et les blettes crème d'ail nouveau sauce vin jaune et lard de Conca. La truite vaut franchement 3 toques, très bien cuite avec une sauce crémeuse et pétales de katsuobushi, et la caille est excellente avec une purée de cresson, avant deux bons desserts, fraise huile d'olive crumble massalé et « épeautre au lait » sur le modèle du riz au lait.

Utopie — 14,5/20

10, rue Haute – 68420 Gueberschwihr

POUR	PRÉPARATION	CUISSON
4 PERSONNES	50 MIN	1 H 20

Caille
cresson & haricots de mer

4 cailles des Vosges
25 cl de vin rouge
150 g de haricots de mer bio

PURÉE DE CRESSON
500 g de cresson
10 cl d'huile d'olive

CRUMBLE DE SEIGLE
100 g de farine de seigle
100 g de beurre
Fleur de sel

1 - Préparez les cailles : désossez les cailles, mettez les cuisses de côté (vous pouvez les utiliser pour en faire une rillette, ou une croquette par exemple).
– Coupez en petits morceaux les carcasses de caille, faites-les rissoler dans une casserole jusqu'à obtenir une belle coloration. Déglacez au vin rouge. Laissez cuire 5 min, puis recouvrez d'eau à hauteur. Laissez cuire pendant 1 h.

2 - Préparez les haricots de mer : dessalez les algues en les rinçant, taillez-les en petits morceaux. Réservez.

3 - Préparez la purée de cresson : faites cuire pendant 3 min le cresson dans de l'eau bouillante. Débarrassez et mixez avec l'huile d'olive jusqu'à obtenir un mélange bien lisse. Passez la sauce au chinois et faites-la réduire de trois quarts jusqu'à obtenir un jus de viande.

4 - Préparez la pâte à crumble de seigle : mélangez la farine de seigle et le beurre, ajoutez un peu de fleur de sel.

5 - Finition : dans une poêle, faites griller sur la peau les filets de caille jusquà une cuisson rosée.

6 - Dressage : disposez un peu de purée de cresson sur l'assiette, puis le filet de caille. Déposez les algues sur le côté ainsi qu'un peu de crumble de seigle. Décorez de quelques pousses de cresson crues. Versez la sauce sur le filet.

EDWARD DELLING-WILLIAMS

Edward Delling-Williams, c'est d'abord l'histoire d'un Anglais à Paris. Lui, le solide gaillard aux yeux rieurs qui a grandi dans le pub familial, non loin de Bristol, a rapidement traversé le Channel pour rejoindre les cuisines d'Au Passage, avant de s'installer à Belleville en lançant Le Grand Bain, début 2017, rue Dénoyez. Passionné de cuisine et de bons produits, formé au sein du fameux St. John, à Londres, il a tout juste 30 ans et ouvre en parallèle deux boulangeries dans Paris, parce qu'il est *« boulimique de travail »*.

Mais la vie parisienne est pesante et la petite famille (le couple a trois enfants) décide en 2020 de s'installer dans la Manche. *« J'ai grandi à la campagne, au sud de Bristol, et cette vie me manquait*, explique le chef britannique. *Nous avons eu l'occasion de nous installer à Courcy, sur la côte ouest, et de racheter ce qui fut autrefois le Mascaret de Philippe Hardy. Nous avons ouvert en mai 2022. »*

Dans cet ancien presbytère, bien épaulé par son associé Nicolas Tonnard, Edward propose une cuisine champêtre et savoureuse, écoresponsable, s'appuyant sur la production de la microferme qu'il a créée parallèlement non loin d'Heugueville-sur-Sienne (et où il cultive notamment des plantes traditionnelles de la région) et sur une cave enthousiasmante, conseillée par Mélisande Malle, propriétaire d'un bar à vin à Granville.

The Presbytere — 11/20

16, rue de la Sienne – 50200 Heugueville-sur-Sienne

RECETTE DE CHEF - **FACILE**

POUR	PRÉPARATION	CUISSON
4 PERSONNES	20 MIN	10 MIN

Palourdes
aïoli fumé & obione

1 kg de palourdes
25 cl de vin blanc sec
1 oignon
1 botte de persil

AÏOLI
3 gousses d'ail
1 jaune d'œuf
1 trait de jus de citron
20 cl d'huile d'olive
Paprika fumé
Sel et poivre

DRESSAGE
Feuilles d'obione (plante de bord de mer)
Huile d'olive

1 – Préparez les palourdes : faites dégorger et nettoyez les palourdes en les faisant tremper dans de l'eau salée pour enlever le sable.

2 – Préparez un aïoli : pelez, dégermez et écrasez les gousses d'ail. Déposez la purée d'ail dans un saladier, ajoutez le jaune d'œuf, assaisonnez, puis mélangez. Versez l'huile petit à petit en fouettant vivement. Ajoutez le jus de citron et le paprika fumé.

3 – Cuisson des palourdes : faites cuire les palourdes dans une casserole couverte avec juste un fond de vin, l'oignon et une botte de persil émincés, jusqu'à ce que les coquillages s'ouvrent. Quelques minutes suffisent.

4 – Finition : dans la cuve d'un robot, mélangez l'aïoli et le jus de cuisson, puis faites-le monter en émulsion.

5 – Dressage : servez les palourdes dans une assiette creuse, versez l'aïoli en émulsion, ajoutez un filet d'huile d'olive et parsemez de quelques feuilles d'obione.

Mot du chef :
« C'est une recette créée pour l'ouverture du restaurant. Elle incarne à la fois la pêche à pied et les prés salés, typiques du terroir manchois, et les twists d'ailleurs que l'on aime y introduire avec l'aïoli au paprika fumé à la saveur typée plus méditerranéenne. »

SIMON JOUËT

Le fier château de Josselin, joyau de l'art militaire et fief de la famille de Rohan, est une attraction touristique de premier plan dans une ville qui mérite donc qu'on puisse s'asseoir à une table de qualité avant ou après la visite. À vrai dire, depuis que Simon Jouët et sa compagne, Mounia, se sont installés tout près de la basilique, certains visiteurs ne viennent plus que pour le coup de fourchette…

Simon a grandi en Bretagne, puis, après l'école hôtelière, dans un tour de France qui lui a permis de progresser au sein d'une maison mythique, celle de Paul Bocuse : d'abord au gastro, puis à L'Abbaye, où il eut à gérer les grands repas et banquets. Il a ainsi acquis rigueur et précision, découvrant la satisfaction de peaufiner chaque geste pour parvenir à l'excellence, même sur les réalisations les plus basiques.

À Josselin, il s'est vite orienté vers une cuisine de saison, authentique et de caractère : pas de triche avec les produits, pas de fanfreluches ni de camouflage. La vérité nue et néanmoins présentée avec adresse dans ces huîtres en nage à l'estragon, pointe de yuzu, céleri, chou-fleur, dans le filet de lieu jaune en écailles de pomme de terre sauce orange romarin (toute ressemblance avec le rouget en écailles de pomme de terre de chez Bocuse ne saurait être que fortuite) ou le filet de bœuf aux morilles, à travers trois menus et un choix de propositions assez court, mais qui permettent de maîtriser totalement la qualité et la régularité. Ainsi, les desserts peuvent paraître très simples, pourtant nous avons encore en bouche le goût et la texture parfaite de la crème brûlée.

Chez Simon — 12,5/20

9, rue Olivier-de-Clisson – 56120 Josselin

POUR	PRÉPARATION	CUISSON	REPOS
8 PERSONNES	40 MIN	1 H 40	4 H

Encornet farci
risotto, chou-fleur brûlé, sauce blanche à la sauge

8 encornets 100/200
20 cl de vin blanc
1 bouquet garni

FARCE FINE DE POISSON
200 g de chair de poisson blanc (julienne ou autre)
60 g de beurre pommade*
100 g de crème épaisse
1 blanc d'œuf
1 œuf entier
2 c. à soupe de chorizo en brunoise (petits dés)
2 c. à soupe de pistaches concassées
4 g de sel

RISOTTO
250 g de riz arborio ou carnaroli
37,5 cl de bouillon de volaille
20 cl de vin blanc
80 g de parmesan râpé
20 g de beurre
1 oignon ciselé
4 jaunes d'œuf

SAUCE BLANCHE À LA SAUGE
3 échalotes émincées
5 champignons de Paris émincés
25 cl de vin blanc
¼ de botte de sauge
25 cl de fumet ou fond de poisson
12,5 cl de crème

CHOU-FLEUR BRÛLÉ
1 chou-fleur
¼ de gousse d'ail
1 pincée de thym
Vinaigre blanc
Huile d'olive

1 - La veille : réalisez la farce... Mixez au robot la chair de poisson avec le sel et le blanc d'œuf. Incorporez l'œuf entier et continuez à mixer. Ajoutez la crème et mixez à nouveau. Terminez de mixer avec le beurre pommade*, passez au tamis pour enlever les impuretés, puis ajoutez la brunoise de chorizo et les pistaches concassées. Réservez au frais.
- ... et le risotto. Faites suer l'oignon avec le beurre, ajoutez le riz et faites cuire jusqu'à ce qu'il soit nacré. Ajoutez le bouillon par petites quantités, terminez avec le vin blanc, puis liez en ajoutant le parmesan râpé. Laissez cuire jusqu'à ce que le riz soit moelleux. Hors du feu, ajoutez les jaunes d'œuf. Débarrassez dans un plat tapissé d'une feuille de cuisson pour faciliter le démoulage. Gardez au frais.

2 - Le jour J, réalisez la sauce blanche : réduisez presque à sec* les échalotes et champignons dans une casserole avec le vin blanc. Mouillez avec le fumet, ajoutez la crème et faites infuser la sauge. Rectifiez l'assaisonnement et laissez épaissir jusqu'à obtenir une consistance nappante. Passez au chinois.

3 - Préparez le chou-fleur brûlé : taillez le chou-fleur en grosses inflorescences, lavez-les dans de l'eau vinaigrée. Réalisez une marinade à base d'huile d'olive, ail et thym hachés, sel et poivre. Laissez mariner 10 min, puis enfournez 10 min à 240/250 °C (th. 8/9).

4 - Farcissez les encornets sans excès et fermez-les à l'aide de pics en bois. Faites-les revenir dans l'huile d'olive sur toutes les faces dans une cocotte, déglacez au vin blanc, ajoutez un peu de bouillon ou de fumet (ou, à défaut, de l'eau) et un bouquet garni, puis enfournez à couvert à 180 °C (th. 6) environ 30 à 40 min selon la taille des encornets.

5 - Dressage : taillez de gros bâtonnets de risotto, passez-les 10 min au four à 180 °C (th. 6). Coupez les encornets en tranches et dressez les assiettes.

NICOLAS GIRARDOT

L'excellente Table d'Angèle, qui nous a si souvent régalés, ne pouvait que tomber entre de bonnes mains. Cette maison contemporaine à la sortie du village, dans l'environnement vosgien du Hohneck et du lac de Gérardmer, tout proche, mérite une continuité aussi réussie. Nicolas Girardot, le nouveau chef, nous a pleinement rassurés. Passé par Les Jardins de Sophie, il connaît déjà très bien le coin, et il lui a été facile de choisir ses fournisseurs et ses producteurs.

Avec son épouse Anita, ils ont uni leurs prénoms pour baptiser la nouvelle enseigne. La ligne directrice reste sensiblement la même, celle d'une cuisine inspirée par le paysage, tout en changeant de génération et de personnalité. Quant à la déco, hormis quelques petites touches, elle a été très peu modifiée. Elle demeure intensément boisée, en harmonie avec l'environnement forestier, le service n'en fait pas trop dans les ronds de jambe et les salamalecs, préférant la gentillesse et la franchise.

C'est au pied de l'arbre qu'on voit le bûcheron vosgien, et au bord de la casserole que l'on voit le cuisinier. Celui-ci n'hésite pas devant les mariages surprenants et néanmoins heureux : l'asperge avec le munster comme une panna cotta, et un délice d'œuf de caille avec un beurre monté à l'ail des ours. C'est à la fois hardi et très bon, tandis que la caille farcie de pomme de terre amandine, petits pois et grenaille fait un vrai bon plat bourgeois du dimanche, et que le dessert fraise rhubarbe glace cream cheese offre un rafraîchissement de dernière minute. La cave très classique s'étoffe petit à petit, mais compte heureusement les lorrains avec les côtes-de-toul du domaine Lelièvre par exemple.

Anico — 12/20
30, Grande Rue – 88250 La Bresse

POUR	PRÉPARATION	CUISSON	REPOS
4 PERSONNES	1 H 10	45 MIN	12 H

Crémeux au chocolat grand cru Madong, cèpes sapin & miso de noisettes

CRÉMEUX AU CHOCOLAT GRAND CRU MADONG

50 g de lait
1 jaune d'œuf
10 g de sucre
20 g de chocolat Madong

GANACHE MONTÉE

5 cl de lait
30 g de crème
25 g de chocolat
1 g de miso de noisettes maison (ou miso d'orge, facile à trouver)

GLACE AUX CÈPES

6,5 cl de lait
10 g de sucre
4 g de cèpes secs

GEL CABOSSE ET SAPIN

50 g de pulpe de cabosse Oabika
5 cl d'eau
1,2 g d'agar-agar
0,5 g de gomme xanthane
10 g d'aiguilles de sapin des Vosges

CARAMEL AU MISO DE NOISETTES

60 g de sucre
55 g de crème
15 g de miso de noisettes (ou d'orge)
30 g de beurre noisette

BISCUIT GAVOTTES

1 blanc d'œuf
30 g de sucre
15 g de farine
3 g de fécule de maïs
15 g de beurre
1 g de sel

MATÉRIEL SPÉCIFIQUE

Turbine à glace

1 – Glace aux cèpes (la veille) : faites chauffer le lait et le sucre. Laissez infuser les cèpes secs toute une nuit dans le lait sucré. Filtrez, puis passez à la turbine à glace.

2 – Ganache montée (la veille) : faites chauffer le lait et la crème. Versez sur le chocolat et le miso. Laissez refroidir environ 12 h. Montez la préparation comme une chantilly.

3 – Crémeux au chocolat grand cru Mandong : réalisez une crème anglaise en portant à ébullition le lait. Dans une seconde casserole, fouettez le jaune d'œuf et le sucre. Incorporez petit à petit le lait et battez au fouet, sans cesser de remuer, jusqu'à ce que la crème s'épaississe. Versez la préparation chaude sur le chocolat. Battez à froid.

4 – Gel cabosse et sapin : chauffez la pulpe de cabosse et l'eau avec les aiguilles de sapin, laissez infuser 15 min. Filtrez, puis faites bouillir avec l'agar-agar et la gomme xanthane Laissez figer, puis mixez à la texture.

5 – Caramel au miso de noisettes : faites cuire le sucre jusqu'à obtenir un caramel. Décuire* avec la crème, puis laissez réduire légèrement. Laissez tiédir, puis incorporez le beurre et le miso.

6 – Biscuit gavottes : faites chauffer 15 cl d'eau, le beurre et le sel. Incorporez le reste des ingrédients, puis laissez bouillir environ 1 min. Débarrassez et laissez refroidir. Étalez la pâte sur une toile Silpat, enfournez à 160 °C jusqu'à coloration. Froissez le biscuit en boule à la sortie du four.

7 – Dressage : pochez le crémeux, puis la ganache montée par-dessus. Disposez harmonieusement le gel de cabosse, le caramel et le biscuit gavottes. Terminez par la glace aux cèpes.

ALEXANDRE DAMIENS

ALEXANDRE DAMIENS & JUDITH FRAISSARD

L'enseigne a quelque chose d'un peu abscons lorsqu'on se trouve à l'étage d'un centre commercial au cœur de la station de ski. Plus haut, la route du col du Petit Saint-Bernard permet, l'été, de passer en Italie. Nombre de locaux l'empruntent d'ailleurs pour aller se divertir le palais chez nos voisins transalpins.

Il faut donc désormais compter avec cette nouvelle enseigne, qui a eu tôt fait de faire parler d'elle. Alexandre Damiens est un passionné de vin et de vignoble, ceci expliquant cela. Judith Fraissard a fréquenté le Chabichou aux côtés de Stéphane Buron, et cette excellente pâtissière nous a franchement épaté avec son ananas yuzu sorbet citron sur un sablé au chocolat blanc, ses gourmands choux chocolat caramel, ou encore l'exotique, avec son biscuit et crème de noix de pécan…

L'espace a été meublé et décoré avec les moyens du bord, mais on sent toute la sincérité et l'énergie que le jeune couple a mises dans son projet. Alexandre travaille les produits de saison, à travers des assiettes en légèreté, mais aussi des plats roboratifs plus proches de la tradition : les escargots en persillade, purée et chips de topinambour, ont un bon goût bien franc, le turbot autour du céleri et du panais, fregola sarda sauce safran, ou le solide carré d'agneau purée de butternut et crumble d'herbes, sauce anis et miel réchauffent le pèlerin.

Comme son nom l'indique, la cave est l'autre atout du lieu. De l'Auvergne (patrie du chef) à la Savoie, de très jolies quilles, des IGP peu connues et des pépites, comme la mondeuse des frères Berthollier ou l'apremont « Sous le Roc » de Fabien Trosset.

Le Terroir des Vignobles — 12,5/20

CC Le Valaisan 2 – 73700 La Rosière, Montvalezan

RECETTE DE CHEF - **EXPERT**

POUR	PRÉPARATION	CUISSON	REPOS
8 PERSONNES	3 H	1 H 20	13 H

Le chocolat-noisette

SORBET CHOCOLAT
65 g de sucre inverti (magasin pro)
6 g de stabilisateur à sorbet (magasin pro)
65 g de sucre semoule
225 g de chocolat noir 64%

CRÉMEUX CHOCOLAT
12,5 cl de lait
125 g de crème
2 jaunes d'œuf
25 g de sucre
135 g de chocolat noir 64%

ÉMULSION NOISETTE
12,5 cl de lait
125 g de crème
2 jaunes d'œuf
45 g de sucre
25 g de pâte de noisette

APPAREIL À CIGARETTE CACAO
50 g de beurre pommade*
50 g de sucre glace
50 g de farine
1 blanc d'œuf
40 g de cacao en poudre

CROUSTILLANT CHOCOLAT STREUSEL
100 g de beurre pommade*
100 g de cassonade
100 g de poudre d'amandes
75 g de farine
17 g de cacao en poudre
1 g de sel

STREUSEL RECONSTITUÉ
75 g de praliné
70 g de chocolat noir
25 g de grué de cacao
Cacao en poudre
1 g de fleur de sel

1 – Crémeux chocolat (la veille) : comme une crème anglaise, faites bouillir le lait et la crème. En parallèle, mélangez les jaunes et le sucre. Versez une partie du lait chaud sur les jaunes afin de les tempérer. Remettez le tout dans la casserole et cuire à la nappe* à 82 °C en remuant avec une maryse.
– Versez en deux fois sur le chocolat en mélangeant avec une maryse. Mixez au mixeur plongeant sans incorporer d'air. Filmez au contact* et placez au réfrigérateur pendant minimum 12 h.

2 – Émulsion noisette (la veille) : procédez comme avec le crémeux, en ajoutant la pâte de noisette au lait et à la crème.
– Stoppez la cuisson, réservez au réfrigérateur pendant 12 h.

3 – Sorbet chocolat : mélangez le sucre semoule et le stabilisateur, faites chauffer 50 cl d'eau et le sucre inverti à 40 °C, ajoutez le premier mélange, faites bouillir. Versez petit à petit sur le chocolat en prenant soin de mélanger à chaque fois. Réservez au réfrigérateur pendant minimum 3 h. Turbinez en sorbetière.

4 – Appareil à cigarette cacao : mélangez à la spatule le beurre avec le sucre glace. Ajoutez le blanc et terminez avec la farine et le cacao. Laissez reposer au réfrigérateur 2 h.
– À l'aide d'un chablon (pochoir) rectangulaire de 7 x 9 cm, étalez finement l'appareil sur une plaque de silicone. Réalisez 8 rectangles, enfournez à 170 °C pendant 3 min. À la sortie du four, roulez directement la pâte à cigarette autour d'un tube de 1,6 cm de diamètre. La pâte à cigarette va refroidir rapidement, retirez du tube délicatement et réservez dans une boîte bien fermée à l'abri de l'humidité.

5 – Croustillant chocolat streusel : mettez le beurre pommade*, la cassonade, la poudre d'amandes, le sel, la farine, et le cacao dans une cuve de batteur, puis mélangez à la feuille* afin de réaliser un streusel. Étalez entre deux feuilles de papier sulfurisé à 1 cm d'épaisseur, retirez la feuille du dessus et enfournez à 165 °C pendant environ 30 min.

BISCUIT NOISETTE
100 g poudre de noisette
90 g de sucre glace
5 jaunes d'œuf
3 blancs d'œuf
25 g de farine
60 g de sucre semoule
50 g de beurre

MATÉRIEL SPÉCIFIQUE
Sorbetière

6 – Streusel reconstitué : mélangez le praliné, le chocolat noir, le grué de cacao et la fleur de sel avec le streusel encore chaud. Lorsque tous les éléments sont fondus et bien mélangés, répartissez le streusel sur une plaque, puis réservez au frais pendant 1 h. Cassez des petits morceaux et les rouler dans de la poudre de cacao.

7 – Biscuit noisette : préchauffez le four à 190 °C. Au batteur, mélangez la poudre de noisette, le sucre glace, les jaunes et la farine. Au bain-marie, faites chauffer à 50 °C les blancs et le sucre semoule, puis montez la meringue au batteur (elle doit rester onctueuse). Faites fondre le beurre, l'incorporer à la maryse au premier mélange et finissez délicatement par la meringue. Étalez le biscuit dans un cadre 30 x 30 cm. Enfournez pendant environ 12 min en prenant soin de retourner à mi-cuisson. Laissez refroidir.

8 – Dressage : détaillez des rectangles de biscuit de 3 x 9 cm. Lissez délicatement le crémeux chocolat à la maryse, mettez-le en poche avec une douille ronde unie de 10, pochez des points de crémeux chocolat sur le biscuit (2 lignes de point). Mettez l'émulsion noisette dans un siphon (0,5 l), gazez avec deux cartouches de gaz. Garnissez délicatement le tube de cigarette au chocolat avec l'émulsion noisette. Placez le tube garni sur les points de crémeux. Disposez quelques morceaux de croustillant chocolat. Ajoutez une quenelle de sorbet chocolat dans l'assiette.

ACCALMIE

ALEXIA CHAUMONT & FLORENTIN VASSEUR

L'accalmie après la tempête ? Comme un apaisement de l'océan tourmenté par les vents ? Et si l'on parlait tout simplement de pause gourmande ? Dans cette station bien connue des amateurs de voile, le vent est un partenaire de jeu avec lequel on compose, à l'image de la nature qui aide le cuisinier à inventer et à s'épanouir. C'est ainsi qu'il faut entendre le sens de l'Accalmie d'Alexia Chaumont et de Florentin Vasseur, installés au cœur de la cité, tout près de l'office de tourisme.

Avec Florentin et Alexia, on met les voiles et cap vers le large dans des conditions de confort et de bien-être supérieures à celles d'un trimaran. Le cadre, lumineux, marin, plein de fraîcheur et d'embruns, est une invitation à embarquer.

Ces deux chefs sont jeunes, pourtant le bagage est déjà important et la cambuse, bien approvisionnée. C'est au Cayola de Château-d'Olonne qu'ils ont appris l'exigence et le respect du produit. C'est aussi là-bas qu'ils ont construit et mûri leur projet, une maison à eux où ils pourraient exprimer les qualités de leur jeunesse comme de leur maturité.

Inutile de chercher les fioritures et le faux prestige dans cette cuisine-là : elle est à la fois simple et recherchée, très ancrée sur les produits de saison, et sans parti pris. Le pied de porc avec les groseilles, les fèves et les amandes ? Un petit délice. Comme le maquereau fraise chou-fleur ou le veau rhubarbe romarin pomme de terre. Une idée, un plat, une belle main qui donne de la netteté et du goût. Cette Accalmie est aussi savoureuse que reposante.

Accalmie — 12/20

2, place de la Liberté – 85360 La Tranche-sur-Mer

POUR	PRÉPARATION	CUISSON	REPOS
4 PERSONNES	55 MIN	1 H 30	12 H

Moules marinière revisitées

MOULES MARINIÈRE
550 g de moules
1 échalote
1 brin de persil
10 cl de pineau des Charentes
10 g de beurre

POMMES ANNA
300 g de pommes de terre
25 g de beurre

TUILE DE POMME DE TERRE
20 g de farine
10 g de sucre glace
30 g de pommes Anna
1 blanc d'œuf

CHUTNEY D'ÉCHALOTES
200 g d'échalotes
2 cl de pineau des Charentes
10 g de beurre
10 g de sucre

CRÉMEUX DE MOULES
150 g de moules marinière décortiquées
80 g de crème liquide
1 cl de pineau des Charentes
2 g d'agar-agar

POUDRE DE PERSIL
½ botte de persil

COULIS DE PERSIL
½ botte de persil

1 – Moules marinière : nettoyez les moules. Dans un grand fait-tout, faites revenir les échalotes dans le beurre. Ajoutez les moules, le persil et le pineau des Charentes. Laissez cuire 5 min à couvert. Décortiquez les moules, gardez-en quelques-unes entières pour la dégustation.

2 – Crémeux de moules (la veille) : ajoutez dans une casserole les moules dans la crème et le pineau. Portez à ébullition, puis mixez et passez au chinois étamine. Remettez à bouillir avec l'agar-agar et laissez reposer au réfrigérateur pendant au moins 12 h.

3 – Pommes Anna : taillez les pommes de terre en lamelles à la mandoline. Disposez-les dans un plat allant au four. Versez le beurre clarifié* sur les pommes de terre. Enfournez-les à 160 °C pendant 1 h avec un papier sur le dessus. Aplatissez à l'aide d'un poids à la sortie du four pour presser le gâteau de pommes de terre (conservez les chutes pour la tuile).

4 – Réalisez le chutney d'échalotes : émincez les échalotes et faites-les revenir dans le beurre. Déglacez au pineau. Ajoutez le sucre et laissez confire, puis mixez.

5 – Préparez le coulis de persil : plongez le persil dans l'eau bouillante pendant 2 min. Faites-le refroidir dans une eau glacée, puis mixez.

6 – Réalisez la tuile de pomme de terre : mixez les chutes de pommes Anna. Mélangez l'ensemble des ingrédients. Étalez l'appareil sur une plaque de cuisson et enfournez à 160 °C pendant 6 min.

7 – Préparez la poudre de persil : faites sécher le persil au four à 60 °C jusqu'à ce qu'il soit complètement sec, puis mixez.

8 – Dressage : alternez sur l'assiette les tranches de gâteau de pommes Anna, les moules, le crémeux de moules et le chutney d'échalotes. Parsemez de poudre et de coulis de persil. Recouvrez de la tuile.

Menu

JOAN BOIS

La façade du restaurant, ouvert dans la rue principale de cette banlieue grenobloise, semble bien anodine, mais l'intérieur se révèle clair et chaleureux : en quelques mois, le bouche-à-oreille a déjà bien fonctionné pour Joan Bois et Aurélie Josserand.

Le premier est isérois, la seconde, savoyarde : la maison mixe les qualités de l'un et de l'autre jusque dans la cuisine, actuelle et aux racines régionales fortes. Aurélie est à la fois au four et au moulin, elle passe le message en salle avec sourire et efficacité, mais vient aussi donner un coup de main sur certaines compositions.

Comme un certain Marc Veyrat, Aurélie est manigodine, entendez originaire de ce beau village de Manigod entre le col de la Croix Fry et Thônes. Elle a fréquenté l'école hôtelière de Thonon-les-Bains, tandis que Joan, né à Pontcharra, a connu celle de Grenoble. Pour leur première aventure à deux, c'est leur complémentarité qui saute aux yeux, et leur envie commune de créer du lien avec cette clientèle naissante et déjà fidèle.

Ils le doivent à cette atmosphère, mais aussi à une assiette probe et très bien contrôlée, détaillée en un impeccable menu-carte à 35 € : l'œuf croustillant crémeux de patate douce et jambon de bœuf, simple et bon, le cochon cuit toute une nuit, une perfection en termes de goût et de texture, avec une tarte fine de polenta et la fraîcheur terrienne des champignons et un régal de citron crémeux biscuit à la noisette et kumquat confit.

On appréciera les nombreuses petites attentions qui ponctuent le repas, en particulier la toute dernière, en hommage à l'enseigne et à la région, soit une petite goutte de Chartreuse pour chacun.

La Petite Chartreuse — 12,5/20
106, Grande Rue – 38700 La Tronche

POUR	PRÉPARATION	CUISSON	REPOS
6 PERSONNES	30 MIN	35 MIN	4 H

Terrine de merlu

500 g de filet de merlu (ou tout autre poisson blanc)
3 poivrons jaunes
3 poivrons rouges
5 feuilles de nori
1 bouquet de basilic
10 cl de crème liquide
30 g d'œufs de truite
1 citron jaune
Piment d'Espelette
Huile d'olive
Sel

1 – Préparez les poivrons : coupez les poivrons en grosses lanières, disposez-les dans un plat allant au four, arrosez-les d'un filet d'huile d'olive et assaisonnez de sel et de piment d'Espelette. Enfournez 25 min à 180 °C.

2 – Préparez le merlu : disposez les filets de merlu dans un plat allant au four, assaisonnez-les de sel. Ajoutez un filet d'huile d'olive et enfournez 8 min à 180 °C.

3 – Préparez la terrine : chemisez un plat à cake avec du film alimentaire. Disposez les feuilles de nori au fond du plat. Montez la terrine en couches successives avec le merlu, les poivrons ainsi que les feuilles de basilic. Terminez avec une feuille de nori pour envelopper la terrine. Rabattez le film alimentaire et déposez un poids dessus. Laissez refroidir 4 h minimum au réfrigérateur.

4 – Finition : mélangez la crème avec le piment d'Espelette, le jus d'un citron et les œufs de truite. Démoulez la terrine et découpez des tranches. Servez la crème en accompagnement de la terrine.

JB

JULIEN BARADEL

Lauréats de la Dotation Jeunes Talents Gault&Millau en 2021, Marine Boumendil et Julien Baradel, qui ont uni leurs prénoms pour l'occasion, ont ouvert leur restaurant en toute fin d'année. Il était donc logique que cette pépite de la côte atlantique apparaisse dans notre répertoire du *109 – Le Sang neuf de la gastronomie française*.

Car il est bien vivifiant, cet air nouveau qui souffle sur la capitale de la sardine. La Turballe, c'est bien plus encore, un petit port dynamique, une station charmante et de belles plages entre Guérande et Piriac-sur-Mer.

Julien a fait ses armes principalement à Paris : formé à l'école Ferrandi, passé par le Shangri-La et la Table du Lancaster, il s'est fait remarquer pour son premier poste de chef au 3V, rue de Vienne, où il a pu exprimer tout son potentiel.

La Turballe, c'est une autre vie, un autre projet. Respectueux de l'environnement, adepte du zéro déchet, Julien se sent parfaitement dans son élément. Celui dont nous avions beaucoup apprécié la détermination lorsqu'il nous présenta son projet *« extrêmement mûri et réfléchi, celui d'un chef qui sait où il va »* selon notre propre rapport, s'affirme de mois en mois dans cette cuisine qu'il prône, *« vivante et engagée »*.

Marine, qui n'a pas oublié son métier de directrice artistique, l'accompagne en créant l'ambiance propice pour cette expérience vertueuse et originale, autour des poissons de ligne et du maraîchage local, au travers de menus bien ajustés, répondant aux doux noms de « Découverte » en 4 temps, et « Immersion » en 6 temps, à 70 et 90 €.

Maju — 12,5/20
18, quai Saint-Paul – 44420 La Turballe

POUR	PRÉPARATION	CUISSON
8 PERSONNES	1 H	55 MIN

Quenelle de volaille
moules & céleri

FARCE
500 g de chair de volaille
15 g de beurre
25 cl de lait
250 g de crème
2 petits blancs d'œuf
Pain de mie

SALADE DE MOULES
500 g de moules
10 cl de muscadet
½ céleri-rave
1 botte de persil
2 gousses d'ail
2 échalotes

PURÉE DE CÉLERI
½ céleri-rave
Les parures du céleri
50 cl lait
50 cl crème
50 g beurre

ASSAISONNEMENT
Vinaigre de xérès
Sel et poivre

1 – Préparez la farce : mixez la chair de la volaille et assaisonnez, ajoutez le beurre pommade*, mixez, puis versez les blancs d'œuf, mixez à nouveau. Ajoutez le lait et la crème, mixez.
– Découpez 8 cercles de pain de mie à l'aide d'un emporte-pièce. Disposez dessus la farce. Recouvrez d'un film de cuisson et enfournez à 85 °C (th. 3) pendant 10 min. Dans une poêle, colorez le palet (côté pain) dans un beurre moussant.

2 – Préparez la salade de moules : faites cuire les moules dans une casserole à la marinière avec le muscadet, récupérez le jus de cuisson. Réservez les moules.
– Mixez le persil et les gousses d'ail pour la persillade. Ciselez les échalotes finement, taillez en brunoise (petits dés) un demi-céleri-rave. Réservez les parures pour la purée. Faites blanchir rapidement la brunoise dans un grand volume d'eau bouillante. Réservez l'ensemble des éléments.

3 – Préparez la purée de céleri : faites cuire les parures et le demi-céleri restant dans un mélange de lait et de crème. Mixez et montez au beurre, gazez deux fois en siphon et réservez.

4 – Sauce suprême montée à la crème de moules : faites un fond blanc avec les carcasses de poulet (ou utilisez un bouillon), faites réduire à glace*. Récupérez une partie des moules, mixez avec le fond blanc réduit avec la même quantité de lait et de crème. Assaisonnez de vinaigre de xérès, sel et poivre.

5 – Dressage : disposez la salade de moules au fond de l'assiette, entourez de trois points de purée de céleri. Émulsionnez la crème de moules à l'aide d'un mixeur plongeant et recouvrez la salade de moules et les espaces vides entre les points de céleri. Disposez pour terminer la quenelle de volaille au centre de l'assiette. Surplombez celle-ci d'un mesclun d'herbes de saison.

YOAN DELORME

La jeunesse au pouvoir pour le retour des auberges : voilà un slogan qui nous plaît bien, et l'on pourra ajouter celui de Cellia Baudelier et de Yoan Delorme lorsqu'ils nous avaient confié leurs envies : *« Chamarlenc, cuisine utopique. »* Ce n'était sans doute pas une utopie, puisque Gault&Millau a décidé de leur accorder la Dotation Jeunes Talents afin de les aider à concrétiser leur projet.

Après avoir tourné chacun dans toute la France, ils se sont rencontrés dans l'excellent Mirande de Florent Pietravalle, où Yoan est devenu sous-chef. Le couple a ensuite choisi de revenir dans sa région d'origine à lui pour y pratiquer cette cuisine qu'ils aiment, vivante et en lien avec le local.

Reprenant un lieu bien connu des Ponots, dans cette préfecture dont la population s'accroît, ils ont d'emblée convaincu de la pertinence de leur démarche : traçage de l'origine des produits, grande attention portée aux normes environnementales. La cuisine est actuelle, rafraîchissante et pleine d'idées… et de sagesse : les formules du midi sont ajustées, le soir laissant la place au « free style » du chef avec un menu caché qui lui permet quelques brins de fantaisie dans une technique déjà maîtrisée. Technique que nous avons pu apprécier par exemple sur le merlu, tomate et eau de tomate marinée à la fraise, un fenouil rôti, lard de Colonnata et béarnaise au jus de viande, ou la très belle association entre le maigre, un voile d'oreille de cochon, des petits pois, du melon et du concombre.

Le Chamarlenc — 13/20
19, rue Raphaël – 43000 Le Puy-en-Velay

POUR	PRÉPARATION	CUISSON
4 PERSONNES	50 MIN	10 H 20

Terre-mer
cru-cuit

4 sardines de Méditerranée
100 g de filet de bœuf (idéalement du fin gras du Mézenc)
Graines de moutarde
Garum de bœuf (ou sauce soja)
4 verts de blette

1 pamplemousse
1 orange
1 citron vert

Huile d'olive
Vinaigre
Fleur de sel
Poivre

SAUCE SALSA VERDE
50 g de coriandre
50 g de persil
5 cornichons
2 c. à soupe de câpres
Huile d'olive
Vinaigre balsamique
Jus d'agrumes frais

CRÈME CUITE
250 g de crème
7 cl de jus de citron
15 g de sucre

SAUCE POISSON ET AGRUME
20 cl de fumet de poisson
Chlorophylle de blette
Kumquat
Jus d'agrumes réduit

1 – Crème cuite : faites bouillir la crème avec le jus de citron, mettez sur une plaque et enfournez à 80 °C durant 10 h. Mixez pour avoir une texture épaisse et lisse.

2 – Les sardines marinées : levez les filets de sardine, mettez à mariner dans un mélange de sel et sucre en même quantité durant 10 min, rincez-les à l'eau claire, égouttez et séchez.

3 – La sauce salsa verde : mixez tous les ingrédients au blender durant 5 min, jusqu'à ce que le mélange soit homogène.
– Faites mariner, côté chair, les sardines dans la sauce. Brûlez les sardines côté peau à l'aide d'un chalumeau.

4 – Les pickles de graines de moutarde : plongez les graines de moutarde dans du vinaigre chauffé, laissez refroidir.

5 – Tartare de bœuf : parez le filet, taillez-le en petits cubes. Assaisonnez avec les pickles de graines de moutarde, le garum de bœuf et le poivre.

6 – Les blettes : faites blanchir les feuilles de blette dans une eau bouillante salée durant 10 secondes, puis plongez-les directement dans une eau glacée pour fixer la couleur. Égouttez et séchez. Mixez une partie des feuilles et passez au chinois pour obtenir de la chlorophylle de blette. Déposez le reste sur une plaque et assaisonnez avec huile d'olive, fleur de sel et poivre.

7 – Sauce au poisson : mixez le fumet de poisson avec la chlorophylle de blette, le kumquat et le jus d'agrumes très réduit (obtenu en pressant les agrumes et réduit à feu doux). Filtrez pour avoir une sauce très limpide.

8 – Dressage : dans le fond d'une assiette, déposez quelques cubes d'agrume, une cuillerée de tartare de bœuf, les sardines marinées. Ajoutez quelques points de crème cuite et de sauce salsa verde, recouvrez avec une feuille de blette. Au dernier moment, versez la sauce au poisson.

VIRGINIE THENOT

Allez hop ! Tout le monde à la campagne ! Hervé et Virginie Thenot ont eu une bonne idée en s'installant dans ce petit coin de Touraine, au calme et au milieu du vignoble. Non pas que Chinon soit une ville particulièrement bruyante et étouffante, mais ils avaient peut-être fait le tour de leur expérience à La Part des Anges où, durant une dizaine d'années, ils ont donné bien du plaisir à des Chinonais gourmands.

Dans cette maison joliment rénovée, face à la gare, c'est une nouvelle façon de vivre et de travailler qui commence. Virginie, la cheffe, aime son terroir et les produits de caractère. On pourrait dire que c'est de naissance puisqu'elle est originaire d'Échiré, le village des Deux-Sèvres si connu pour son beurre. Une formation en pâtisserie, des expériences profitables, chez Jean Ramet à Bordeaux, Jean Bardet à Tours, et une rencontre avec Akrame Benallal au château des Sept Tours, là où, justement, Gault&Millau fut le premier à détecter le jeune prodige. Elle s'ouvre à un nouvel univers, s'intéresse au salé, et s'installe à Chinon pour une première aventure avec Hervé, ancien ambulancier reconverti avec passion en patron sommelier.

Sa cuisine est nette, fluide, jolie à l'œil et bonne au goût. Avec un parti pris écoresponsable qui se manifeste aussi dans la cave très orientée bio et conseillée avec une grande implication par Hervé, premier soutien de son épouse, dans ce cadre campagnard soigné, avec un joli comptoir vigneron.

Les Jardiniers — 11/20

1, la Gare – 37500 Ligré

POUR	PRÉPARATION	CUISSON	REPOS
6 PERSONNES	30 MIN	35 MIN	2 H

La pomme
et le céleri-branche

SABLÉ BRETON

2 jaunes d'œuf
80 g de beurre demi-sel
6 g de levure chimique
80 g de sucre
140 g de farine
1 gousse de vanille

POMMES AU FOUR

6 pommes (elstar ou braeburn)
100 g de beurre

MOUSSE AU CÉLERI-BRANCHE

600 g de céleri-branche
300 g de mascarpone
80 g de sucre
150 g de crème liquide

1 – Préparez le sablé breton : faites blanchir les jaunes avec le sucre, incorporez le beurre pommade*, puis la farine, la levure et la vanille grattée. Étalez la pâte entre deux feuilles de papier sulfurisé d'une épaisseur d'environ 1 cm et laissez reposer 2 h au frais. Détaillez des disques à l'emporte-pièce et faites cuire 15 min au four à 170 °C (th. 5/6). Laissez refroidir sur grille.

2 – Préparez les pommes au four : épluchez et videz les pommes, disposez-les dans un plat allant au four avec une noisette de beurre. Faites cuire environ 20 min à 180 °C (th. 6) selon la grosseur.

3 – Préparez la mousse de céleri-branche : passez le céleri-branche à la centrifugeuse et montez au batteur le mascarpone, la crème liquide et le sucre. Incorporez par la suite délicatement votre jus de céleri (environ 100 g). Réservez dans une poche à douille.

4 – Montage : disposez votre sablé breton dans l'assiette, posez dessus la pomme encore légèrement tiède et, enfin, la mousse à la poche. Décorez avec des pétales de fleurs comestibles.

MANON LIÉTARD

C'est un néobistrot dans le concept avec une sympathique gueule d'estaminet, mur de brique, comptoir et chaises hautes, mobilier de café, une salle en longueur ouvrant sur le bien connu parc Jean-Baptiste Lebas.

Pas de temps mort, on est bien dans la génération Z avec cette jeune équipe qui tutoie tout le monde, grand sourire et convivialité de sortie, au son de la musique latino, dont bien sûr Beatriz Adriana, l'Édith Piaf mexicaine qui donne son nom à ce lieu où il n'y a pas vraiment besoin de pousser sur les margaritas pour ressentir une chaleur communicative.

Forte de son parcours au restaurant La Güerita (« la blondinette », en argot mexicain) à Grand Scène, le temple de la street food du centre lillois, Manon Liétard *(photo, à gauche)* a relevé le défi d'ouvrir une autre adresse cette fois-ci face à 3 hectares de nature afin d'exprimer encore davantage sa passion pour la gastronomie mexicaine.

La cuisine joue donc sur ces saveurs lointaines, dans la fraîcheur de marinades acidulées, parfumées généreusement d'herbes aromatiques. Le ceviche sur le poisson d'arrivage suit les bons codes, avec la salsa macha, le concombre, une mayonnaise poireau. De l'inventivité, de l'énergie, mais également un respect des hommes et des producteurs dans une démarche écoresponsable, pêche équitable, viande française et légumes de saison. Quant à la cave, outre les cocktails qui font du bien, on ne s'étonnera pas de la voir elle aussi tournée vers le naturel et les jeunes vignerons.

Beatriz — 11,5/20
46, boulevard Jean-Baptiste-Lebas – 59000 Lille

POUR	PRÉPARATION	CUISSON
6 PERSONNES	1 H 30	1 H

Tacos tempura de cabillaud condiment fenouil-pomelo, green mayo & œufs de truite

TORTILLAS DE MAÏS

300 g de farine de maïs nixtamalisé (procédé méso-américain très ancien, les grains de maïs sont trempés et cuits dans une solution alcaline)
40 g d'huile végétale
3 g de sel

GREEN MAYONNAISE

1 jaune d'œuf
1 c. à soupe de moutarde
Le vert de 2 poireaux
25 cl d'huile de tournesol

SALADE THAÏE FENOUIL-POMELO

3 fenouils
2 pomelos
50 g de cacahuètes torréfiées non salées
1 petit piment
2 gousses d'ail
1 c. à soupe de sucre roux
2 c. à soupe de sauce poisson
1 citron vert
10 feuilles de menthe
10 feuilles de coriandre

TEMPURA DE CABILLAUD

200 g de fécule de maïs
30 cl de bière légère froide
1 c. à café de bicarbonate
400 g de dos de cabillaud

DRESSAGE

1 petit pot d'œufs de truite
Feuilles d'aneth
1 citron vert

1 - Pâte à tortillas : versez la farine dans un bol avec le sel, mélangez. Ajoutez l'huile et pétrissez la pâte en incorporant petit à petit 45 cl d'eau tiède. Continuez à pétrir à la main ou au robot pendant 10 min. La pâte doit être souple mais jamais collante. Couvrez d'un linge humide et laissez reposer.

2 - Green mayonnaise : faites chauffer légèrement l'huile (à 65 °C), ajoutez-y les verts de poireau. Laissez reposer 10 min. Mixez le tout. Filtrez, laissez refroidir et utilisez cette huile pour monter la mayonnaise. Salez et réservez au frais.

3 - Salade fenouil-pomelo : prélevez les suprêmes des pomelos, émincez le fenouil très finement à la mandoline et mélangez-les ensemble avec la menthe et la coriandre. – Déposez l'ail, le sucre, le piment et les cacahuètes dans un mortier (ou un mixeur), réduisez le tout en pâte. Incorporez ensuite le jus du citron vert et la sauce poisson, mélangez. Ajoutez au mélange fenouil-pomelo, mélangez bien.

4 - Tortillas de maïs : divisez la pâte en petites boules et aplatissez-les (3-4 mm). Faites chauffer une poêle anti-adhésive à sec à feu moyen-fort. Cuisez les tortillas 2 min sur chaque face en les retournant régulièrement. Elles gonflent à la cuisson. Une fois légèrement dorées, laissez-les reposer dans un linge propre, empilées les unes sur les autres.

5 - Tempura de cabillaud : mélangez la fécule et le bicarbonate, incorporez petit à petit la bière en mélangeant avec des baguettes pour ne pas casser les bulles. Découpez 8 morceaux de cabillaud en biais (4-5 cm). Salez, poivrez et tournez dans la fécule, puis trempez dans la pâte à tempura et faites cuire 2 à 3 min en friteuse (ou bain d'huile à 180 °C).

6 - Dressage : dressez les tacos en commençant par la salade, le tempura, un trait de mayonnaise, des œufs de truite et des feuilles d'aneth. Servez avec un morceau de citron vert.

ELISA RODRIGUEZ & LUCAS TRICOT

Lucas Tricot a commencé au Petit Barbue d'Anvers, avenue du Peuple-Belge, une très bonne école de la cuisine flamande, sincère et populaire, où il a fait ses humanités comme commis, puis chef de partie. Après avoir un peu bourlingué, il est revenu à Lille ouvrir ce Suzanne avec Elisa Rodriguez, sa compagne, pâtissière, sur une petite place jouxtant Solferino.

L'emplacement est idéal et l'affaire, bien lancée, en particulier grâce à la Dotation Jeunes Talents Gault&Millau qu'il a obtenue en 2022, après avoir passé les dernières saisons aux Oiseaux pour s'y faire une petite réputation. Suzanne, c'est un hommage à la grand-mère d'Elisa, mais c'est aussi une façon tendre et humaine de rappeler les fondamentaux de la restauration : accueillir, nourrir, faire plaisir.

Dans ce cadre sobre aux influences et au dépouillement nordiques, salle parquetée, cuisine ouverte, ils pensent avant tout à célébrer leurs producteurs, et leur travail de sourcing aura été la première préoccupation de leur installation : des poissons de pêche durable, des viandes bio de la région, les bières de microbrasserie…

Les formules sont bien adaptées au quartier et à l'époque : deux menus à 45 et 65 € pour le soir, en 6 et 8 services. Et si quelques ingrédients sont un peu plus prestigieux le soir, nous aimons beaucoup le choix et la variété proposés au déjeuner pour 33 € : tartare de dorade et haddock faisselle, fenouil, lieu jaune asperges blanches fèves et jambon des Ardennes, avant un agréable dessert thé vert et cerises sencha, un atout de plus avec les compositions d'Elisa.

Suzanne — 12/20
4, place Philippe-Lebon – 59000 Lille

RECETTE DE CHEF - EXPERT

POUR	PRÉPARATION	CUISSON	REPOS
4 PERSONNES	1 H	30 MIN	42 H

Truite d'Isigny séchée
chèvre frais, fenouil

TRUITE SÉCHÉE
320 g de filets de truite avec peau
600 g de gros sel
100 g de sucre
50 g de poivre de Sarawak

MOUSSE DE CHÈVRE FRAIS
150 g de chèvre frais affiné
60 g de crème liquide 35%
Sel et poivre

FENOUIL MARINÉ
1 bulbe de fenouil
30 cl de vinaigre balsamique blanc
300 g de sucre

RIZ SOUFFLÉ
30 g de riz 3 couleurs

VINAIGRETTE
3 ou 4 têtes de langoustines (ou de crevettes roses)
50 g d'huile neutre (tournesol ou pépins de raisin)
1 branche de thym
1 feuille de laurier
75 g de vinaigre de riz
5 g de sel
25 g de sucre
20 g de vermouth blanc

TUILE AU CITRON
25 g de beurre
40 g de farine
50 g de blanc d'œuf
Le zeste d'un citron jaune
Sel fin et poivre du moulin

1 – Préparez la truite séchée (2 jours avant) : désarêtez soigneusement les filets de truite (ou demandez à votre poissonnier). Ne levez pas la peau. Mélangez sel, sucre et poivre, puis recouvrez-en la truite côté chair. Filmez, puis réservez au frais pour une durée de 36 h.
– Rincez à l'eau fraîche courante pendant 5 min environ. Épongez sur un papier absorbant, puis réservez au frais à l'air libre pendant 6 h minimum.
– Au moment de servir, levez la peau, l'excédent de gras, puis tranchez à la taille désirée.

2 – Préparez la mousse de chèvre frais : détendez le chèvre frais délicatement, ajoutez la crème liquide, puis foisonnez au fouet ou au robot pâtissier. Assaisonnez de sel et poivre et réservez au frais dans une poche à douille.

3 – Préparez le fenouil mariné : mélangez 30 cl d'eau, le vinaigre balsamique et le sucre dans une casserole, faites tiédir pour diluer le sucre, puis laissez refroidir. À la mandoline ou au couteau, tranchez finement le bulbe de fenouil, puis couvrez à hauteur de marinade. Réservez au frais.

4 – Préparez le riz soufflé : faites chauffer une poêle anti-adhésive à feu vif, sans matière grasse. Lorsque la température est suffisamment élevée (la poêle doit être légèrement fumante), versez-y délicatement le riz, puis laissez souffler en prenant soin de remuer régulièrement. Attention à ne pas trop laisser colorer. Baissez le feu si nécessaire. Lorsque tous les grains de riz sont soufflés, débarrassez sur une plaque ou une assiette, laissez refroidir, puis réservez au sec.

5 – Préparez la vinaigrette : réalisez une huile de crustacés en disposant dans une casserole les têtes de langoustines, le thym et le laurier, puis couvrez d'huile neutre à hauteur.
– Chauffez à feu doux, de petites bulles commenceront à remonter à la surface, poursuivez la cuisson à puissance minimum jusqu'à ce que les bulles disparaissent. Laissez refroidir, puis filtrez. Réservez au frais.

– Rassemblez les ingrédients restants dans une casserole, faites tiédir pour diluer le sucre et le sel, puis laissez refroidir. Au moment de servir, perlez d'huile de têtes de crustacés.

6 – Préparez les tuiles au citron : mélangez les blancs d'œuf, une pincée de sel et une pincée de poivre, la farine et le zeste de citron au fouet. Faites fondre le beurre, puis ajoutez au mélange. Battez énergiquement pour éviter tout grumeau. Réservez au frais, puis faites cuire dans un moule en silicone ou sur une plaque couverte de papier cuisson pendant 8 min au four à 170 °C (th. 5-6).

7 – Dressez sur l'assiette au dernier moment.

LUCIE ESCROZAILLES & CHARLES FUAN

Qui ne connaît pas les paysages idylliques au sud de la vallée du Lot ne connaît pas la campagne. C'est dans le Quercy rural, authentique, parfois rude, mais si chaleureux, que les auberges peuvent pousser et s'épanouir. Quelque part entre Limogne et Cajarc, Lucie Escrozailles et Charles Fuan ont restauré un vieux mas et son pigeonnier du XIVe siècle, une grande terrasse couverte de canisses et une très vaste salle ancienne que les locaux ont déjà prise d'assaut.

Escrozailles, c'est un nom qui parle à tout le monde du côté de Limogne et d'ailleurs. La qualité de la viande est reconnue, et la boucherie familiale fait partie de notre sélection. Lucie est la fille de la maison, elle connaît très bien la viande, comme Charles désormais, mais tous deux sont aussi passionnés de vins, après chacun un parcours varié – Lucie a même travaillé en cuisine au Patio, à Arcachon, chez Thierry Renou.

Leur entente est parfaite et cette Table de Charrou se fait auberge du bonheur. Tour à tour, le duo s'affaire dans la salle ou aux fourneaux, avec sourire et décontraction. Tout à l'air vraiment naturel, sincère, simple et généreux. Comme les croquettes de tête de veau sauce gribiche. Notre enquêteur, pourtant très bonne fourchette, n'a pu aller au bout du majestueux T-bone servi avec des frites à la graisse de bœuf et un gratin dauphinois – recette de la maman de Charles – sur une belle viande d'Aubrac, cuite dans le vieux four à pain en bois de chêne.

Produits fermiers, locaux, bio privilégiés s'accordent à une carte des vins somptueuse, sur du bio et de la biodynamie du monde entier.

La Table de Charrou — 13,5/20

Mas de Charrou – 46260 Limogne

RECETTE DE CHEF - **FACILE**

POUR	PRÉPARATION	CUISSON	REPOS
6-8 PERSONNES	40 MIN	4 H	2 H

Croquette
de tête de veau

BOUILLON DE VEAU

1,5 tête de veau avec langue
2 carottes
1 oignon
1 feuille de laurier
1 branche de céleri
Thym
Sarriette

FARCE

Chair de la tête de veau
1 échalote
1 poignée de câpres
1/2 botte de persil
2 gousses d'ail

CROQUETTES

Farine
1 œuf
Chapelure
Graisse de bœuf (ou huile de friture)
Sel et poivre

1 – Préparez la tête de veau : mettez tous les ingrédients avec la tête dans une grande marmite, ajoutez de l'eau à ras (tout doit être immergé), laissez cuire 3 à 4 h.
– Sortez la tête, épluchez-la ainsi que la langue (si votre boucher ne l'a pas déjà fait). Gardez le bouillon.

2 – Préparez la farce : hachez la chair de la tête et la langue en morceaux assez fins afin de pouvoir en faire une farce. Mettez cette préparation dans un saladier. Ciselez l'échalote, hachez finement une grosse poignée de câpres avec le persil et les gousses d'ail. Incorporez un peu de bouillon. Salez généreusement et poivrez.
– Mettez cette préparation dans un plat carré (le mélange doit avoir une épaisseur d'environ 2 cm) et placez-la au réfrigérateur pour figer la préparation (environ 1 à 2 h).

3 – Préparez les croquettes : sortez le plat et démoulez la préparation, coupez-la en cubes réguliers d'environ 2 cm. Farinez les cubes, trempez-les dans l'œuf battu et roulez-les dans la chapelure.
– Faites chauffer la graisse de bœuf (ou l'huile) à 175 °C, puis faites frire les croquettes pendant environ 5 min.

4 – Dressage : disposez 3 croquettes par assiette, accompagnées d'une sauce gribiche.

Baptiste David

BAPTISTE DAVID

Émilie et Baptiste David arrivent de Paris. Elle était assistante de direction au V de la rue Vernet, il était chef à l'hôtel Bachaumont dans le 2e arrondissement. Ils ont déniché ce lieu agréable au rez-de-chaussée d'un petit immeuble blanc non loin du port de plaisance. Avec sa façade boisée, la salle claire en vert et blanc, les tables nues, le cadre est simple et avenant, préparant à une cuisine tout en naturel, mais aussi à un service dans le même ton, ponctué des *« avec plaisir »* de la jeune patronne.

Baptiste, qui a un passé glorieux en palace (Park Hyatt, Orangerie George V période David Bizet, Taillevent en tant que sous-chef), veut rompre avec ces codes très policés pour faire de l'ancienne Guimbarde un « bistrot vivant ». Le vivant est donc naturellement dans l'ambiance générale du lieu, mais également à la carte : des produits frais, de l'éthique dans la culture comme dans l'élevage, le respect du vivant…

En quelques semaines, le couple a créé un style, détendu, familial, simple et juste. Nous avons aimé les premières assiettes, l'œuf parfait et petits pois, la barbue en pêche du jour avec les artichauts barigoule, la bonne tarte sablée à la rhubarbe…

ÉM.BA — 11,5/20

11, rue Marie-Dorval – 56100 Lorient

POUR
4 PERSONNES

PRÉPARATION
40 MIN

CUISSON
3 H 45

Poulpe riz safrané
petits pois & poivron brûlé

1 kg de tentacules de poulpe
100 g de riz à risotto
2 g de safran
1 kg de petits pois
2 oignons
100 g de carotte
3 gousses d'ail
1 botte de thym
1 poivron
500 g de beurre
1 cl d'huile d'olive
50 cl de bouillon de volaille
25 cl de vin blanc
1 citron
Gros sel
Sel fin
Poivre

1 – Préparation : ébouillantez trois fois le poulpe à l'eau salée.
– Ciselez les oignons et réservez les parures.
– Écossez les petits pois et faites-les cuire à l'anglaise* dans un grand volume d'eau salée.

2 – Cuisson du poulpe : réalisez un court-bouillon en rassemblez dans une casserole les parures d'oignons, la carotte en morceaux, le citron coupé en quatre. Ajoutez la moitié du thym, de l'ail émincé et du vin blanc. Faites cuire le poulpe dans le court-bouillon à frémissement pendant 3 h à couvert. Réservez au froid.

3 – Cuisson du risotto : dans un sautoir, faites nacrer le riz et les oignons ciselés, déglacez au vin blanc, mouillez avec 50 cl de bouillon de volaille et ajoutez le safran. Laissez cuire une vingtaine de minutes à feu doux en remuant régulièrement.

4 – Condiment au poivron brûlé : brûlez le poivron (au chalumeau ou au feu de bois) afin d'en retirer la peau, puis faites-le confire au four à 160 °C pendant 15 min dans l'aluminium. Taillez-le, puis épépinez-le avant de les mixer. Montez le condiment à l'huile d'olive et réservez au frais.

5 – Dressage : à la minute, ajoutez le beurre au riz, puis les petits pois. Faites colorer le poulpe à l'huile d'olive ou au feu de bois et servez.

BENJAMIN BRETON

Après avoir aiguisé leurs couteaux durant deux petites années avec leur bistrot, Benjamin Breton et Pierre Lelièvre se lancent dans le grand bain avec l'approche gastronomique de leur Auberge de Lucinges.

De ce que nous avions vu des premiers temps au Bistrot de la Madeleine, nous nous doutions qu'il y avait là un bourgeon qui ne demandait qu'à éclore. Notre première expérience va au-delà de nos espérances.

Certes, pour Gault&Millau, Benjamin n'est pas tout à fait un inconnu. Après un apprentissage en vallée de la Loire, c'est en Suisse qu'il s'est épanoui, en obtenant 16/20 en tant que chef au Ritz Carlton. C'est aussi en Suisse qu'il rencontre Pierre, sommelier émérite et plein de projets, qu'ils finissent par concrétiser ensemble.

Le menu laisse peu de choix à la discussion. Vous pouvez vous sentir pris en otage par une séquence imposée à 95 € et 8 services, mais cette cuisine végétale et locale très inspirée finit par vous embarquer dans son monde, riche de surprise et de séduction. Dans la salle élégante, banquettes beiges, parquet en chêne, le service fluide énonce les plats avec lenteur et précision : petit pois, gelée de cosses de petits pois et sureau glace de petit pois, comme une jolie boîte de caviar, quenelle de brochet, fleur de courgette, sauce cresson et oxalis, superbe composition avec le brochet cuit en capucine comme un tempura, écrevisses, bisque d'écrevisses, comme un lobster roll. Et mayonnaise, pour la touche finger food à déguster avec les doigts, avant le chevreuil d'Alsace, dans une vision chasseresse très intéressante, tout en légèreté...

L'Auberge de Lucinges — 14,5/20

67, place de l'Église – 74380 Lucinges

POUR	PRÉPARATION	CUISSON
8 PERSONNES	1 H	3 H 30

Tarte fine de céleri
sabayon beurre noisette, jus de peaux de céleri au vin jaune

TARTE DE CÉLERI
300 g de pâte feuilletée
80 g de beurre
2 céleris boules
Sel et poivre

JUS DE PEAUX DE CÉLERI
Les peaux et épluchures de céleri
50 g de céleri-branche
100 g d'oignons
1 gousse d'ail
Thym
Laurier
5 cl d'huile
50 g de beurre
50 g de sauce soja
5 cl de vin jaune
1 l d'eau

SABAYON AU BEURRE NOISETTE
4 jaunes d'œuf
150 g de beurre
6 cl d'eau
2 cl de jus de citron
Sel

1 – Préparez la tarte au céleri : épluchez les céleris (conservez les peaux), lavez-les et coupez-les finement à la mandoline. Dans une poêle, avec le beurre, sel et poivre, montez successivement les différentes couches de feuilles de céleri. Recouvrez avec la pâte feuilletée. Enfournez à 220 °C pendant 25 min. Pressez avec une seconde poêle en sortie de cuisson et démoulez. Découpez en 8 parts.

2 – Réalisez le jus de peaux de céleri : marquez fortement les peaux de céleri dans une casserole avec l'huile jusqu'à coloration. Ajoutez le beurre pour poursuivre la caramélisation, puis ajoutez la garniture aromatique* émincée. Déglacez au vin jaune, puis avec la sauce soja. Mouillez à l'eau. Laissez cuire 3 h à frémissement. Filtrez à l'étamine en pressant bien. Laissez refroidir, dégraissez et faites réduire jusqu'à consistance.

3 – Réalisez un beurre noisette* et le laisser refroidir. Montez un sabayon avec les jaunes d'œuf, l'eau et le jus de citron. Montez au beurre noisette* et terminez avec le sel.

4 – Finition et dressage : réchauffez 3 min au four à 180 °C la tarte de céleri. Dressez dans l'assiette les différents éléments. Pour les plus gourmands, ajoutez quelques lamelles de truffe noire.

GRÉGORY BONACCINI

La Canopée, c'est le dessus du panier forestier. Grégory Bonaccini et Mégane Arraud se sont installés il y a quelques mois au cœur de Lyon et comptent bien sortir du lot par le haut.

Ce lieu plein centre de la presqu'île, coincé entre deux bouchons traditionnels fort réputés, vous met immédiatement dans une atmosphère chaleureuse et intime : derrière la façade vert pomme, des plantes qui tombent de ce plafond typiquement canut, avec un mur végétal posé sur des pierres apparentes, table en bois pour un cadre rustique et élégant, musique techno-lounge à bon volume, et Mégane qui ambiance le lieu avec bonne humeur.

Ils se sont connus dans la même école hôtelière il y a quelques années. Après diverses expériences, en France et en Allemagne, ils ont ouvert ensemble cet ovni culinaire. Tout ce que nous aimons, d'inspiration, de caractère, de liberté, se retrouve dans cette auberge moderne et citadine, avec cette cuisine qui prend des risques à bon escient et propose des plats audacieux et très réussis, comme cet agneau remarquable, accompagné d'une réduction sirupeuse avec une pointe de cognac et de caramel de pomme, farci comme on ne le fait plus, avec une farce fine de volaille twistée par un soupçon d'estragon qui embarque le plat…

L'ensemble est travaillé dans un souci environnemental : Grégory utilise le même produit de diverses manières, autant pour susciter des émotions diverses par la palette gustative que pour ne pas gaspiller, et cette lecture contemporaine de la gastronomie a bien des vertus.

Canopée — 12,5/20
12, rue Major-Martin – 69001 Lyon

POUR	PRÉPARATION	CUISSON	REPOS
4 PERSONNES	20 MIN	20 MIN	4 H

Panna cotta de poivron rouge
chorizo & fenouil croquant

SALADE DE POIVRONS VERTS
2 poivrons verts
2 cl de vinaigre de xérès
3 cl d'huile d'olive
Sel et poivre

PURÉE DE POIVRONS
500 g de poivron rouge
Huile d'olive
2 gousse d'ail
Thym
Sel et poivre

PANNA COTTA
275 g de purée de poivrons
14 cl de lait
160 g de crème liquide 30% de matière grasse
5 feuilles de gélatine de 2 g
Sel

DÉS DE CHORIZO
100 g de chorizo pas trop sec
Huile neutre (colza ou tournesol)

DÉCORATION
Thym
1 fenouil

1 – Salade de poivrons verts : nettoyez, videz, puis taillez en brunoise (petits dés) les poivrons verts. Dans un bol, assaisonnez-les avec l'huile d'olive et le vinaigre. Salez et poivrez à votre convenance.
– Placez la salade de poivrons au fond des bols qui serviront à mouler la panna cotta.

2 – Purée de poivrons : nettoyez, videz puis émincez les poivrons rouges. Nettoyez le thym et épluchez les gousses d'ail. Faites sauter les poivrons à l'huile d'olive avec l'ail et le thym. Salez et poivrez à votre convenance. Ajoutez 10 cl d'eau et laissez cuire à feu doux jusqu'à ce que les poivrons soient bien cuits. Retirez le thym, puis mixez l'ensemble au mixeur plongeant ou au blender.

3 – Panna cotta : versez le lait, la crème et la purée de poivrons dans une casserole, salez et poivrez à votre convenance. Portez le mélange à ébullition.
– Pendant ce temps, réhydratez les feuilles de gélatine dans l'eau froide. Une fois réhydratées, ajoutez-les au mélange précédent (hors du feu), mélangez jusqu'à dissolution.
– Versez la panna cotta sur la salade de poivrons verts que vous avez préalablement placée dans les bols. Placez au réfrigérateur pendant au moins 4 h.

4 – Finition : taillez le chorizo en dés de 1 cm, faites-les poêler à feu doux dans l'huile jusqu'à qu'ils soient croustillants. Faites refroidir et disposez sur la panna cotta lorsque celle-ci sera prise. Nettoyez le thym, puis prélevez quelques sommités. Nettoyez, puis taillez très finement le fenouil au couteau ou à la mandoline. Disposez les lamelles sur la panna cotta avant de servir.

THE NORTH FACE

THIBAULT MARTEL & BAPTISTE RIVIÈRE

Voilà un duo qui a su donner une nouvelle vie à l'ex-Tire Bouchon, avec cette enseigne qui fleure bon l'invincibilité. Thibault Martel et Baptiste Rivière sont complices depuis le temps où ils se côtoyaient chez Christian Têtedoie. Depuis, ils ont beaucoup voyagé, et accumulé pas mal de souvenirs, qu'ils nous offrent ici en partage, de Colombie, du Likoké (avec Piet Huysentruyt), de l'Empreinte à Lambersart ou encore du Frenchie (avec Grégory Marchand). Une sincérité évidente, et une envie de nous emmener avec eux, dans leurs valises. Un métissage des matières, des produits, et une constante recherche autour des mariages terre et mer.

Au cœur du Vieux Lyon, entre les bistrots qui débitent les lyonnaiseries au kilomètre pour des touristes assoiffés d'authentique, ils nous font prendre le large sans perdre pied et nous entraînent dans un esprit canaille food ainsi qu'ils le revendiquent en exergue. Des petites assiettes malignes, pleines de goût, percutantes comme des coups de fouet, servies avec l'énergie d'une équipe jeune et pro.

On se souviendra des ormeaux au barbecue, du poulpe chorizo et risotto d'épeautre, et de plaisants desserts comme ce trio sarrasin, miel et yaourt grec, ou encore de la rencontre inattendue autour du pamplemousse et de l'hibiscus. La carte des vins, centrale dans cette expérience, offre elle aussi de nombreuses possibilités d'exploration, permettant de s'amuser à juste prix, tout en se promenant de l'Autriche au Roussillon, de la Savoie voisine à l'Espagne en passant par la Hongrie.

Armada — 11/20
16, rue du Bœuf – 69005 Lyon

POUR	PRÉPARATION	CUISSON	REPOS
4 PERSONNES	45 MIN	20 MIN	7 JOURS

Tomates fruits rouges & ricotta

1 kg de tomates cerise bio de plusieurs couleurs

FERMENTATIONS
1 kg de fraises
1 kg de tomates (si possible déclassées ou abîmées)
Sel

RICOTTA
1 l de lait entier
1 gousse d'ail
1 botte de thym
1 botte de romarin
Le jus de 1 citron
50 cl d'huile d'olive
Sel et poivre

GELÉE
50 g de kombu (algue brune)
1 botte de basilic
25 cl d'eau de tomates fermentée
3 feuilles de gélatine

VINAIGRETTE
10 cl de jus de fraises fermenté
Moutarde forte
Huile d'olive
Poivre

DRESSAGE
250 g de fraises
150 g de framboises
Basilic
100 g de graines de chanvre
Fleur de sel

1 – Préparez les fermentations (7 jours avant) : dans deux poches sous vide (ou sacs de congélation), enfermez le kilo de fraises et celui de tomates abîmées avec 2 à 3% de leur poids en sel. Laissez 7 jours à température ambiante (entre 17 et 25 °C environ). Passez le liquide à l'étamine (le solide peut être déshydraté et mixé pour faire une poudre).

2 – Réalisez la ricotta (la veille) : faites chauffer à 89 °C le lait entier (fermier si possible), l'ail, le thym et le romarin, ajoutez le jus de citron. Donnez un coup de fouet et mettez à égoutter dans un linge à l'aide d'une passoire. Réservez quelques heures au réfrigérateur. Ajoutez l'huile d'olive, le sel et le poivre.

3 – Préparez les tomates : faites blanchir les tomates cerise à l'anglaise* dans un petit volume d'eau à peine salée. Mondez* les tomates, gardez les peaux, puis conditionnez-les sans trop les superposer. Gardez l'eau de cuisson.

4 – Réalisez la gelée : mettez le kombu à infuser avec les peaux des tomates et les tiges de basilic dans 50 cl d'eau de cuisson des tomates à couvert pendant au moins 1 h. Passez à l'étamine, mélangez avec l'eau de tomate fermentée et la gélatine. Réservez au réfrigérateur.

5 – Préparez la vinaigrette : à l'aide d'un fouet, réalisez la vinaigrette en ajoutant petit à petit moutarde forte, jus de fraises fermenté, poivre, huile d'olive.

6 – Dressage : disposez la ricotta dans une assiette creuse, puis les tomates, la fleur de sel et quelques morceaux de gelée. Ajoutez les fruits rouges taillés en deux ou en quatre largement arrosés de vinaigrette. Déposez les feuilles de basilic et les graines de chanvre.

NAJEM ATMEH & CORINNE BEC

Patience et longueur de temps... Najem Atmeh et Corinne Bec auront attendu de nombreux mois que les travaux se terminent pour entrer vraiment dans les lieux, derrière les halles Paul Bocuse. C'est finalement au printemps qu'ils ont pu délivrer leurs premières assiettes.

La culture libanaise de Najem, le savoir-faire français de Corinne, des techniques de cuisson et de fermentation qui donnent de savoureux résultats au four à bois notamment, et surtout une imagination sans œillères et sans parti pris. C'est ce mix savant qui a fait la réussite des premières semaines.

Cette conjonction des planètes et des compétences a séduit Gault&Millau, qui a décidé de les soutenir par la Dotation Jeunes Talents, décernée à la fin 2022. Une aide matérielle, mais aussi une reconnaissance et une caution qui fortifient le moral des troupes.

Après avoir quitté le Liban, où il a exercé dans de grands hôtels, Najem est venu à Lyon pour un master à l'Institut Paul Bocuse, avant une expérience enrichissante au Grand Réfectoire, où il a rencontré Corinne. Celle-ci a gravi les échelons, formée notamment chez Davy Tissot, Patrick Henriroux ou encore Marcel Ravin au Blue Bay Monaco.

Le tandem fonctionne avec une réelle complicité, réussissant à adapter la formule mezzé, du partage, de la variété des parfums, sur des produits de la région, travaillés à la braise, dans une déco chic et chaleureuse qui restitue l'esprit nomade et bohème correspondant à leurs envies et à celles d'une clientèle curieuse de découvertes et de saveurs.

Ayla — 12,5/20
11, place de l'Europe – 69006 Lyon

POUR
6 PERSONNES

PRÉPARATION
30 MIN

CUISSON
40 MIN

Samké Harra
(mezzé à partager)

POISSON MARINÉ
200 g de maigre
(ou bar ou daurade)
Jus et zeste de 1 citron jaune
Jus et zeste de 1 citron vert
1 cl d'huile d'olive
3 g de sel

FUMET DE POISSON
Arêtes et tête
du poisson utilisé
1 oignon blanc
1 gousse d'ail
1 citron
1 fenouil
1 blanc de poireau
1 branche de thym
1 feuille de laurier
10 cl de vin blanc
Quelques grains de poivre

SAUCE SAMKÉ
70 cl de fumet de poisson
1 tomate grappe
1 fenouil
1 poivron rouge
5 g de paprika
1 g de piment fort
½ oignon blanc
3 gousses d'ail
Le jus de 1 citron jaune
2 g d'anis vert
2 g de coriandre en poudre
25 g de tahiné

DRESSAGE
10 g de pignons de pin
Coriandre fraîche
Une pincée de poudre
de citron noir
1 filet d'huile d'olive

1 – Préparez le poisson mariné : levez les filets de poisson (ou demandez à votre poissonnier), tout en récupérant les arêtes et la tête pour le fumet (veillez bien à retirer les yeux et les ouïes). Faites mariner les filets avec le jus et les zestes des citrons, le sel et l'huile d'olive. Réservez.

2 – Préparez le fumet de poisson : taillez la garniture et faites-la revenir dans une casserole. Ajoutez les parures de poisson, faites-les revenir brièvement avant d'ajouter le vin et mouillez à hauteur avec l'eau. Rajoutez le thym et le laurier et laissez cuire pendant 40 min. Passez le fumet et laissez refroidir.

3 – Préparez la sauce samké : mixez tous les ingrédients ensemble et assaisonnez avec le sel.

4 – Dressage : posez la sauce au centre de l'assiette, ajoutez les filets de poisson et saupoudrez de citron noir. Arrosez d'un filet d'huile d'olive, ajoutez la coriandre fraîche et les pignons de pin.

Yumika Tokita

YUMIKA TOKITA

Saxifrage, la plante qui brise la roche, aussi appelée passe-pierre ou perce-pierre, un nom bien original pour une table citadine. Pourtant, elle n'est pas choisie au hasard, cette enseigne vivace qui pousse dans la rocaille et s'impose sans rien demander à personne.

C'est l'un des coins les plus gourmands de la ville. La rue de Sèze compte de nombreux restaurants et commerces de bouche, tout à côté du cours Vitton. Cette longue rue déroule son chapelet de bonnes adresses, dont Saxifrage, qui a donc ouvert récemment.

Yumika Tokita est tout à fait rodée à la cuisine rhônalpine. Installée en France depuis près de vingt ans, elle a tourné comme cheffe à domicile entre Genève et Annecy, passant d'abord par la prestigieuse école du Clos des Sens aux côtés de Laurent Petit. Elle maîtrise les produits, ajoute les ingrédients nécessaires de sa culture nipponne pour offrir ce joli bouquet de saxifrages dans un cadre épuré, doux et accueillant.

Si la devanture gris foncé est un peu austère, l'intérieur, lui, est lumineux, gai et simple, propice à un repas raffiné dans une ambiance zen. Avec modestie, application et justesse, Yumika Tokita mêle les influences, passant du tataki de bœuf carpaccio de daikon sauce cinq épices à un velouté butternut croûtons de crevettes émulsion curry, d'un saumon mariné miso pesto de feuilles de radis au wasabi crème de chou-fleur au quasi de veau rôti endives caramélisées, et même au risotto de crozets et kakiage (légumes frits). On aime aussi les desserts inventifs, le financier thé vert espuma de marron ou le cheesecake au tofu coulis de yuzu et mangue.

Saxifrage — 12/20
129, rue de Sèze – 69006 Lyon

POUR	PRÉPARATION	CUISSON	REPOS
4 PERSONNES	15 MIN	35 MIN	45 MIN

Pavé de saumon
crème de chou-fleur, pesto de cresson

4 pavés de saumon (environ 120 g par personne)
1 chou-fleur
Lait d'amande
Vinaigre de riz
Mirin
Huile de sésame
Sauce soja
Cresson
Huile d'olive
Sel et poivre

1 – Préparez la crème de chou-fleur : détachez les sommités et faites précuire le reste du chou-fleur 20 min à la vapeur si possible. Puis continuez la cuisson 10 min en ajoutant le lait d'amande. Mixez le tout, et ajoutez encore du lait d'amande pour arriver à la texture désirée. La préparation doit être crémeuse. Ajoutez du sel pour relever le goût à votre convenance.

2 – Préparez le chou-fleur mariné : réalisez la marinade avec du vinaigre de riz et du mirin en quantités équivalentes et un peu de sel. Portez le mélange jusqu'au début de l'ébullition, puis arrêtez la cuisson.
– Faites cuire dans l'eau bouillante les sommités de chou-fleur pendant 1 à 2 min. Égouttez-les et plongez-les immédiatement dans de l'eau très froide pour arrêter la cuisson, afin que le chou reste bien croquant. Tranchez très finement à la mandoline. Ajoutez la marinade, un filet d'huile de sésame et laissez mariner 15 min.

3 – Préparez les pavés de saumon : faites mariner le saumon 30 min dans un mélange de sauce soja (6 cl) et mirin (4 cl), puis égouttez. Poêlez les pavés de saumon des deux côtés, assez rapidement pour qu'ils restent bien fondants. Éteignez le feu et recouvrez les pavés de papier aluminium pour qu'ils continuent un peu de cuire à l'étouffée.

4 – Préparez le pesto de cresson : faites cuire dans l'eau bouillante le cresson pendant 30 secondes. Égouttez-le et plongez-le dans de l'eau très froide pour arrêter la cuisson. Mixez le cresson avec de l'huile d'olive.

5 – Dressage : disposez le saumon et la crème de chou-fleur dans l'assiette. Versez le pesto de cresson et ajoutez le chou-fleur mariné qui apporteront un côté croquant et acide. Assaisonnez ensuite selon votre goût.

Le Plongeon

VICTOR SAUZAY

Ce n'est pas toujours facile de plonger dans le grand bain. Comme ouvrir son premier restaurant. Une fois dans l'eau, on nage, on se débrouille, on avance. Mais avant, il faut plonger. Victor Sauzay l'a fait. Et ce qui n'était qu'un projet est devenu réalité. En recevant la Dotation Jeunes Talents Gault&Millau, au printemps dernier, tout a pris aussitôt une allure concrète. Le lieu était trouvé, le plan, ficelé, les partenaires réunis par Gault&Millau veillant sur le berceau.

Quelques retards d'aménagement pour le lancement, et puis le rideau s'est levé au mois de juin ! Un challenge, une aventure, une histoire que nous ne pouvons que souhaiter belle.

Le jeune homme a mis tous les atouts de son côté, peaufinant les choses, bifurquant quand il le fallait. Avec des diplômes et des expériences : une licence économie et gestion, un diplôme en techniques de cuisson sous vide, une licence en arts culinaires et management, un certificat de technicien boucher et même une formation de pizzaïolo. Ajoutez des passages chez les cadors (Senderens, Vigato, Chartier), comme boucher chez Terroirs d'Avenir et une première marseillaise en passant un an chez Sépia aux côtés d'un autre doté, Paul Langlère.

Aujourd'hui, les choses sérieuses commencent, les premiers plats arrivent, ceux d'une cuisine qui se veut *« authentique et gourmande »*, les bêtes d'élevage de la boucherie Viandes Éthique, travaillées de la tête à la queue, et les poissons d'arrivage en direct du Vieux-Port, les fruits et légumes du marché de la Plaine ou du Prado.

Le Plongeon — 11/20
1, rue Méry – 13002 Marseille

POUR
4 PERSONNES

PRÉPARATION
20 MIN

CUISSON
45 MIN

Côtelettes d'agneau
ajo blanco, grenaille, tomates cerises, poivrons confits

8 côtelettes d'agneau
12 pommes de terre grenaille de petit calibre
1 grappe de tomates cerises
4 poivrons de couleur
Huile d'olive
Sel et poivre

AJO BLANCO
1 tête d'ail nouveau
120 g d'amandes blanches émondées
1 citron jaune corse

DRESSAGE
Menthe et persil frais

1 – Préparez les poivrons confits : enfournez les poivrons à 200 °C pendant 15 minutes. Sortez-les, puis couvrez-les pour faire éclater la peau. Dès qu'ils ont refroidi, épluchez-les et épépinez-les, puis taillez-les en lanières. Réservez dans de l'huile d'olive.

2 – Préparez l'ajo blanco : faites blanchir la tête d'ail nouveau dans une casserole d'eau bouillante, puis rafraîchissez-la dans de l'eau glacée. Égouttez et prélevez la pulpe d'ail. Mixez au robot ménager avec les amandes, de l'huile d'olive et un jus de citron jusqu'à l'obtention d'une pâte crémeuse. Réservez.

3 – Préparez les garnitures : mondez* les tomates cerises en gardant le pédoncule. Lavez les pommes de terre, taillez-les en deux dans le sens de la longueur, puis enfournez-les à 210 °C pendant 12 min.

4 – Finition : faites griller au barbecue les côtelettes d'agneau et les tomates cerises mondées.

5 – Dressage : dans le fond de l'assiette, étalez une cuillère à soupe d'ajo blanco. Disposez dessus les pommes de terre grenaille et les lanières de poivrons confits. Dressez ensuite la viande et les tomates. Décorez avec des sommités de menthe et du persil ciselé.

FABIEN RESSEGUIER, ADRIEN TANCHOUX & LOUIS THOMAS

Les jolies nouvelles tables pleuvent tant à Marseille que c'en est un délice. Copains, Frangine, Oaï, Kin, Mijoba, c'est la simplicité et, comme disait Brassens, l'amitié qui prend le quart.

Frangine, c'est l'histoire de trois potes. Il paraîtrait qu'ils ont chacun une sœur. Ce qui les réunit, c'est la cuisine, le projet commun, l'aventure humaine, la belle équipe. Et il ne faut pas oublier le four Josper, qui permet de si justes cuissons à la braise.

Car la ligne de conduite, c'est du naturel qui sent bon et qui se goûte bien, dans l'assiette comme dans les verres. Le cadre a l'air simple, pourtant il a été bien étudié. Un atelier marseillais en a dessiné les contours, épurés, à la fois bruts et doux, rendant l'espace lumineux avec des objets choisis.

Louis Thomas *(2e sur la photo)* – l'instigateur –, Adrien Tanchoux *(3e sur la photo)* et Fabien Resseguier *(à droite)* sont tous trois cuisiniers. Et ils sont d'accord sur ce que doit être une belle assiette, généreuse, appétissante, loyale. Si la côte de bœuf trône en permanence à la carte, renouvelée au fil des semaines, il y a toujours de belles surprises dans le choix du moment : poulpe et houmous, palourdes braisées crème ail noir, ceviche de liche le cabri confit à la corse ou la poitrine de porc confite et grillée sauce barbecue, sans oublier les panisses d'apéro… Les desserts sont de saison, et tous bien faits, comme la soupe de pastèque fraise et fromage ou la tarte rhubarbe glace muscovado. Pour boucler la boucle, un joli petit menu du déjeuner à 25 € vient renforcer une offre chaque jour plus alléchante.

Frangine — 11/20
225, rue Paradis – 13006 Marseille

POUR	PRÉPARATION	CUISSON	REPOS
4 À 6 PERSONNES	30 MIN	2 H 10	12 H

Panisses farcis à l'anchois

PANISSE
250 g de farine de pois chiche
8 g de sel
Épice (paprika, safran, spigol...)
Huile d'olive
Huile de friture
Beurre

SAUCE ANCHOIS
100 g d'anchois à l'huile
3 gousses d'ail
Le jus de 1 citron
Criste marine
(ou salicorne ou aneth)
3 oignons jaunes
Sel et poivre

1 - Préparez les panisses (la veille) : faites bouillir 95 cl d'eau dans une casserole, ajoutez sel, épice et huile d'olive. Ajoutez la farine de pois chiche et, à l'aide d'un fouet, remuez bien pendant 5 min à feu doux pour que la pâte cuise. Mixez le tout pendant 1 min. Versez la pâte sur une plaque à rebords préalablement filmée. Laissez refroidir une nuit au réfrigérateur.

2 - Coupez la pâte en cubes de 2,5 cm de côté, puis faites-les frire à 180 °C dans une friteuse pendant environ 4-5 min.

3 - Préparez la sauce anchois : rincez 2 ou 3 fois les anchois. Pelez, émincez, puis faites compoter les oignons 2 h à feu doux avec du beurre.
– Mixez les oignons avec les anchois, l'ail et le jus de citron. Émincez finement l'herbe (criste, salicorne ou aneth), mélangez le tout et assaisonnez. Mettez la crème dans une poche munie d'une douille fine.

4 - Finition : farcissez les panisses de crème à l'anchois et aux oignons avec la poche à douille, accompagnez-les d'une salade fraîche et dégustez-les avec une bonne bouteille de rosé frais et des amis !

DAVID MIJOBA

David Mijoba ne s'embarrasse pas des fioritures habituelles et des atermoiements de gazelle. Interrompant ses études d'ingénieur mécanique à Caracas, le jeune Vénézuélien au nom de conquistador fuit le régime de Chavez pour s'installer à Marseille, où il se consacre à la restauration. Parcours classique, lycée hôtelier, stages en cuisine, puis aux côtés d'Arnaud Carton de Grammont au Café des Épices, avec quelques passages dans d'autres lieux emblématiques : Péron, L'Alchimie, Jogging...

Au printemps, et à moins de 40 ans, il concrétise son rêve en ouvrant son restaurant sur une placette du quartier Vauban. Quelques tables sur le boulevard et derrière la façade vitrée, une salle à la déco sans exubérance, ensoleillée par le sourire d'Angelina. Très vite, le bouche-à-oreille fait le boulot ! On apprécie sa cuisine simple et lumineuse qui privilégie les circuits courts et s'épanouit le soir dans un menu à 5 services assez tonitruants.

Pélamide du Frioul, chimichurri vert sarrasin torréfié et lamelles de gros radis. Tendre, tout en douceur, une salade de poulpe de roches pêché autour de l'île Maïre coupé en petits dés, olives noires, cébettes, citron, céleri, herbes. Plat parfait en tout point, le pavé de loup ikejime est cuit vapeur, servi avec asperges des bois, petit pois et condiment noisette citron.

Ajoutons une très belle cave à vin creusée dans la roche au fond d'un petit patio à l'arrière, pour dénicher de jolies bouteilles de partout, les provençaux de Myrko Tépus, mais aussi les savoies de Mathieu Apffel ou le « Long Courrier » de Laura Aillaud en vallée du Rhône.

Mijoba — 12/20
79, boulevard Vauban – 13006 Marseille

POUR	PRÉPARATION	CUISSON
6 PERSONNES	20 MIN	20 MIN

Tomates colorées
bouillon aïgo iodé-glacé

1 kg de tomates de différentes couleurs (de petite taille de préférence)
10 cl d'huile (d'olive, de lin ou de tournesol)
100 g d'algues fraîches ou déshydratées (wakamé, dulse, laitue de mer ou kombu)
Poivre du moulin

BOUILLON AÏGO
15 gousses d'ail
15 feuilles de sauge
15 g de sel

1 – Préparez le bouillon aïgo : portez à ébullition 1,5 l d'eau avec le sel, les 15 feuilles de sauge, les 15 gousses d'ail épluchées et un filet d'huile végétale. Laissez frémir pendant 20 min, retirez du feu, filtrez et laissez refroidir. Il peut être réalisé la veille afin qu'il soit bien froid, sinon le refroidir dans l'eau glacée. Rectifiez l'assaisonnement.

2 – Finition : mondez* les tomates. Réservez au frais. Hydratez les algues (dans le cas où elles sont déshydratées) dans un peu de bouillon Aïgo.

3 – Dressage : dans un bol ou une assiette creuse, de préférence de couleur blanche afin de mettre en valeur les couleurs et les transparences, disposez les tomates sans peau en veillant à alterner les différentes couleurs. Parsemez d'algues et de poivre frais moulu, versez le bouillon très frais, voire glacé, sur les tomates. Terminez avec un généreux filet d'huile végétale de qualité.

Conseil du chef :
« C'est une recette désaltérante, digeste et très colorée. Idéalement, elle s'accompagne d'un vin blanc minéral ou oxydatif des vignobles jurassiens. »

EDGAR BOSQUEZ

Il est l'illustration même d'une mixité culturelle réussie, de l'apport bilatéral d'un cuisinier hors sol. Il incarne aussi la réussite d'un dispositif, la Dotation Gault&Millau, qui détecte, sélectionne et accompagne les jeunes chefs dans l'ouverture de leur premier restaurant.

Oui, Edgar Bosquez est tout cela, un exemple et un modèle pour ce « 109 » de la jeune cuisine française. Lorsque, l'an passé, il a ouvert presque timidement, dans la porteuse rue Sainte où tant d'établissements variés donnent toute la couleur et la richesse marseillaises, nous lui avions d'emblée accordé une 1re toque en soulignant cette rapide adaptation et ce talent naissant. Un jeune chef qui n'a guère musardé au cours de son brillant parcours, passant notamment chez Joseph Viola à Lyon, Julien Dumas à Paris, puis Gérald Passedat à Marseille et Mathias Dandine à Aix, notre tout récent Gault&Millau d'Or PACA.

Cette année, un nouveau pas est franchi. Edgar, petite barbe noire et œil pétillant, avance à bon rythme et change déjà d'étage, avec cette 2e toque qui consacre un travail plein d'imagination épaulé par un bagage technique imposant. Et nous ne résistons pas à reprendre les mots de notre enquêteur cette année, encore sous le charme de son repas d'Ékume : *« Décidément, ce jeune chef panaméen ne cesse de nous étonner. Il développe une cuisine d'instinct, originale et créatrice, une carte inspirée constamment en mouvement, truffée de trouvailles, avec des associations parfois audacieuses. »*

Ékume — 13,5/20
139, rue Sainte – 13007 Marseille

POUR
4 PERSONNES

PRÉPARATION
1 H 15

CUISSON
10 MIN

Muge
carottes acidulées, poutargue, citron vert & capucines

320 g de filets de muge (ou mulet, dorade, pélamide)
100 g de poutargue
1 kg de carottes bio + 2 carottes râpées
2 bâtons de citronnelle
50 g de gingembre frais
1 échalote
1 citron vert
10 cl d'huile d'olive
2 cl de vinaigre de vin
25 cl d'huile de pépins de raisin
Capucines
Sel et poivre

1 – Jus de carotte : pelez et passez à la centrifugeuse ou à l'extracteur les carottes pour en obtenir le jus (à défaut, utilisez un jus prêt à l'emploi). Mettez-y à infuser les bâtons de citronnelle écrasés, le gingembre pelé et grossièrement haché, les carottes râpées et l'échalote émincée. Placez le mélange à réduire à feu doux, la préparation doit réduire au moins de moitié.
– Filtrez le jus de carotte réduit. À l'aide d'un mixeur plongeant, émulsionnez le jus réduit avec l'huile d'olive. Le mélange doit s'épaissir et devenir brillant. Ajoutez le vinaigre, assaisonnez à votre convenance. Réservez au frais.

2 – Taillez les filets de poisson en sashimi, zestez un citron vert dessus et assaisonnez-les avant le dressage.

3 – Taillez de fines tranches de poutargue.

4 – Dressage : étalez les fines tranches de poutargue, puis celles de poisson cru au fond de l'assiette. Versez le jus de carotte autour, et perlez avec l'huile. Parsemez de feuilles de capucine.

ASA
RESTAURANT
ASA
RESTAURANT

THIERRY MARLÉ

Le quartier des Arceaux, c'est le Notting Hill montpelliérain, un quartier à l'atmosphère de village plein de charme et de gourmandise, de l'autre côté du boulevard et de l'Arc de triomphe, au-delà de la promenade du Peyrou, où les touristes ne sont plus. Là, de très bons artisans, des commerces de bouche, une bonne cave et des tables commencent à éclore, presque secrètement.

Thierry Marlé n'est pas un inconnu : on l'a vu à pied d'œuvre à la Maison de la Lozère et le terroir lui est familier, comme l'Argentine, où il a passé quelques années et appris à maîtriser la science de la cuisson à la braise dont il fait profiter les amateurs éclairés.

Avec son épouse vénézuélienne, il donne à sa nouvelle table un agréable accent sud-américain, un sourire chaleureux à l'accueil, des yeux pétillants en annonçant les plats. Ses « coupes de viandes » sont le résultat d'une sélection de connaisseur, avec des sauces bien relevées, comme le chimichurri bien sûr, et quelques accompagnements épicés.

Pour les provenances, les valeurs sûres, le picanha d'angus, comme la noix d'entrecôte sur des bêtes d'Argentine et le faux-filet de Noire de Baltique. Un nouvel élevage de qualité, Prince du Sud, au persillé bien présent, qui a vu le jour récemment, est ici mis en avant sur un faux-filet ou avec les remarquables côtes de bœuf maturées 45 jours.

Pour les non-carnivores, les poissons sont grillés au feu de bois, les pimentos aux encornets, agréables, et la cave est essentiellement régionale.

Asa — 11,5/20

6, boulevard des Arceaux – 34000 Montpellier

POUR	PRÉPARATION	CUISSON	REPOS
4 PERSONNES	20 MIN	20 MIN	3 H

Picanha d'angus
purée de maïs miso gingembre sauce chimichurri

600 g de picanha (morceau du rumsteak situé en haut de la cuisse) de bœuf angus d'Argentine

PURÉE DE MAÏS MISO GINGEMBRE

4 épis de maïs
15 g de gingembre
10 g d'ail
50 g de beurre demi-sel
10 cl de crème liquide
30 g de miso blanc
15 g de feta de brebis
2 g de ciboulette
2 g de cébette

SAUCE CHIMICHURRI À MA FAÇON

5 g d'origan sec
40 g de persil frais
10 g de menthe fraîche
15 g d'ail frais
10 g de gingembre frais
12 g de Tabasco fumé
6 g d'ail sec
6 g de poudre de gingembre sec
8 g de paprika fumé
4 g de poudre de piment chipotle
3,5 cl de vinaigre de riz
20 cl d'huile de grignon d'olive
Le zeste de 1 citron
Le zeste de 1 orange

1 - Préparez la purée de maïs miso gingembre : faites revenir dans une casserole le beurre, l'ail et le maïs égrainé à feu doux. Ajoutez la crème liquide, le gingembre et le miso. Laissez mijoter doucement 10 à 15 min à feu doux.
– Mixez au robot et passez au tamis. Vous obtiendrez une purée lisse et crémeuse. Il n'y aura plus qu'à la mettre sur assiette et y ajouter quelques grains de maïs, la feta de brebis en brisures, quelques gouttes d'huile d'olive, la ciboulette en brunoise (petits dés) et la cébette ciselée.

2 - Réalisez la sauce chimichurri : mettez dans un bol l'ail ciselé, le gingembre râpé, l'origan sec, le persil et la menthe ciselés, le Tabasco fumé, l'ail sec, le gingembre en poudre, le paprika fumé, le piment chipotle en poudre et les zestes d'un citron et d'une orange. Ajoutez le vinaigre de riz et l'huile de grignon. Mélangez et laissez reposer 2 à 3 h au frais.

3 - Finition : faites cuire la viande selon votre goût et servez avec la purée et la sauce chimichurri.

CLÉMENT BRIAND-SEURAT

L'an dernier, quand nous avions détecté et récompensé Clément Briand-Seurat, alors qu'il officiait au pied des vignes de pic-saint-loup, aux Matelles, nous avions déjà été frappé par l'énergie et la détermination affichées par ce jeune chef aux idées longues.

Passé par de très belles maisons, Clément est un jeune homme pressé. À la remise de son trophée de Jeune Talent au Gault&Millau Tour Occitanie, il nous avait confié avoir le désir de s'installer. Depuis son apprentissage au Vieux Puits, un passage chez Lucas Carton, puis au Burgundy, à Paris, avant de revenir à Fontjoncouse auprès de celui qu'il présente comme son « père spirituel », il a compris que sa vocation, à l'instar du grand Gilles Goujon, était de se développer et de grandir dans une aventure personnelle.

Il n'a pas choisi n'importe quel lieu. La Diligence à Montpellier, c'était un symbole. Au cœur de la vieille ville, un peu en retrait des méandres de la rue de l'Aiguillerie, cette table a longtemps été le rempart de la tradition contre la barbarie, le repaire des mangeurs avisés qui trouvaient là produits de qualité, grandes sauces et préparations à la loyale.

Clément a transformé la scène pour ouvrir Céna, comme le théâtre d'une nouvelle pièce à succès. Avec une cuisine de chef, sa cuisine, faite d'éclairs et de tonnerre, d'imagination flamboyante et de maîtrise dans ce décor rafraîchi de l'ancienne teinturerie du XIVe siècle à la pierre voûtée et aux grandes baies ouvrant sur le patio. Un travail remarquable pour un chef pétri de talent, qui s'attaque avec la même facilité à l'huître Tarbouriech, en sorbet ou fumée au barbecue, ou à une savoureuse blanquette de morilles, au blanc de seiche avec une crème de riz de Camargue et yaourt à l'encre de seiche.

Céna — 14/20
2, place Pétrarque – 34000 Montpellier

POUR
8 PERSONNES

PRÉPARATION
1 H 30

CUISSON
1 H

Betteraves de Félix Monteils
& chèvres du pic Saint-Loup

ROULEAUX DE BETTERAVE
8 grosses betteraves
1 botte d'estragon
100 g de beurre

SAUCE CACIO ET PEPE
20 cl de crème liquide 35% MG
½ chèvre sec affiné
10 g de poivre en grains concassés

JUS DE BETTERAVE
Jus de cuisson
Beurre
Vinaigre de xérès

HUILE D'ESTRAGON
3 bottes d'estragon
10 cl d'huile neutre

BETTERAVES CONFITES ET PICKLES
20 cl de vinaigre de xérès
100 g de sucre

SIPHON DE CHÈVRE FRAIS
200 g de crème
120 g chèvre frais
5 g de gélatine

Sel et poivre

MATÉRIEL SPÉCIFIQUE
Centrifugeuse

1 - Rouleaux de betterave : épluchez les betteraves (gardez les parures), réalisez 40 billes à la cuillère à melon. Réservez.
– Taillez les betteraves en fines tranches à la mandoline. Assaisonnez. Roulez les tranches de betterave pour en faire 8 rouleaux bien serrés (merci de confirmer). Piquez avec un cure-dent.
– Passez les parures à la centrifugeuse pour récupérer le jus. Filtrez, puis faites infuser l'estragon 7 min. Filtrez.
– Faites cuire les rouleaux immergés dans le jus infusé à petit frémissement. Égouttez-les (gardez le jus), puis faites-les rôtir au beurre noisette.

2 - Sauce cacio et pepe : torréfiez le poivre. Déglacez avec la crème et portez à ébullition. Ajoutez le chèvre râpé. Assaisonnez, puis réservez.

3 - Jus de betterave : récupérez le jus de betterave de cuisson des rouleaux. Faites-le réduire, puis monter au beurre et vinaigre de xérès. Assaisonnez, puis réservez.

4 - Huile d'estragon : mixez les ingrédients ensemble pendant 5 min, puis transférez dans une casserole. Portez à ébullition rapidement afin d'évaporer l'eau de végétation de l'estragon. Filtrez avec un chinois étamine, puis faites refroidir sur glace.

5 - Betteraves confites et pickles : récupérez 24 billes de betterave, faites-les confire dans l'huile d'estragon en les chauffant à environ 90 °C pendant 30 min.
– Mettez les autres billes dans une boîte et versez à chaud un mélange de 30 cl d'eau, vinaigre et sucre. Laissez refroidir.

6 - Siphon de chèvre : faites chauffer la crème, ajoutez le chèvre et la gélatine (ramollie au préalable dans l'eau si elle est en feuilles, puis essorée). Mixez, passez et mettez en siphon.

7 - Dressage : dressez un rouleau de betterave au centre de l'assiette, ajoutez la sauce cacio et pepe, le jus de betterave, les herbes et le chèvre râpé. Dans le bol, dressez le siphon avec les betteraves confites et pickles, l'estragon et l'huile d'estragon. Servez avec du pain grillé.

NICOLAS LORAND

Les grands chefs sont souvent aussi de bons mangeurs et de fins connaisseurs. Lorsqu'Olivier Nasti, notre Cuisinier de l'Année 2023, nous donne comme un tuyau une adresse près de chez lui, nous avons un a priori plutôt positif. Il fallait vérifier, aller voir de près ce que Nicolas Lorand et son épouse, Charlotte, pouvaient nous proposer.

Dans cette grande demeure alsacienne au typique oriel sur l'angle de la façade, tout est fait pour maintenir une atmosphère authentique, y compris dans le cadre rustique d'une salle ornée de vitraux, au parquet à chevrons et murs boisés.

Le dynamisme de ce jeune établissement, le savoir-faire de Nicolas et l'aisance de Charlotte, parfaite maîtresse de maison, sont les atouts de la réussite. Le chef, qui fut d'abord pâtissier à La Bouitte, aux Crayères et à Cheval Blanc Saint-Tropez, a la précision de sa formation, mais aussi la connaissance et la maîtrise du terroir régional. S'il excelle dans les pâtes – son pâté en croûte, évoluant selon la saison pour la garniture (chevreuil et cèpes à notre passage), est déjà une signature –, il donne également de belles sensations sur les produits locaux et les poissons d'eau douce, notamment, avec son tartare de truite d'Alsace ou encore l'omble chevalier carottes et grenailles.

La marge de progression est là, le point fort de l'établissement étant aussi dans les desserts, avec une très bonne tarte au chocolat, caramel et sarrasin et une volonté d'évolution pour une maison toute jeune qui mériterait un cadre plus moderne.

Auberge aux 4 Saisons — 11/20

40, Grand Rue – 68140 Munster

POUR	PRÉPARATION	CUISSON	REPOS
4 PERSONNES	50 MIN	2 H 45	2 H

Berlingots de chèvre
crème onctueuse et copeaux de champignons

PÂTE À BERLINGOT
200 g de farine
5 jaunes d'œuf
30 g de chlorophylle d'épinard
4 g d'huile
2 g de vinaigre

FARCE DE CHÈVRE
100 g fromage de chèvre frais
60 g de mascarpone
40 g de crème liquide
10 g de ciboulette hachée
5 g de persil plat haché
Sel et poivre

CRÈME DE CHAMPIGNONS
500 g de champignons de Paris hachés
50 g d'oignons finement taillés
80 g beurre
Bouillon de légumes

POUDRE DE CHAMPIGNONS
200 g champignons de Paris finement taillés
50 g d'oignons finement taillés
50 g de persil plat lavé

SAUCE DEMI-GLACE* DE VEAU À LA SAUGE
500 g de parures de veau
60 g d'oignons
60 g de carottes
60 g de céleri boule
1 bouquet garni
50 g d'huile de pépins de raisin
100 g de beurre
100 g de vin blanc
10 g de sauge

1 – Préparez la pâte à berlingots : tamisez la farine, faites un puits au centre et rassemblez-y les jaunes d'œuf et tous les autres ingrédients. Pétrissez la pâte 5 min au batteur avec le crochet à vitesse lente, puis 1 min à vitesse plus soutenue. Débarrassez et laissez reposer au froid 2 h.

2 – Préparez la farce de chèvre : détendez le fromage de chèvre avec le mascarpone, puis la crème liquide à l'aide d'une spatule sans fouetter l'appareil. Incorporez les herbes fraîchement ciselées et ajustez l'assaisonnement selon vos goûts. Réservez au frais dans une poche à douille.

3 – Réalisez la crème aux champignons : faites suer les oignons dans un peu de beurre. Ajoutez les champignons et faites rissoler le tout jusqu'à coloration. Mixez finement au blender et rectifiez la consistance avec le bouillon de légumes et une noix de beurre. Rectifiez l'assaisonnement.

4 – Préparez la poudre de champignons : mettez les champignons, les oignons et le persil équeuté à sécher au four à 55 °C (th. 1-2) pendant 2 h. Mixez afin d'obtenir une poudre fine.

5 – Réalisez la sauce demi-glace* de veau à la sauge : faites rissoler les parures de veau avec l'huile de pépins de raisin. Taillez les légumes en mirepoix (gros dés). Faites-les rissoler avec les parures. Faites torréfier* au four pendant 20 min.
– Déglacez avec le vin blanc et le beurre pour décoller les sucs. Mouillez à hauteur avec de l'eau froide. Poursuivez la cuisson à frémissement pendant 2 h.
– Filtrez, dégraissez et faites réduire à feu doux jusqu'à demi-glace* (jusqu'à obtenir un aspect sombre et brillant) tout en nettoyant la surface du jus. Infusez la sauge en fin de cuisson.

6 – Confectionnez les berlingots : étalez la pâte à l'aide d'un laminoir à une épaisseur de 1 mm. Détaillez la bande de pâte obtenue en deux. Dorez* l'une des bandes avec du

jaune d'œuf. Disposez de la farce de chèvre à l'aide d'une poche à douille sur la bande dorée et disposez la seconde bande sur la première. Pressez la pâte autour de la farce à l'aide d'un petit emporte-pièce. Détaillez la pâte autour de la pâte et façonnez les berlingots.

7 – Finitions : faites cuire les berlingots dans de l'eau bouillante salée infusée à la sauge. Chauffez la crème de champignon et dressez 2 belles cuillères au centre de l'assiette. Taillez à la mandoline des copeaux de champignons et saupoudrez de poudre de champignons. Dressez les berlingots en rosace. Disposez harmonieusement les pétales de champignons autour des berlingots. Saucez généreusement de jus de veau. Servez chaud.

ALLAN VASSOR

Entre Brionne et Beaumont-le-Roger, cette petite ville de l'Eure a une longue histoire agroalimentaire avec sa sucrerie raffinerie fondée au siècle dernier par la famille Bouchon et reprise plus tard par le groupe Saint Louis. Allan Vassor, qui ne connaissait pas la région, y a suivi sa compagne Ludivine Decorde pour le meilleur : il a découvert un terroir, des producteurs, et de quoi faire prospérer une belle auberge normande.

Ils ne sont pas arrivés les mains vides. Allan possède un bagage consistant : originaire du pays de Sault, il est passé par de belles maisons, dont l'hostellerie de Crillon Le Brave, le Mas de Boudan (avec Jérôme Nutile) et la Maison Pic, à Valence. Son projet est clair : s'intégrer de la meilleure manière dans ce territoire et faire valoir ses qualités. La belle surprise fut, après étude du dossier, d'être choisi comme lauréat de la Dotation Jeunes Talents Gault&Millau : le couple a ainsi été soutenu dans son installation grâce à une aide en matériel et marchandise, et a bénéficié de la caution du Guide Jaune.

Le chef parvient parfaitement à s'intégrer avec ses premières assiettes : la truite d'Acquigny, une pisciculture proche de Louviers, accompagnée d'une sauce oseille bien concentrée, pleine de fraîcheur acidulée, la caillette qui rappelle ses origines provençales, le pâté en croûte au cidre, le filet de bœuf et son gratin grand-mère pour le soir, où la carte s'étoffe un peu plus.

La déco est simple, l'atmosphère, de bon ton sans manières, et Ludivine apporte en salle de l'enthousiasme et le plein de gentillesse. Le cidre de la vallée de la Risle est réputé, le pain a été trouvé chez un très bon boulanger, et les producteurs locaux commencent à affluer sur la carte !

L'Auberge de la Vallée — 12/20

7, route de Brionne – 27550 Nassandres

RECETTE DE CHEF - INTERMÉDIAIRE

POUR	PRÉPARATION	CUISSON	REPOS
4 PERSONNES	1 H	15 MIN	45 MIN

« L'asperge tout en verts »
Asperge verte rôtie, sabayon Chartreuse verte, crumble anis vert

12 grosses asperges vertes
200 g de gros sel
5 g de graines d'anis vert

CRUMBLE À L'ANIS VERT
50 g de beurre pommade*
50 g de farine T55
37,5 g de poudre d'amande
2,5 g de graines d'anis vert
1,5 g de sel

SABAYON
4 cl de Chartreuse verte
1 cl jus de citron vert
4 jaunes d'œuf
80 g de beurre doux
Sel

DRESSAGE
20 g d'origan frais
Piment d'Espelette
Beurre demi-sel

1 – Préparez les asperges : éboutez et épluchez les asperges en laissant une collerette de 2,5 cm. Mélangez le gros sel et l'anis vert. Déposez les asperges à plat dans un récipient, recouvrez-les de sel à l'anis. Laissez mariner 45 min.

2 – Préparez le crumble à l'anis vert : mélangez la poudre d'amande et la farine, ajoutez le beurre et mélangez. Disposez la pâte sur une plaque et enfournez à 185 °C pendant 15 min. Laissez refroidir avant utilisation.

3 – Préparez le sabayon Chartreuse : clarifiez* le beurre, réservez-le. Pressez le jus de citron vert dans un cul-de-poule, ajoutez la Chartreuse et les jaunes d'œuf. Faites cuire au bain-marie en fouettant constamment 5 min. Retirez du feu, terminez la cuisson et montez la préparation au beurre clarifié*. Le sabayon doit avoir une texture onctueuse.

4 – Finition et dressage : faites rôtir les asperges à la poêle dans le beurre demi-sel, retournez-les très régulièrement. Dans une assiette plate chaude, disposez 3 asperges du côté droit. Mettez 2 cuillerées de sabayon d'un côté des asperges, et le crumble de l'autre. Terminez avec une pincée de piment d'Espelette et quelques feuilles d'origan frais.

Alexis Luong
Champion de

ALEXIS LUONG

Revenu du Japon, où il a participé au championnat du monde des sushis, Alexis Luong peut se prévaloir d'une dixième place. Le voilà positionné parmi les tout meilleurs dans cet art très particulier que les Français connaissent peu, fréquentant à longueur d'année de très pâles imitations.

Avec son ami Alex Couvidat, ils ont lancé cette petite échoppe dans une ruelle intime du centre-ville pour faire partager leur expérience et leur savoir-faire. Alexis prépare les sushis, mais ne s'interdit pas non plus quelques notes fusionnantes, vers l'Amérique du Sud notamment. Alex, pour sa part, a spécialisé son activité de sommellerie sur le saké et présente une carte qu'il détaille avec faconde.

Le dépaysement est grand : comme dans un bar tokyoïte, un comptoir à cinq places, quelques tables. Vous réservez en ligne ou vous ne mangez pas, tout se mérite ! Dans un décor d'une sobriété toute nippone, l'ambiance est bruyante, la musique aussi, Nice n'est pas Tokyo !

Ensuite, il suffit de laisser faire le maître : sur les sashimis, la découpe est parfaite, le saumon vivifié par une sauce soja yuzu et le jalapeno en clin d'œil ; les nigiris, thon, bar saumon sont parfaits ; et l'artiste fait quelques concessions au sens commun avec ses californias ou avec son poulet en chapelure panko sauce spicy miso. Une exécution remarquable, qui va jusqu'au coulant au chocolat, peut-être très peu japonais, mais absolument délicieux. Pour accompagner, Alex propose une trentaine de références de vins variés, une dizaine de sakés froids ou chauds, ou un tasting de trois sakés différents.

Onaka — 13/20
12, passage Masséna – 06000 Nice

POUR	PRÉPARATION	CUISSON	REPOS
4 PERSONNES	35 MIN	15 MIN	30 MIN

Tacos japonais

GYOZA

250 g de farine T55
½ c. à café de sel
Fécule de maïs pour étaler la pâte
Huile de friture

GARNITURE

400 g de filet de saumon (ou 400 g de rumsteak)
2 oignons blancs
2 oignons rouges
Sauce soja sucrée
2 c. à soupe de sauce soja salée
1 gousse d'ail
4 jalapeños verts
200 g de tomates cerises
2 citrons verts
6 cl de yuzu kosho liquide
2 pincées de shichimi (7 épices japonaises)
5 g de pousses ou feuilles de coriandre fraîche
5 g de menthe
1 c. à soupe d'huile d'olive
Sel et poivre noir moulu

1 - Préparez la pâte à gyoza : passez la farine au tamis, puis ajoutez le sel. Incorporez 10 cl d'eau chaude. Mélangez avec une maryse (ou des baguettes). Ajoutez progressivement de l'eau chaude (environ 5 cl). Finissez de pétrir la pâte en fraisant* environ 10 min, jusqu'à obtenir une boule lisse et homogène. Réservez dans un récipient couvert 30 min.
– Farinez le plan de travail avec de la fécule de maïs, puis divisez la boule en 2 (ou 4 selon le plan de travail). Formez deux rouleaux d'environ 2 cm de largeur, puis coupez en cubes de façon régulière. Étalez de nouveau au rouleau pâtissier sur 1 mm d'épaisseur. Taillez des cercles à l'emporte-pièce (diamètre 6 cm). Ajoutez un peu de fécule de maïs entre chaque feuille pour éviter qu'elles collent ensemble.

2 - Chauffez l'huile de friture à 180 °C dans un faitout, puis plongez-y les pâtes une par une (ou deux par deux selon la taille de votre friteuse) pendant 1 min en les tournant régulièrement. Égouttez-les avec du papier absorbant.

3 - Préparez la garniture : coupez le saumon (ou le bœuf) en cubes de 2 cm. Mélangez aux oignons blancs en brunoise (petits dés), salez, poivrez et réservez.
– Coupez les oignons rouges en lamelles fines et réservez. Mondez* les tomates et grillez les jalapeños au chalumeau (ou au gril du four) pour leur donner un goût fumé et les peler facilement. Enlevez les pépins et coupez-les, ainsi que les tomates, en brunoise très fine, et réservez-les ensemble.
– Pressez le jus des citrons verts sur les tomates et les jalapeños, ajoutez le yuzu kosho, la sauce soja salée, le shichimi, l'ail râpé, l'huile d'olive, la menthe et la coriandre ciselées.

4 - Poêlez rapidement le saumon (ou le bœuf) avec de l'huile d'olive à feu vif. Déglacez les sucs de cuisson avec la sauce soja sucrée afin de donner un côté enrobé et caramélisé.

5 - Dressage : disposez les gyozas frits sur une assiette, ajoutez le saumon (ou le bœuf), versez la sauce par-dessus. Parsemez de lamelles d'oignons rouges et de coriandre fraîche.

FLORENCIA MONTES & LORENZO RAGNI

C'est un peu l'événement gastronomique de l'année à Nice. Deux anciens du Mirazur (la table de Mauro Colagreco, à Menton) se sont associés pour le meilleur en ouvrant cette enseigne légitimement ambitieuse. Certains chefs français ont de beaux CV à rallonge qui rappellent les grandes heures de la gastronomie hexagonale. Florencia Montes et Lorenzo Ragni, eux, affichent – comme leur mentor Mauro Colagreco – une ouverture sur le monde, un bagage multiculturel et une expérience *world* qui ramènent nos métropoles aux dimensions d'un village.

Leurs terrains de jeux partagés sont en Argentine, en Italie, à Londres et à Paris, ils ont fréquenté les Grébaut chez Septime, Crippa à Alba, Bargero à Buenos Aires, la crème de la gastronomie adulée des foodies, ce qui leur donne un regard aiguisé sur ce qu'il convient d'offrir en 2023 dans cette nouvelle cambuse du village Ségurane, derrière le port.

De magnifiques produits, des préparations percutantes, une technique parfaite qui permet de jouer avec les présentations, les textures, les variations, comme sur les gamberonis de San Remo en deux services, presque crues, accompagnées d'amandes fraîches et de cerises avec leur jus réduit, quelques feuilles de shiso rouge et une gelée d'eau de tomate, la tête préparée en consommé avec des amandes et des cerises, puis gélifiée – à *« gober comme une huître »* recommande le maître d'hôtel –, un plat exemplaire de ce travail subtil, élégant, très fouillé, sur chaque assiette de ces menus à l'aveugle, en 5 ou 7 services.

Onice — 14/20
5, rue Antoine-Gautier – 06300 Nice

POUR
4 PERSONNES

PRÉPARATION
45 MIN

CUISSON
1 H 20

Morilles farcies

PINTADE RÔTIE
2 cuisses de pintade
1 échalote
1 petit oignon blanc
1 gousse d'ail en chemise
60 g queues de morille
1 brindille de thym
1 feuille de laurier
1 noisette de beurre
1 filet d'huile d'olive
20 cl vin jaune
10 cl bouillon de volaille

PURÉE DE POMMES DE TERRE
200 g de pomme de terre ratte
60 g de beurre doux froid coupé en morceaux
6 cl lait entier
Sel gris

FARCE
La chair des cuisses de pintade
50 g parmesan râpé
20 g de ciboulette ciselée
20 g persil haché
Vinaigre balsamique
1 œuf
10 cl de crème
Noix de muscade
Sel gris et poivre

MORILLES
8 morilles fraîches
1 noisette de beurre
Huile d'olive
1 gousse d'ail chemisé

DRESSAGE
16 pousses d'épinard

1 – Préparez la pintade : dans une cocotte, faites fondre le beurre à feu moyen avec l'huile et faites dorer les cuisses sur toutes les faces. Ajoutez l'échalote et l'oignon en morceaux, les queues de morille, thym et laurier et l'ail écrasé.
– Une fois les cuisses dorées et l'oignon moelleux, ajoutez le vin jaune et le bouillon, puis couvrez et laissez mijoter à feu doux environ 1 h, en retournant une ou deux fois. Sortez les cuisses, réservez-les au chaud à couvert. Déglacez le fond de la cocotte avec un filet d'eau, puis passer la sauce au chinois. Conservez-la pour la cuisson des morilles.

2 – Préparez la purée de pommes de terre : lavez les pommes de terre sans les peler. Faites-les cuire dans une casserole remplie d'eau froide et salée. Égouttez-les, puis pelez-les encore tièdes. Passez-les au moulin à légumes équipé de la grille la plus fine, au-dessus d'une grande casserole.
– Portez une casserole sur feu moyen, faites légèrement dessécher la purée en remuant avec une spatule. Incorporez petit à petit le beurre froid, en remuant énergiquement pour la rendre lisse et onctueuse. Toujours à feu doux, ajoutez le lait très chaud, en petit filet, toujours en mélangeant énergiquement. Goûtez et salez.

3 – Préparez la farce : dans le bol du robot, mettez la chair de pintade et le reste des ingrédients, mélangez. Assaisonnez et mettez la farce dans une poche à douille.

4 – Nettoyez les morilles : coupez la queue des champignons, faites couler de l'eau froide à l'intérieur, puis plongez-les dans une bassine d'eau vinaigrée. Répétez l'opération jusqu'à disparition des résidus. Épongez sur un papier absorbant.

5 – Finition : farcissez les morilles à l'aide d'une poche à douille. Dans une grande poêle, faites fondre sur feu moyen le beurre et un filet d'huile d'olive. Ajoutez les morilles et l'ail. Faites revenir 2 min sur feu moyen. Ajoutez le jus de pintade, puis couvrez. Laissez cuire sur feu moyen-doux environ 10 min, le temps que les morilles glacent avec le jus de pintade.

6 – Dressage : dans des assiettes creuses, disposez une belle cuillère de purée, deux morilles bien chaudes et le jus de pintade rôti. Parsemez de jeunes pousses d'épinard.

QUENTIN PIERRE

Situé à égale distance de Nancy et de Metz, entre les vallées de la Meuse et de la Moselle, le lac de Madine est connu de tous. Poumon vert et paradis écologique, il est une invitation à partager de belles balades familiales.

Quentin Pierre est un enfant du pays. Il a grandi à Bar-le-Duc, commencé son apprentissage à Verdun, avant de connaître, toujours comme apprenti, deux belles maisons, La Citadelle de Metz avec Christophe Dufossé et La Maison dans le Parc, à Nancy, avec Françoise Mutel. Deux étapes formatrices qui lui permettront d'évoluer avec l'objectif de s'installer un jour, guidé par les mêmes préceptes : regarder autour de soi, apprivoiser le terroir et tracer son propre chemin. Une expérience à Londres, un passage à « Objectif Top Chef » et quelques places dans la région lui font grimper les échelons jusqu'à un poste de chef à Hattonchâtel, à La Table du Château.

Son projet a été mûrement réfléchi, avec la volonté d'intégrer le restaurant dans son environnement favorable : du bois clair, un mobilier sobre et design, des assiettes dessinées par une céramiste locale, et de vraies mangeoires d'époque pour coller à l'enseigne. Quelques mois avant l'ouverture, le chef reçoit un appui important : il est lauréat de la Dotation Jeunes Talents Gault&Millau, ce qui facilite grandement son installation.

Sa cuisine s'appuie sur son désir de valoriser le terroir, le travail des agriculteurs, en harmonie avec la nature, avec l'ambition légitime de défendre ce qu'il appelle lui-même une *« gastronomie engagée »*.

La Mangeoire — 13/20

13, rue du Bois-Gérard – 55210 Nonsard-Lamarche

RECETTE DE CHEF - FACILE

POUR
4 PERSONNES

PRÉPARATION
30 MIN

CUISSON
1 H 20

Laitue en deux cuissons
mayonnaise aux herbes, sauce soubise

2 laitues
1 botte d'herbes fraîches
Sel
Poivre

MAYONNAISE
1 jaune d'œuf
1 c. à soupe de moutarde
Huile

OIGNONS
4 oignons
50 g de beurre
1 c. à soupe de sucre
2 c. à soupe de farine
20 cl de lait

1 – Laitue : plongez les laitues préalablement nettoyées dans une eau bouillante salée pendant environ 10 min, faites-les refroidir rapidement dans de l'eau glacée, égouttez et réservez. Ne jetez pas l'eau de cuisson.

2 – Purée d'herbes : dans la même eau de cuisson, faites cuire les herbes environ 7 min, puis plongez-les dans de l'eau glacée, égouttez-les et mixez-les afin d'obtenir une purée d'herbes lisse.

3 – Chips et purée d'oignon : épluchez et émincez les oignons. Coupez 1 oignon finement à la mandoline et faites-le sécher au four à 120 °C pendant 45 min avec un peu d'huile et de sel fin.
– Faites suer le reste des oignons dans du beurre avec une pincée de sel et une cuillère à soupe de sucre. Lorsqu'ils sont bien fondants, ajoutez la farine, mélangez, puis ajoutez le lait. Faites bouillir l'ensemble et mixez pour obtenir une sauce soubise.

4 – Finition : montez une mayonnaise bien épaisse et ajoutez-y la purée d'herbes. Allumez votre barbecue, et grillez les laitues bien égouttées.

5 – Dressage : disposez la laitue grillée au centre de l'assiette, une belle cuillère de sauce soubise à côté. Ajoutez des points mayonnaise aux herbes sur la laitue, parsemez de chips d'oignon et de belles herbes fraîches.

L'AUBE

THIBAULT NIZARD

Voilà un chef qui tient la promesse de L'Aube. Une lueur d'espoir, un jour qui se lève, et notre jeune cuisinier, lauréat de la Dotation Gault&Millau, rencontre les meilleures conditions pour réussir.

À deux pas du Palais-Royal, il s'est installé dans cette salle contemporaine qui fut naguère l'Hurluberlu, puis Zébulon. Tête bien faite et formation solide (avec Guy Savoy au Chiberta et à la Monnaie de Paris, chez Taillevent et chez Drouant), il plante d'emblée des ambitions de sultan avec ses menus cachés qui démarrent à 58 € au déjeuner jusqu'à 145 € au dîner, et nocturne possible en après-spectacle sur réservation (à la Comédie-Française ou au Théâtre du Palais-Royal).

Qu'est-ce qui pourrait bien motiver un client à pousser la porte d'un restaurant dont on ne sait rien, en faisant simplement confiance à un tarif de gastro ? Sans doute faudra-t-il suivre les bons guides, qui vous conseilleront par exemple le menu « Aube » à 95 €. Les bons produits sont là, l'exécution est propre et les compositions sont savamment exécutées, dans un certain classicisme très maîtrisé : les asperges blanches avec l'huître Prat-Ar-Coum 00 rôtie et nappée de beurre blanc, le black cod, sauce vigneronne, aubergine en millefeuille, raisin blanc ou le ris de veau, asperges vertes, sabayon moutarde, royale de petits pois sont finalement plus rassurants qu'aventureux, et le niveau technique confirme la légitimité de l'investissement à l'aveugle.

Elinor, son épouse, a une attention permanente pour chacun, secondant le chef, qui vient sur chaque table assurer la finition et commenter les plats. Et pour la cave, le bon choix est tout aussi sûr, puisque Thibault Nizard a emmené dans ses bagages le sommelier de Drouant avec lequel il travaillait auparavant.

L'Aube — 13/20
10, rue Richelieu – 75001 Paris

RECETTE DE CHEF - FACILE

POUR
8 PERSONNES

PRÉPARATION
30 MIN

CUISSON
10 MIN

Huître Prat-Ar-Coum 00
poêlée émulsion de beurre blanc

8 huîtres Prat-Ar-Coum de calibre 00 (la recette est réalisable avec une autre variété d'huîtres, mais le calibre 00 est essentiel pour la recette)
25 cl de vin blanc sec
1 grosse échalote
175 g de beurre demi-sel
25 cl de crème
20 cl de lait demi-écrémé
2 belles feuilles d'huître ou de persil plat
500 g de gros sel
Algues (décoration facultative)
Sel et poivre

1 – Réalisez le beurre blanc : ciselez grossièrement l'échalote, et taillez le beurre en petits cubes. Dans une casserole, déposez l'échalote et versez le vin blanc, laissez réduire à feu moyen, jusqu'à ce qu'il ne reste qu'un fond de vin. Puis, à feu doux, incorporez le beurre (gardez 2 cubes pour la préparation des huîtres), petit à petit, jusqu'à ce qu'il soit complètement fondu et nappant. Ajoutez le lait et la crème, puis portez le tout à frémissement.
– Mixez au mixeur plongeant, puis passez au passe-bouillon pour ne récupérer que le liquide. Salez et poivrez à votre convenance. Couvrez et réservez à température.

2 – Préparez les huîtres : ouvrez les huîtres, décoquillez-les en coupant le nerf et en veillant à les garder entières. Réservez les huîtres au frais. Ciselez finement les feuilles d'huître (ou persil plat) et réservez-les dans un récipient.

3 – Présentation : dans un récipient, mélangez le gros sel et 5 cl d'eau. Préparez 8 petites assiettes plates, déposez-y une grosse cuillérée de ce mélange. Si vous le souhaitez, parsemez d'algues taillées (demandez-en à votre poissonnier !). Déposez les coquilles d'huîtres préalablement lavées.

4 – Cuisson des huîtres : dans une poêle, déposez 2 petits cubes de beurre demi-sel. Laissez frémir à feu vif jusqu'à ce qu'il brunisse légèrement (beurre noisette). Baissez le feu et saisir les huîtres environ 8 secondes de chaque côté. Débarrassez sur une planche à découper et taillez-les en 2 dans la largeur.

5 – Dressage : déposer les 2 morceaux d'une huître dans chaque coquille afin de la reconstituer. À l'aide du mixeur plongeant, créez une mousse en mixant à la surface du beurre blanc. Avec une cuillère à soupe, récupérez la mousse et disposez-en un voile sur chacune des huîtres. Il sera probablement nécessaire de mixer plusieurs fois le beurre blanc afin de recréer de la mousse. Déposez délicatement des morceaux de feuilles d'huître (ou persil) ciselées sur le dessus.

Astuce du chef :
Les huîtres sont servies juste saisies : elles restent fraîches à l'intérieur et la mousse de beurre blanc est chaude. Il est conseillé de dresser les assiettes AVANT de poêler les huîtres.

Conseil du sommelier :
Cette entrée s'accompagne parfaitement d'un pessac-léognan blanc !

VARTIVAR JARKEZIAN

Le dossier de presse a été peaufiné : Campelli sonne italien, mais c'est en fait l'appellation des champs issus des anciens marécages du quartier, qui donnent aussi leur nom à la rue Croix-des-Petits-Champs. La promesse d'une « haute cuisine créative » est laissée aux soins de Vartivar Jarkezian, cuisinier libanais installé depuis un moment à Paris après un passage en Arabie saoudite, qui a récemment travaillé avec Assaf Granit chez Shabour, et dont le patronyme à consonance arménienne laisse entendre, à raison, qu'il maîtrise complètement l'inventive cuisine levantine.

Vous êtes prêt pour le festival ? Il convient d'attacher solidement sa ceinture car les secousses et turbulences risquent d'être vives : le « Couteau pas aiguisé » est un rouleau de couteau à cru, feuille de riz, crème d'ail à l'encre de seiche et gel citronné perse, le « Poisson de Moïse » se présente élégamment comme des côtelettes de sole, artichauts poivrade et ail des ours, et le « Poulet moussé » fait un dessert aussi bon que surprenant, mousse au chocolat, caramel beurre salé, crumble de pois chiches, peau de poulet sucrée, un plat curieux et audacieux à goûter absolument.

Dans l'esprit de Shabour et d'autres établissements de la rue Saint-Sauveur, l'atmosphère est à la fois festive, dépaysante, entraînante, dans un cadre longiligne où la musique est presque exclusivement… italienne (Andrea Bocelli, Laura Pausini, Zucchero, Paolo Conte…) sous la supervision de l'expérimenté Jorge Monteiro, le créateur du restaurant.

Campelli — 13/20
36, rue Croix-des-Petits-Champs – 75001 Paris

POUR	PRÉPARATION	CUISSON	REPOS
4 à 6 PERSONNES	2 H	2 H 50	1 H

Mer à terre
de lotte en deux services

BALLOTTINE DE LOTTE
1 kg de filet de lotte
3 salsifis
2 c. à soupe d'huile d'olive
Sel
Poivre moulu

RONDINS DE SALSIFIS
2 salsifis
10 g de beurre
2 g de paprika fumé
Sel
Poivre moulu

CONDIMENT SALSIFIS
3 salsifis
300 g de crème liquide
4 graines de cardamome

SAUCE VOLAILLE/CAFÉ
500 g d'ailerons de volaille
50 g de beurre
1 échalote
3 gousses d'ail
10 g de café arabica moulu

AILERONS ET JOUES DE LOTTE PANÉS
6 ailerons de volaille
6 joues de lotte
250 g de chapelure fine
10 g de piment d'Espelette
20 g de zaatar (ou origan)
8 jaunes d'œuf

GRIBICHE
150 g de persil
100 g de coriandre
3 gousses d'ail
1 échalote
40 g de câpres
10 g de jus de câpres
1 piment rouge
2 g de poivre moulu

CHIPS DE SALSIFIS
2 salsifis
Sel

1 – Ballottine de lotte : épluchez les salsifis, taillez à la mandoline (épaisseur de 1 mm), faites-les blanchir dans une grande quantité d'eau bouillante salée pendant 3 min, puis plongez-les dans l'eau glacée. Égouttez et conservez sur un torchon sec au frais.
– Demandez à votre poissonnier de nettoyer entièrement le filet de lotte. Sur une planche à découper, étalez un film alimentaire de 45 cm, badigeonnez-le d'huile d'olive au pinceau, salez et poivrez. Placez les salsifis blanchis côte à côte en les superposant légèrement de bout en bout sur le film (laissez 2 cm aux extrémités). Posez la lotte assaisonnée avec du sel et du poivre sur les salsifis, roulez le tout bien serré en ballottine.
– Conservez au congélateur pendant 1 h afin de raffermir la chair du poisson pour avoir un taillage régulier et net de 4-5 cm.

2 – Rondins de salsifis : taillez les extrémités, grattez les salsifis à l'aide d'une paille en fer et passez-les sous l'eau. Taillez des rondins de 11 cm, faites-les cuire à l'anglaise* entre 5 à 7 min, laissez-les refroidir et conservez-les au frais.
– Faites-les revenir dans une poêle avec du beurre pour une légère coloration dorée.

3 – Condiment salsifis : épluchez les salsifis, taillez-les grossièrement, disposez-les dans une casserole avec la crème et les graines de cardamome légèrement écrasées.
– Après 20 min de cuisson, passez au chinois étamine et mixez au blender pendant 5 min afin d'obtenir une crème bien lisse.

4 – Sauce volaille/café : réservez 6 ailerons pour les ailerons panés. Dans une grande casserole, faites revenir la poudre de café avec les ailerons jusqu'à avoir une caramélisation de tous les côtés. Ajoutez le beurre afin de déglacer les sucs, mouillez à hauteur.
– Après 2 h de cuisson, passez au chinois étamine et faites réduire jusqu'à obtention d'une sauce bien sirupeuse.

5 - Ailerons et joues de lotte panés : désossez entièrement les ailerons. Déposez 4 jaunes d'œuf avec du sel et du poivre dans un récipient, la chapelure et le zaatar dans un autre. Trempez les ailerons dans l'œuf, puis la panure. Répétez le même processus avec les joues de lotte en remplaçant le zaatar par du piment d'Espelette. Conservez-les au frais pour ensuite les passer 2-3 min à 180 °C à la friteuse.

6 - Sauce gribiche : disposez tous les éléments dans un blender, mixez pendant 10 min jusqu'à obtenir une sauce bien crémeuse. Ajoutez de l'eau si nécessaire.

7 - Chips de salsifis : épluchez les salsifis, taillez-les finement d'une épaisseur de 1 mm à la mandoline et passez-les à la friteuse pendant 3-4 min jusqu'à obtenir une coloration légèrement brune pour une touche d'amertume.

8 - Dressage : colorez la lotte 1 min sur chaque face et terminez 3 min au four à 180 °C pour une cuisson bien nacrée. Saupoudrez la moitié de votre assiette ronde blanche de poudre de café arabica moulu, déposez la lotte cuite avec l'aileron sur le dessus, à côté le condiment de salsifis avec le rondin sur le dessus, surmontez de 3 chips. Faites couler la sauce au milieu. Dans une autre petite assiette, mettez un point de sauce gribiche, déposez la joue frite avec un point de sauce gribiche et une chips sur le dessus.

NHOMe

MATAN ZAKEN

Vous ne trouverez pas sur la devanture de ce restaurant de liste de plats. Comme au Japon, où, en général, les plats, le menu, tout est caché, pour faire comprendre aux badauds que seuls les initiés pourront investir cet univers qui échappe aux béotiens, et à tous ceux qui ne mettent pas 105 € tous les jours dans un repas dont ils ne savent rien.

Heureusement, il y a les réseaux, les guides, qui en disent un peu plus en soulevant le voile de la mariée. Car ce chef-là est bien une pointure qui peut déjà se permettre beaucoup, gagnant la confiance des amateurs par une savante circulation de l'information. L'an passé, pour sa première saison, ce jeune chef, formé auprès des people de la food (Grégory Marchand chez Frenchie, Sven Chartier chez Saturne), mais aussi en grande cathédrale (Christian Le Squer au Cinq), a bluffé tout le monde par son imagination et par sa maîtrise, sur une cuisine méditerranéenne, pleine de rebonds et de curiosités, de golfes clairs et de criques épicées.

Au-delà du langage désormais galvaudé (« laissez-vous surprendre », « expérience culinaire unique »), ce talent-là s'avère nécessaire, contractant « home » et « nomade » dans une fusion où l'aubergine flirte avec le soja, la barbue avec un jus seigle et miso, le pigeon avec une réduction de riz noir et une pointe de betterave… Dernier rituel, le repas se fait en partageant la table d'hôte, comme une communion qui développe convivialité et consensualité.

Nhome — 13,5/20
41, rue de Montpensier – 75001 Paris

POUR	PRÉPARATION	CUISSON	REPOS
8 PERSONNES	20 MIN	5 MIN	4 H

Chinchard eau de concombre, câpres

3 chinchards de taille moyenne

SAUMURE SÈCHE
500 g de sel fin
250 g de sucre cassonade
Le zeste de 2 citrons jaunes

MARINADE YUZU
Huile d'olive
Huile de pépins de raisin
Jus de yuzu
Le zeste et le jus de 1 citron vert

EAU DE CONCOMBRE
1 concombre
Bouillon dashi
Vinaigre de riz

CRÈME AU RAIFORT
40 cl de crème crue
5 g de raifort frais râpé
Le zeste de 1 citron vert
Sel et poivre

DRESSAGE
1 citron Meyer (croisement entre citron jaune et mandarine ou orange)
1 citron caviar
Fleurs de concombre
Quelques pluches de fenouil bronze
Feuilles de câpre

1 – Préparez les chinchards : levez les filets tout en gardant la peau. Désarêtez les filets (ou demandez à votre poissonnier).

2 – Préparez la saumure sèche en mélangeant le sel, le sucre et le zeste de citron. Saumurez les filets de chinchard pendant 4 heures, façon gravlax. Rincez les filets à l'eau claire, puis faites-les sécher sur un papier absorbant.

3 – Réalisez la marinade yuzu en mélangeant tous les ingrédients. Taillez 4 portions par filet. À l'aide d'un pinceau, badigeonnez les chinchards de la marinade yuzu, puis brûlez au chalumeau la peau des chinchards afin qu'elle soit grillée.

4 – Préparez l'eau de concombre : lavez le concombre. Taillez des cubes en gardant la peau et en enlevant les graines. Centrifugez en ajoutant une pointe de couteau d'acide ascorbique afin de préserver la couleur. Récupérez et passez cette eau à la passoire afin d'extraire une eau translucide, puis ajoutez une pincée de sel, du bouillon dashi ainsi que du vinaigre de riz.

5 – Réalisez la crème au raifort : mélangez la crème crue avec le raifort râpé, le zeste de citron vert, salez et poivrez.

6 – Dressage : déposez 3 morceaux de chinchard dans une assiette creuse. Ajoutez une fleur de concombre, un quartier de citron Meyer et de citron caviar, le fenouil bronze et une feuille de câpre sur chaque morceau de chinchard. Pour terminer, versez l'eau de concombre avant de servir.

O.D

OMAR DHIAB

Certaines ouvertures se font à l'arrache, avec trois bouts de ficelle et un peu de jus de coude. Ce n'était pas le projet d'Omar Dhiab.

Il a attendu, il s'est montré patient. Il s'est entouré, il a côtoyé les meilleurs, pour apprendre, et pour apprendre encore. Avant de se lancer, seul et bien accompagné, dans une aventure personnelle et collective. Un restaurant, c'est une équipe, une machine à faire tourner, parfois un destin.

Celui d'Omar Dhiab était d'en arriver là aujourd'hui. L'ancien chef de Loiseau Rive Gauche a franchi les étapes une à une. En se frottant à la brigade de Christian Le Squer période Ledoyen, à cette belle locomotive qu'est le Train Bleu ou encore à l'école Christophe Moret au Shangri-La Paris, il a beaucoup engrangé et beaucoup retenu. Son restaurant est au carrefour de ses expériences : du chic, de la droiture et même de la rigueur, et puis dans les assiettes, ce qu'il faut de talent et de précision, sans jamais déborder, sans jouer les « m'as-tu-vu quand je cuisine ? ».

Il a su en particulier conserver sa part d'enfant et même d'enfance, avec quelques souvenirs de son Égypte natale (par exemple, le karkadé à l'hibiscus en boisson d'accueil, tel un bissap), donnant par ailleurs des plats qui font le plaisir parisien, et sortant le museau par petites touches personnelles qui annoncent des lendemains chantants, comme le canard, jamais si facile à travailler, et qui s'exprime joliment, frotté au poivre et genièvre avec betterave et olives.

Omar Dhiab — 13,5/20
23, rue Hérold – 75001 Paris

POUR
8 PERSONNES

PRÉPARATION
40 MIN

CUISSON
35 MIN

Courgette
de la fleur à la tige

FLEURS DE COURGETTE FARCIES

8 fleurs de courgette
2 courgettes vertes ou violon
1 citron confit
30 g de pistaches
1 gousse d'ail
20 g de parmesan râpé
Piment de Cayenne ou d'Espelette
Sel et poivre

GARNITURE ET SAUCE

2 courgettes zéphir ou jaunes
250 g de crème liquide 35% de matière grasse
50 g de vinaigre de xérès
50 g de pistaches
50 g d'huile de pépins de raisin
½ oignon

1 – Préparez les fleurs de courgette farcies : torréfiez* les pistaches pendant 6 min dans le four à 160 °C (th. 5/6). Dès qu'elles ont refroidi, concassez-les à l'aide d'un couteau.
– Coupez les courgettes en deux dans le sens de la longueur et taillez-les grossièrement en dés. Faites-les sauter 2 à 3 min à la poêle dans un filet d'huile d'olive avec une gousse d'ail piquée à la pointe d'un couteau. Retirez-les du feu afin de conserver leur texture croquante.
– Hachez finement les dés à l'aide d'un couteau afin de réaliser une marmelade, puis ajoutez les pistaches concassées et le citron confit préalablement haché. Assaisonnez avec le parmesan râpé, le sel, le poivre et le piment.
– Entrouvrez les fleurs de courgette et garnissez-les de farce à l'aide d'une poche à douille. Déposez-les une à une dans un panier vapeur et faites-les cuire 5 à 7 min au-dessus d'une eau frémissante. Réservez les fleurs une fois cuites.

2 – Préparez la garniture et la sauce : coupez les courgettes jaunes (ou zéphir) dans le sens de la longueur et taillez-les à la mandoline en lamelles de 3 mm. Poêlez 2 à 3 min avec un filet d'huile d'olive. Veillez à ce qu'elles restent croquantes, puis réservez.
– Émincez le demi-oignon et faites-le suer dans de l'huile d'olive, puis déglacez avec le vinaigre jusqu'à évaporation. Mouillez à hauteur avec de la crème et laissez réduire d'un tiers à feu doux.
– Torréfiez* les pistaches 6 min au four à 160 °C (th. 5/6) et mixez-les à chaud en incorporant petit à petit l'huile de pépins de raisin. Mélangez le pistou à la crème afin d'obtenir une sauce homogène. Salez et poivrez à votre convenance.

3 – Dressage : déposez une fleur de courgette au fond de l'assiette. Enroulez les lamelles de courgette et déposez-les debout de part et d'autre de l'assiette. Faites des points de sauce pour finaliser le plat.

AMBOS

CRISTINA CHOMET TEJEDA & PIERRE CHOMET

Il a un physique de jeune premier très télégénique, au point que, après un passage qui a retenu l'attention dans la saison 12 de « Top Chef », il s'est vu proposer par Philippe Etchebest et la chaîne de coprésenter « Objectif Top Chef ». Mais Pierre Chomet est avant tout un cuisinier, et un très bon.

Gault&Millau l'avait bien remarqué, en sélectionnant son dossier parmi de nombreux autres pour faire partie des lauréats 2022 de la Dotation Jeunes Talents, ce qui lui a permis de se lancer avec Cristina dans leur aventure commune.

Le Breton d'adoption et la Vénézuélienne se sont rencontrés la première fois à l'Atelier Joël Robuchon de Londres. Sans se perdre tout à fait de vue, ils ont enchaîné les expériences, chez Éric Frechon puis chez Arnaud Donckele pour Pierre, à Barcelone pour Cristina, avant de se retrouver à Bangkok.

Leur cuisine et leur histoire sont totalement imbriquées, ce qui est une chance et un régal pour les convives. Dans ce bel espace tout proche du palais du Luxembourg, ils donnent à quatre mains une vision délurée de la cuisine sans frontières. Les influences sud-américaines, espagnoles, thaïes et asiatiques au sens plus large se mêlent dans une carte où l'on ne risque pas de s'ennuyer. Les *arepas* (pain de maïs fourré, spécialité vénézuélienne) de Cristina voisinent avec la saucisse purée de Pierre, le paleron longuement braisé, aux arômes d'agrumes, est suivi d'un beau dessert chocolat fumé glace sarrasin. Au comptoir, les amis du couple, anciens de « Top Chef » et people de passage, viennent saluer les artistes en toute simplicité.

Ambos — 12/20
38, rue de Vaugirard – 75006 Paris

RECETTE DE CHEF - **FACILE**

POUR	PRÉPARATION	CUISSON
4 PERSONNES	35 MIN	1 H 35

Poularde
curry vert végétal, topinambour croustillant

2 suprêmes de poularde (jaune des Landes de préférence)
1 tige de citronnelle
10 g de gingembre frais
40 g de fond blanc
Sel, fleur de sel et poivre mignonnette

GARNITURE AROMATIQUE

10 minicarottes
10 minichoux de Bruxelles
2 topinambours
Huile d'olive

CURRY VÉGÉTAL

250 g de fond blanc (ou bouillon)
250 g de lait de coco
3 tiges de citronnelle
½ gousse d'ail
20 g de galanga
10 g d'échalote
5 g de graines de coriandre
2 feuilles de kaffir (combava)
2 citrons verts
0,5 cl d'huile d'olive
½ botte de basilic
½ botte de coriandre
½ botte de persil
½ botte de cerfeuil
30 g de jus de citron jaune
½ piment oiseau
2 g de poivre en grains
Sel

FINITIONS

Quelques pluches de coriandre, de basilic et de persil à votre convenance
2 tiges de coriandre vietnamienne

1 – Préparez la poularde : levez les suprêmes, salez et poivrez. Ajoutez la citronnelle et le gingembre.

2 – Faites cuire sous vide 25 min à 61 °C : mettez sous vide ou emballez la volaille avec le fond blanc dans un sac de congélation étanche, puis plongez doucement le sachet ouvert dans l'eau (la pression de l'eau va chasser l'air naturellement) avant de le refermer. Snackez ensuite la poularde côté peau, puis ajoutez la fleur de sel et le poivre mignonnette.

3 – Préparez le curry végétal : déposez tous les ingrédients ciselés et émincés finement dans un mortier, puis pilonnez jusqu'à l'obtention d'une pâte de curry (vous pouvez le faire au robot). Dans une casserole, faites chauffer 250 g de fond blanc (ou bouillon) et 250 g de lait de coco. Ajoutez la pâte de curry vert et laissez infuser. Passez au chinois étamine, puis rectifiez l'assaisonnement.

4 – Préparez les légumes : coupez les topinambours en deux, puis enfournez-les à 180 °C (th. 6) pendant 45 min. Lavez les carottes et faites-les cuire à l'huile d'olive dans une poêle. Enfin, faites sauter les choux de Bruxelles dans de l'huile d'olive.

5 – Finitions : confectionnez une salade d'herbes avec les pluches de coriandre, de basilic et de persil et les tiges de coriandre vietnamienne. Émulsionnez le curry végétal et dressez les assiettes.

SATOSHI AMITSU

On connaît le grand respect des cuisiniers japonais installés en France pour les savoir-faire traditionnels, une vraie religion au Japon qu'ils suivent aussi scrupuleusement en France. Satoshi Amitsu est donc parfaitement en phase avec cette enseigne qui rend hommage aux vendangeurs bourguignons, la baillotte étant le panier, ou plutôt la hotte, qu'ils portent sur le dos pour y mettre le raisin. Le jeune chef, passé notamment chez Georges Blanc, a sans doute eu l'occasion d'en apercevoir.

Cette jolie table au sobre décor contemporain, tables de marbre et banquettes de velours vert, est la deuxième étape de l'équipe qui a lancé Narro, dans le 5e arrondissement de Paris, il y a un peu plus d'un an, et que nous avions également vite repérée.

La même philosophie règne en cuisine, qualité des produits, précision et délicatesse dans la réalisation, alliées à un haut professionnalisme en salle. La simplicité apparente de l'assiette cache une vraie recherche de goût juste, dans un tartare de bœuf betterave et framboise savamment soutenu d'un crumble de sésame noir et voile de shiso, d'un tempura d'asperge siphon ail des ours condiment citron noir ou encore de la rascasse façon marinière artichaut poivrade et palourdes, œufs de truite, condiment pamplemousse rose… Pour chaque plat, le geste juste, le condiment bien dosé, la recherche d'harmonie dans le visuel comme dans l'impression en bouche.

L'équipe formée autour du chef déploie les mêmes qualités, et les desserts sont eux aussi remarquables. Quant à la carte des vins, comme chez Narro, elle a été forgée par le sommelier Thomas Legrand, amateur de vins vivants, nature et bio.

Baillotte — 13,5/20
16, rue du Dragon – 75006 Paris

POUR	PRÉPARATION	CUISSON	REPOS
4 PERSONNES	45 MIN	30 MIN	2 H

Tartare de bœuf betterave, framboise, ricotta fumée, crumble sésame noir, voile de shiso rouge

SALADE DE BETTERAVES ET FRAMBOISES
1 betterave à cuire
Quelques framboises
Le jus de ½ citron
Huile d'olive
Sel

CRUMBLE SÉSAME NOIR
100 g de farine T55
100 g de beurre
100 g de poudre d'amandes
20 g de sésame noir
30 g de sucre
5 g de sel

TARTARE DE BŒUF
280 g de rumsteck
1 échalote
10 g d'huile de sésame
5 g de sauce soja
1 filet de jus de citron

JUS DE SHISO
2 bottes de shiso rouge
10 g de sucre
5 g de sel
½ jus de citron

VOILE DE SHISO
30 cl de jus de shiso
3 g d'agar-agar
3 g de gélatine

ÉMULSION DE SHISO
20 cl de jus de shiso
2 g de lécithine

Ricotta fumée

1 - Salade de betteraves et framboises : taillez la betterave en petits cubes, émiettez quelques framboises. Assaisonnez de jus de citron, d'huile d'olive et de sel. Réservez au frais.

2 - Crumble de sésame noir : mélangez tous les ingrédients du crumble. Enfournez à 180 °C et laissez cuire pendant 20 min.

3 - Tartare de bœuf : snackez le rumsteck à la poêle, taillez-le au couteau et assaisonnez du mélange échalote, huile de sésame, sauce soja et jus de citron.

4 - Jus de shiso : portez 1 l d'eau à ébullition. Ajoutez le shiso, le sucre, le sel et le jus de citron. Laissez infuser 10 min et passez au chinois.

5 - Voile de shiso : ajoutez la gélatine et l'agar-agar dans le jus de shiso. Versez sur une plaque et laissez refroidir au réfrigérateur pendant 2 h.

6 - Émulsion de shiso : ajoutez la lécithine au jus de shiso, puis émulsionnez au mixeur plongeant.

7 - Dressage : dans une assiette creuse, déposez le crumble, la ricotta fumée et la salade de betteraves, puis le tartare de bœuf et le voile de shiso. Enfin, versez l'émulsion autour du voile.

ARNAUD BAPTISTE

Ils sont devenus rares, les colverts, à Saint-Germain-des-Prés. Le temps où l'on chassait le canard sur la rive gauche de la Seine est lointain, mais l'évocation d'un gibier à plumes prend néanmoins du sens dans ce bouillonnant quartier de la rue Saint-André-des-Arts.

Quelques semaines après l'ouverture du restaurant au printemps, le pari était gagné pour Arnaud Baptiste et Maxime Tyrand, qui dirige la salle. Le jeune chef, signalé dans « Top Chef », s'est vu confier cette délicate mission par Émilie et Boris Bazan, à la tête du groupe Les Becs Parisiens. L'objectif, dans ce lieu à la ligne extérieure sobre et au cadre vintage bien étudié, est de coller à l'enseigne par une tradition française actualisée, dans une cuisine sans cesse en évolution.

Arnaud Baptiste a les épaules assez solides, endurcies entre autres chez Yannick Alléno et Alain Dutournier, et plus récemment chez Jacky Ribault aux Mérovingiens. Ainsi, la feuille de route est plutôt bien tenue, avec une cuisine lisible, des plats qui ont du sens, sans complication, mais suffisamment de travail pour exprimer un talent original : gravlax de poisson du moment crème crue perlée aneth et radis, pintade du Gâtinais en deux cuissons, blettes, févettes, petits pois, anchois, ail noir… Nous retenons pour notre dernière visite la qualité d'un menu à 38 € accessible et juste en goût, en particulier pour le cabillaud confit, artichaut barigoule, olive, citron, piquillos.

Colvert — 12/20
30, rue des Grands-Augustins – 75006 Paris

POUR
6-8 PERSONNES

PRÉPARATION
1 H

MARINADE
3 H

Gravlax de lieu jaune
crème crue perlée & radis

GRAVLAX
800 g de filets de lieu jaune
150 g de gros sel
150 g de sucre
100 g de sel fin
15 g de graines de coriandre
15 g de poivre en grains
1 citron jaune
1 citron vert

CRÈME CRUE
50 cl de crème liquide
1 citron jaune (zeste)
1 citron vert (zeste)
1 orange (zeste)

HUILE DE MENTHE
20 cl d'huile de pépins de raisin
½ botte de menthe

HUILE D'ANETH
20 cl huile de pépins de raisin
½ botte d'aneth

HUILE ROUGE
20 cl d'huile de pépins de raisin
10 g de paprika fumé

PICKLES DE RADIS
200 g de sucre
300 g de vinaigre de riz
3 radis blue meat

DRESSAGE
Aneth
Piment d'Espelette
Fleur de sel

1 - Préparez le gravlax: mélangez tous les ingrédients de la marinade. Recouvrez-en les filets de lieu avec la peau. Laissez reposer 2 h. Rincez les filets sous un filet d'eau claire, séchez-les, retirez la peau et taillez-les finement en chiffonnade.

2 - Réalisez la crème crue: mélangez les zestes d'agrumes et la crème, laissez infuser 1 h. Passez au chinois pour retirer les zestes et réservez.

3 - Préparez les pickles de radis (idéalement à préparer la veille): épluchez et taillez les radis en fines rondelles. Faites bouillir 10 cl d'eau avec le vinaigre et le sucre, versez le mélange sur les radis. Laissez refroidir.

4 - Réalisez les huiles de menthe, d'aneth et rouge: pour chacune, faites chauffer l'huile de pépins de raisin à 65 °C et versez-la sur l'ingrédient aromatique (la menthe, l'aneth et le paprika fumé), mixez 6 min. Passez au chinois tapissé d'un torchon, puis faites couler l'huile parfumée dans un récipient posé sur un lit de glace.

5 - Dressage: répartissez la chiffonnade de poisson gravlax au centre de l'assiette, disposez dessus les pickles de radis et les pluches d'aneth. Répartissez autour la crème crue, puis versez des perles d'huile dessus.

OTHONIEL ALVAREZ CASTANEDA

Paris, carrefour planétaire où vous pouvez goûter toutes les cuisines du monde, y compris française parfois. De nombreux chefs étrangers s'en inspirent pour faire voyager les Parisiens en mixant avantageusement les cultures. C'est le cas d'Othoniel Alvarez Castaneda, qui a profité de sa venue à Paris pour s'initier également à la gastronomie japonaise, renforçant ainsi son bagage technique, comme un étudiant en langues étrangères.

Né près de Mexico, Othoniel a su faire les bons choix pour se former tout en travaillant. Quelques années au cosmopolite Buddha Bar, une expérience à l'hôtel de Bachaumont, à Paris, avant de saisir l'opportunité offerte par cet hôtel Dame des Arts, esprit rive gauche revu par le designer Raphael Navot, rooftop avec son bar à cocktails, jardin, cuisine mexicaine…

Othoniel Alvarez Castaneda entre alors en scène, prend son shaker à idées, y plongeant le Mexique, la France et le Japon, secoue avec énergie et livre une carte logiquement personnelle mais aux nombreux repères dans une tendance fusion qui plaît à son public : aguachile de daurade sunomono sésame concombre et citron, joue de bœuf chou kale fenouil et tortilla de maïs, les desserts suivant le même esprit avec les « Churros-Brest » praliné et noisette ou les maras des bois crème à l'hibiscus et shiso vert.

Et si vous voulez totalement profiter du lieu, il faut aussi s'initier à la collection de tequilas et mescals, notre dernière expérience nous ayant offert quelques bons crochets supplémentaires, comme le tostada de thon mayo chipotle et poireaux frits ou une bouillabaisse percutée par le piment guajillo.

Dame des Arts — 12,5/20
4, rue Danton – 75006 Paris

POUR	PRÉPARATION	CUISSON	REPOS
4 PERSONNES	15 MIN	6 H	2 H 20

Ribs de porc à l'achiote

750 g de longe de porc sans couenne

POUR LA MARINADE

100 g de pâte d'achiote (ou roucou)
4 gousses d'ail
½ oignon
3 c. à soupe d'huile neutre
6 c. à soupe de vinaigre de riz
10 cl d'eau
1 pincée de cumin en poudre
Sel et poivre

1 – Nettoyez la viande avec un chiffon propre et humide, assaisonnez-la de sel et de poivre et laissez reposer pendant 20 min au frais.

2 – En parallèle, mixez les ingrédients de la marinade dans un blender ou avec un mixeur plongeant pour obtenir une marinade de couleur bien rouge avec beaucoup de goût.

3 – Sortez la viande du réfrigérateur et massez la longe de porc avec la marinade (utilisez des gants ou une spatule). Replacez la viande au frais pendant 2 h.

4 – En parallèle, préchauffez le four à 130 °C. Disposez la viande dans un récipient profond et remplissez le fond avec 1 cm d'eau. Couvrez la viande avec une feuille de papier sulfurisé et couvrez le récipient avec du papier aluminium. Enfournez et laissez cuire pendant 6 h.

5 – Finition et dressage : une fois sortie du four, laissez reposer la viande et découpez chaque travers de porc. Servez accompagné d'une belle salade de saison et de légumes frais. Idéal à partager et surtout à manger avec les doigts !

SOURCE
JR

JULES RECOQUILLON

Pas si facile d'installer un bistrot gastro avec quelques ambitions dans ce quartier de street food et de cantines. C'est pourtant le pari de Clément Tricot, de Jules Recoquillon et de Margaux Mercier pour cette aventure qui sent bon la tendance « table en vue » dont Paris raffole.

Margaux, après ses études dans l'entrepreneuriat et le management, s'est en premier lieu frottée à l'univers Duboué pour A Noste avant de lancer ses propres affaires. Ce sera d'abord La Daronne, rue Marie-Stuart, dans le quartier Montorgueil, où elle collabore déjà avec Jules Recoquillon, chef bien formé dans les grandes brigades, notamment chez Christian Le Squer et Jean-Pierre Vigato. Pour ce nouveau challenge, ils forment un trio avec Clément Tricot pour faire gagner ce bistrot de poche dominé par le bois et les teintes bleutées.

Il y a incontestablement du métier et du savoir-faire dans cette cuisine à la fois contemporaine et personnelle : de gourmands gnocchis aux algues et palourdes tièdes pour débuter avant une superbe tomate de Crimée au barbecue, olives de Kalamata et crème de mozzarella de bufflonne et une originale volaille farcie de brioche vendéenne, carottes, émulsion de jus de crabe vert et pickles de girolles.

Comme le réclame l'époque, les desserts sont bien soignés, et le baba trouve une revisite intéressante, ici infusé à l'oseille et accompagné d'une addictive crème fumée aux aiguilles de pin, l'ensemble étant réveillé par une déclinaison de cerise en aigre-doux. Quant à la cave, elle fait partie du package, avec une dégustation de vins orange et des propositions variées de pairing.

Source — 14/20
17, rue Grégoire-de-Tours – 75006 Paris

POUR
6 PERSONNES

PRÉPARATION
20 MIN

CUISSON
10 MIN

REPOS
2 H

Risotto de céleri

- 200 g de foie gras de canard
- 2 cl de porto rouge
- 150 g de haddock fumé
- 1 céleri boule
- 50 cl d'huile d'olive
- 1 citron vert
- 1 citron jaune
- 100 g de crème
- 5 cl de vin blanc
- 1 échalote
- Beurre
- Parmesan frais râpé

1 – Taillez les trois quarts du céleri en fine brunoise (petits dés), faites des lamelles à l'économe avec le reste. Ciselez l'échalote, et faites-la suer dans le beurre, ajoutez la brunoise de céleri, puis le vin blanc et la crème. Finissez avec le parmesan. Privilégiez une cuisson *al dente*.

2 – Plongez les lamelles de céleri dans une marinade constituée d'un mélange d'huile d'olive avec les zestes et jus des citrons vert et jaune, sel et poivre. Réservez 2 h.

3 – Mixez le foie gras et le porto au robot pour en faire une mousse. Coupez le haddock très finement.

4 – Dressez le risotto de céleri dans un cercle au fond de l'assiette, ajoutez la mousse de foie gras. Disposez joliment et en volume le céleri mariné et le haddock comme sur la photo.

Yasuo Nanaumi

YASUO NANAUMI

C'est presque un choc culturel. Non pas que de nombreux connaisseurs ne soient pas rompus à la cuisine des bons chefs japonais évoluant en France, mais ce tandem père-fils est plutôt détonant, et totalement symbolique, au point qu'Akabeko – qui doit son nom à ce jouet traditionnel japonais en forme de vache rouge de la région de Fukushima, dont le chef est originaire – pourrait bien devenir la mascotte nippone de l'année. Et pourquoi donc ?

Tout simplement parce que Yasuo Nanaumi a fait partie de ces courageux pionniers venus jouer le match retour très tôt après que les Bocuse et Troisgros avaient commencé à commercer avec l'Extrême-Orient. Outre son expérience au Moulin de Mougins, puis au Lucas Carton, Yasuo Nanaumi a passé cinquante ans aux fourneaux, dont dix ans à la Maison de l'Amérique latine, avant de s'amuser récemment dans son AO Izakaya à fusionner les cultures pour le plaisir des fans du genre.

Aux côtés de son fils Ken, qui s'est également formé en cuisine (école Ferrandi et quelques années chez Drouant époque Louis Grondard), il retrouve une seconde jeunesse. Sur deux niveaux, comptoir au rez-de-chaussée, salle boisée à l'étage, bibliothèque, miroirs, banquettes et coussins, il offre des standards personnalisés à sa façon, mêlant les traditions des deux bords dans un esprit ludique d'une grande précision : le tataki de thon, comme le foie gras, sont deux modèles d'un même talent, le premier avec ses tranches de lotus et une sauce oignon, le second sur un lit de riz sushi meshi, sauce teriyaki, tempura de betterave, pétales de fleurs de souci, de pensée, pousses de cerfeuil et d'aneth…

Akabeko — 14/20
40, rue de l'Université – 75007 Paris

POUR
4 PERSONNES

PRÉPARATION
20 MIN

CUISSON
30 MIN

Lotte à la diable
panko shiso, risotto shiitaké

4 morceaux de lotte de 120 g
Farine

SAUCE À LA DIABLE
40 g de panko (chapelure)
6 feuilles de shiso
2 c. à café d'huile d'olive
2 c. à café d'huile de sésame
4 c. à café de moutarde
4 g de wasabi frais (sinon en poudre ou en pâte)

RISOTTO
40 g d'oignon blanc
60 g de beurre
140 g de riz rond (japonais)
60 g de shiitakés
8 c. à soupe de saké de cuisine
1 l de bouillon de volaille

Sauce soja
Sel, poivre

1 – Préparez la sauce diable : lavez, puis hachez les feuilles de shiso à l'aide d'un couteau bien tranchant.
– Mélangez le panko, le shiso, l'huile d'olive et l'huile de sésame. Réservez.
– Mélangez la moutarde et le wasabi. Réservez.

2 – Réalisez le risotto : coupez 40 g de shiitakés en cubes et le reste en lamelles. Faites cuire ceux en lamelles dans le bouillon de volaille, puis réservez.
– Faites fondre le beurre dans une casserole, ajoutez les oignons ciselés. Faites-les suer. Ajoutez les cubes de shiitakés, faites suer, puis ajoutez le riz. Dès que le riz est transparent, déglacez avec le saké, puis ajoutez le bouillon de volaille petit à petit en mélangeant bien à chaque fois. Salez et poivrez.

3 – Préparez la lotte : farinez la lotte de tous les côtés, puis enlevez l'excédent en la tapotant. Faites-la poêler à feu fort avec de l'huile d'olive sur tous les côtés.
– Hors du feu, étalez la préparation de moutarde sur le dessus, à l'aide d'une cuillère, puis celle de panko et shiso par-dessus.
– Mettez le poisson dans le four en mode gril, porte du four ouverte.

4 – Dressage : mettez le risotto sur l'assiette dans un moule rectangulaire. Posez les lamelles de shiitakés (préalablement réchauffés dans un peu de bouillon) par-dessus. Disposez la lotte gratinée. Versez un filet d'huile d'olive tout autour et quelques gouttes de sauce soja.

YUJI MIKURIYA

Arthur Cohen et Olivier Leone, qui avaient lancé Onii-San rue des Archives, au cœur du Marais, et ses tapas à la japonaise, récidivent à Saint-Germain-des-Prés avec un projet plus ambitieux encore, une sorte de Nobu des années 2020, dans un décor d'allusions, d'évocations et de mystère oriental qui crée intimité et chic.

Les magazines de déco et de tendance ne se sont pas trompés en plaçant le projecteur sur cette nouvelle adresse où les générations les plus anciennes verront sans doute quelques clins d'œil au Slavik des années 1970. Tous les détails, évoquant aussi bien Hong Kong, Tokyo ou Angkor, contribuent à créer l'atmosphère idéale pour une exploration confiante de la cuisine du chef Yuji Mikuriya.

Sa carte est une fusion d'idées convaincantes, les soba à la crème sur lesquelles on ajoute un peu de baeri du plus secret des caviars, le Volzhenka, l'osciètre accompagnant le nigiri de toro ikejime à 15 € la pièce…

Tout est ainsi à la fois exclusif et compréhensible, familier et excentrique, tellement fashion qu'on ne peut que se laisser entraîner dans la ronde, après avoir aussi, bien sûr, expérimenté le Negroni San ou le White Fuji d'une carte de cocktails bien approvisionnée.

Le thon est manipulé avec les plus grands égards (carpaccio d'akami et toro ikejime), l'anguille laquée au teriyaki avec un condiment ail noir et umeboshi, et l'on remet les pieds sur terre avec raffinement sur le ris de veau crispy au panko, le tofu frit au sésame sauce dashi ou le sukiyaki de wagyu et truffe noire. Encore une petite envie de Volzhenka ? Comme par magie, il reparaît sur la tarte au chocolat finale…

Ojii — 12,5/20
6, rue Perronet – 75007 Paris

POUR
5 PERSONNES

PRÉPARATION
30 MIN

CUISSON
10 MIN

Sukiyaki de wagyu

500 g de bavette de wagyu tranchés finement
Huile neutre

150 g de shiitakés
150 g d'eryngiis
150 g de shimejis
150 g de cresson
150 g de salsifis
150 g de poireaux

BOUILLON SUKIYAKI
25 cl d'eau
25 cl de saké
25 cl de mirin
35 cl de sauce soja
5 cl de vinaigre de riz
50 g de sucre blanc

DRESSAGE
5 jaunes d'œuf
15 g de shichimi (mélange d'épices japonaises)

1 - Bouillon sukiyaki : mélangez les ingrédients, portez à ébullition et laissez mijoter un moment pour laisser l'alcool s'évaporer complètement.

2 - Wagyu : dans une poêle bien chaude, snackez les tranches de bœuf dans un peu d'huile neutre.

3 - Ajoutez les légumes au bouillon et laissez-les mariner pendant 5 min.

4 - Dressage : disposez dans chaque assiette creuse les légumes et le bouillon sukiyaki, ajoutez la viande, un jaune d'œuf et le shichimi.

Conseil du chef :
« En saison, vous pouvez râper de la truffe noire du Ventoux qui jouera parfaitement son rôle d'exhausteur de goût. »

BRUNO LAPORTE

Il n'y a pas qu'un seul chenapan. Ils sont deux à avoir relevé le gant de cette adresse à la fois porteuse et éphémère, puisqu'il s'agit de la sixième enseigne en neuf ans. Les deux jeunes gens ont néanmoins l'avenir grand ouvert. Par ici sont passés Daniel Rose (les premiers pas de Spring), Raphaël Rego (Oka, puis Maloka), et plus récemment le duo inspiré Anne Legrand et Clio Modaffari, parties chercher l'aventure sur la Riviera. On ne peut donc que souhaiter le même succès à ces deux potes talentueux, Florentin Fraillon *(photo, à droite)*, après une expérience au Violon d'Ingres, s'assurant du bien-être de la salle, et Bruno Laporte *(à gauche)*, formé notamment chez Emmanuel Hodencq à Clermont-Ferrand, Jean-Luc Rabanel et William Ledeuil.

Ils ont choisi de mettre en valeur l'essentiel, dans un cadre sobre, moderne, élégant, parquet clair, du vert au mur, des abat-jour en rotin. Florentin règle le tempo, anime la cave et la commente, avec ses références approuvées, d'Olivier Pithon à Vincent Gaudry et ses sancerres.

Bruno montre son éclectisme, son goût du condiment ou de l'herbe juste (les bienfaits du passage à Ze Kitchen Galerie) : katsuobushi et cacahuète avec la betterave, la vivifiante rhubarbe avec les légumes et herbes de printemps, le plus classique et tellement bien mené pavé de barbue en « pêche de ligne » morilles et Noilly Prat, bœuf angus et asperges vertes au barbecue japonais.

Ce qui frappe le visiteur, c'est la bonne entente, la coordination entre la salle et la cuisine laissant augurer une marche en avant qui devrait porter ses fruits, appeler les chenapans à durer davantage qu'une hirondelle au printemps.

Chenapan — 12,5/20

28, rue de la Tour-d'Auvergne - 75009 Paris

POUR
4 PERSONNES

PRÉPARATION
20 MIN

CUISSON
50 MIN

Betterave
katsuobushi & cacahuète

2 belles betteraves rouges
2 œufs (bio)
60 g de beurre
15 g de flocons de bonite séchée
60 g de miso blanc
8 g de wasabi
1 cl de jus de citron
100 g de cacahuètes
Sel de Guérande

1 - Betteraves: faites cuire les betteraves à couvert dans l'eau salée avec leur peau pendant 25 à 30 min suivant la taille.

2 - Sauce bonite: dans une casserole d'eau bouillante, plongez les œufs, faites-les cuire mollets durant 6 min, puis laissez-les refroidir. Écalez-les et réservez au frais.
– Réalisez un beurre noisette*. Mixez à vitesse élevée les œufs mollets, puis montez avec le beurre noisette chaud. Ajoutez la bonite séchée râpée, puis le miso et le wasabi. Terminez avec le jus de citron. Passez et réservez au frais.

3 - Pâte de cacahuètes: torréfiez* les cacahuètes au four à 160 °C pendant 10-12 min, puis mixez-les avec du sel de Guérande jusqu'à l'obtention d'une pâte.

4 - Finition: une fois les betteraves cuites, faites-les rafraîchir à l'eau froide et enlevez la peau. Taillez-les en fines tranches de 2 mm d'épaisseur.

5 - Dressage: dans une assiette, tapissez le fond de la pâte de cacahuètes, ajoutez une belle cuillérée de sauce bonite froide et dressez les fines tranches de betterave comme bon vous semble.

BENJAMIN SCHMITT

Un hectare au cœur du 9e, cela vaut un très gros bras. Enlevez-lui une lettre, cela devient un charmant néobistrot, beaucoup plus accessible, mené avec intelligence par Benjamin Schmitt.

Voilà un beau parcours parisien, entamé il y a une quinzaine d'années en apprentissage chez les Delacourcelle au Pré Verre avant de connaître grands hôtels et belles brigades, comme celles du Meurice, du restaurant de Pierre Gagnaire au Waldorf-Astoria de Berlin, à La Truffière, chez Taillevent et dernièrement au Peninsula, sous-chef à L'Oiseau Blanc aux côtés de David Bizet.

L'oiseau vole donc désormais de ses propres ailes dans ce cadre sobre parqueté, consensuel et intemporel, où les détails sont soignés, par exemple avec les couteaux catalans de chez Pallarès.

Un premier déjeuner nous a permis d'apprécier un travail maîtrisé, sur une salade de fenouil sorbet tomate poutargue, offrant fraîcheur, croquant et velouté, avant l'échine de cochon confite, très réussie, avec un très bel assaisonnement, des légumes parfaits et une belle harmonie entre grillé, fumé, confit. Le soir, à la carte, on tape dans le pâté croûte et la tête de veau, le cassoulet et le ris de veau, travaillés comme un chef, bien sûr.

À la cave, un travail de recherche assez précis pour une carte ajustée, en particulier sur Bourgogne et Jura, l'offre au verre illustrant la démarche avec justesse, une dizaine tout au plus, mais bien triée avec les Entrefaux, Ledogar ou la Renière.

Hectar — 12/20

41, rue Catherine-de-la-Rochefoucauld – 75009 Paris

RECETTE DE CHEF - **FACILE**

POUR	PRÉPARATION	CUISSON
8 PERSONNES	30 MIN	25 MIN

Aile de raie rôtie
petits pois à la française, beurre blanc aux coques

8 ailes de raie de 170 g environ
150 g de lard paysan coupé en bâtons
300 g de petits pois écossés
150 g de fèves écossées
1 kg de coques
30 cl de crème liquide
200 g de beurre
80 g d'œufs de truite
½ laitue émincée finement
5 cl de vin blanc
½ citron jaune
Huile
Sel

1 – Salez les portions de raie et réservez-les sur un papier absorbant au frais.

2 – Préparez les légumes : faites blanchir dans une eau bouillante salée les fèves et les petits pois, faites-les refroidir aussitôt dans de l'eau glacée.

3 – Préparez les coques et le jus : faites cuire les coques dans une casserole très chaude avec le vin blanc, à couvert. Décortiquez-les et filtrez le jus à travers un chinois afin de bien retirer le sable. Faites réduire ce jus de trois quarts, ajoutez la crème liquide, faites bouillir, puis ajoutez 50 g de beurre hors du feu.

4 – Faites colorer les ailes de raie dans une poêle anti-adhésive, d'abord à l'huile, puis ajoutez le beurre. Terminez la cuisson en les arrosant avec le beurre fondu.

5 – Finition : dans une casserole, réchauffez tous les légumes avec le lard, puis ajoutez la sauce obtenue précédemment ainsi que la laitue émincée. Ajoutez le jus de citron, servez aussitôt.

EUNOÉ

RYUJI SATO

Il faut parfois une bonne culture générale pour suivre l'imagination des créateurs de restaurant. On ne sait, de Ryuji Sato ou de Félix Perrotteou, lequel a lu la *Divine Comédie*, toujours est-il que c'est dans l'œuvre de Dante que l'on doit chercher Eunoé, fleuve de fiction mythologique qui a la vertu des évocations heureuses : qui se baigne ou s'abreuve dans l'Eunoé ne se souvient que des belles choses et de ce qui a été plaisant dans sa vie. Par exemple un bon repas.

C'est tout ce que l'on souhaite aux convives de cette nouvelle table du côté du square Maurice-Gardette. Leur projet commun vient de loin puisqu'ils se sont rencontrés à Tokyo et ont décidé de faire route ensemble à leur retour. Ryuji cuisine, Félix est en salle, dynamique et motivé pour passer le message du chef et parler du vin avec un bel enthousiasme, les flacons de connaisseurs présents sur la carte, les verres en petit nombre dont il connaît les propriétaires, mais aussi des quilles « de derrière les fagots » pour du hors-liste et du hors-piste qui gagne à être connu.

Ryuji a eu d'excellents modèles dans ses expériences parisiennes, chez Christian Constant et Jean-Louis Nomicos. Il applique une technique très sûre à des assiettes adroitement composées, encore prudentes pour les débuts d'Eunoé, mais qui devraient au fil du temps refléter davantage de caractère. Il y a déjà un joli travail dans le « foie gras de mer » vinaigrette framboise, shiso rouge, algues japonaises, la lotte rôtie au charbon, sauce aux anchois, fregolas, fenouil ou l'agneau des Pyrénées, jus d'agneau, ail des ours, piquillos…

Eunoé — 11,5/20
6, rue Rochebrune – 75011 Paris

POUR	PRÉPARATION	CUISSON	REPOS
6-8 PERSONNES	55 MIN	45 MIN	12 H

Déclinaison de carottes

HOUMOUS DE CAROTTE AU GINGEMBRE
500 g de carottes
100 g pois chiches secs
40 g de crème de sésame (tahini)
1 pincée de poudre de cumin
5 gousses d'ail
20 g de gingembre confit japonais
Bicarbonate
Sel et poivre

CAROTTES POCHÉES AU GINGEMBRE
12 carottes orange épluchées
3 pincées de cumin
5 gousses d'ail
2 échalotes émincées
5 tranches de gingembre frais
1 tige de thym
Gros sel

CAROTTES CRUES
1 carotte de chaque couleur (jaune, violette, orange)

VINAIGRETTE DE CAROTTE
50 cl de jus de carotte bio
1 pincée de cumin
5 cl d'huile de pépins de raisins
3 cl de vinaigre de xérès 8 ans d'âge
1 g de Xantana (épaississant)
Sel et poivre

PESTO DE CORIANDRE
1 botte de coriandre
3 gousses d'ail
25 cl d'huile d'olive

1 – Houmous de carotte au gingembre (la veille) : laissez tremper les pois chiches secs dans l'eau une nuit avec une pincée de bicarbonate, afin de les rendre plus digestes.
– Le jour J, épluchez et coupez grossièrement les carottes et les gousses d'ail, mettez-les dans une casserole. Ajoutez une pincée de poudre de cumin, le gros sel et de l'eau jusqu'à recouvrir les carottes. Portez à ébullition, puis laissez cuire à feu doux jusqu'à ce que les carottes soient fondantes. Égouttez-les et gardez l'eau de cuisson.
– Mixez la préparation avec la crème de sésame, le gingembre japonais et l'eau de cuisson petit à petit jusqu'à l'obtention d'une crème consistante bien lisse (le houmous ne doit pas être liquide). Assaisonnez de sel, poivre et cumin si besoin.

2 – Carottes pochées au gingembre : épluchez les carottes. Mettez-les entières dans une casserole avec le cumin, l'ail, les échalotes, le gingembre, le thym et du gros sel. Ajoutez de l'eau jusqu'à recouvrir complètement les carottes d'environ 1-2 cm. Portez à ébullition, puis éteignez le feu. Laissez cuire et refroidir dans le bouillon afin d'obtenir des carottes fermes et qui s'imprègnent du goût du bouillon. Dès qu'elles sont froides, récupérez-les et taillez-les (2-3 cm).

3 – Carottes crues : épluchez les carottes. Tranchez-les finement à la mandoline japonaise ou au couteau.

4 – Vinaigrette de carotte : faites réduire de moitié le jus de carotte avec du cumin. Mixez avec l'huile, le vinaigre et le Xantana pendant 5 min. Assaisonnez.

5 –Pesto de coriandre : effeuillez et lavez la coriandre. Mixez-la avec l'ail et l'huile d'olive. Assaisonnez.

6 – Dressage : à l'aide d'un emporte-pièces, dressez le houmous sur une hauteur de 3 cm. Positionnez les carottes pochées debout sur le houmous. Nappez de vinaigrette et de pesto de coriandre. Posez les carottes crues sur les carottes pochées. Enlevez l'emporte-pièces.

MAXIME BOUTTIER

Le chef a longuement mûri son projet. Sa riche expérience lui a permis d'acquérir une vision très juste de la restauration citadine, plus précisément parisienne, d'aujourd'hui. Il n'a pas non plus choisi le lieu au hasard. Ce coin du 11e s'ajoute à la liste des quartiers très en vogue de cet arrondissement si riche et si fécond.

Originaire de la Sarthe, Maxime Bouttier s'est frotté à toutes les tailles de brigades, à de grandes tables comme à des petites, à la restauration d'hôtel et aux multitoqués, à tous les postes de cuisine comme à la pâtisserie. Il s'est ainsi construit une expérience et des idées fortes. Aux côtés de Thibault Sombardier à Mensae, récemment, il a pu percevoir certaines évidences sur ce qu'un public averti peut attendre d'une jeune cuisine moderne. Ainsi est né Géosmine.

Dans ce qui fut précédemment Botanique, il a planté le décor qu'il imaginait : matériaux bruts, pierre apparente, déco minimaliste pour mieux laisser galoper l'imagination dans les assiettes, où il n'hésite pas à bousculer les idées reçues. Grand fervent des abats et des morceaux souvent délaissés, il se forge une réputation avec des préparations insolites, comme la mamelle de vache, fine et fondante, posée telle une raviole sur un condiment aux algues, avec une crème réduite assaisonnée au caviar, déjà devenue un plat signature indispensable dans chacun de ses menus dégustation. Autre point fort, la cave aux centaines de références, en majorité bio, balayant les vignobles de France et d'ailleurs et proposant de superbes magnums.

Géosmine — 14/20
71, rue de la Folie-Méricourt – 75011 Paris

RECETTE DE CHEF - FACILE

POUR	PRÉPARATION	CUISSON	REPOS
4 PERSONNES	50 MIN	5 MIN	2 H

Chèvre
petits pois, algues et ciboulette

SIPHON AU CHÈVRE
150 g de chèvre frais
150 g de crème liquide 35% de matière grasse
150 g de blancs d'œuf
1 feuille de gélatine

TARTARE D'ALGUES
100 g de laitue de mer
100 g d'algue dulse
1 citron jaune
2 bottes de ciboulette
1 échalote
3 cl de vinaigre de riz blanc
2 cl de mirin
1 cl de saké (optionnel)

200 g de petits pois frais
120 g de crème crue fermière
Poivre noir du moulin
Sel
Huile
Fleurs de ciboulette

1 – Siphon au chèvre : faites tremper la feuille de gélatine dans un bol d'eau tiède environ 10 min. Dans une casserole, portez à petite ébullition 75 g de crème fraîche, puis ajoutez la gélatine essorée, mélangez. Incorporez le chèvre frais préalablement écrasé à la fourchette et mélangez à l'aide d'un fouet pour obtenir une crème de fromage bien lisse.
– Ajoutez les 75 g de crème fraîche restants et les blancs d'œuf, mélangez. Salez et poivrez, puis mettez en siphon et laissez reposer au frais au moins 2 h. Une fois la préparation refroidie, mettez une cartouche de gaz dans le siphon.

2 – Tartare d'algues : taillez très finement la laitue de mer et l'algue dulse. Dans un bol, récupérez les zestes et le jus d'un citron jaune et ajoutez l'échalote émincée, la ciboulette ciselée, le vinaigre de riz, le mirin et le saké, puis mélangez le tout au tartare d'algues. Poivrez à votre convenance. L'iode des algues devrait apporter de la salinité, ajoutez une pincée de sel si nécessaire.

3 – Cuisson des petits pois : faites cuire à l'anglaise* les petits pois écossés, en les plongeant dans un grand volume d'eau bouillante salée pendant 2 à 3 min, puis plongez-les dans un récipient d'eau avec des glaçons pour stopper la cuisson et fixer la chlorophylle. Quand ils ont refroidi, enlevez la membrane autour de chaque grain. Assaisonnez avec du sel, du poivre noir et un filet d'huile d'olive ou d'une huile herbacée de votre choix (estragon, coriandre, thym, etc.).
– Avant de servir, poêlez les petits pois quelques secondes pour les tiédir, en veillant à ce qu'ils restent bien croquants.

4 – Dressage : mettez de la crème crue au fond d'une assiette creuse, dressez le tartare d'algues et les petits pois par-dessus et recouvrez du siphon au chèvre. Terminez le dressage avec des fleurs de ciboulette.

Tho

HUGO LAFONT, THOMAS CUNY & PIERRE LE LARD

Il n'est sans doute pas facile de s'accorder sur une enseigne lorsqu'on est trois à se lancer dans l'aventure de la restauration. Hugo Lafont (Hu), Thomas Cuny (Tho) et Pierre Le Lard (Pi) ont décidé de jouer avec leurs prénoms pour créer cette « enseigne-valise » sans doute un peu naïve, mais jeune et sans complexes, à l'image de ces trois amis d'enfance.

Forts d'un solide parcours de formation (pêle-mêle le Laurent, le Plaza Athénée ou Le Meurice, mais aussi L'Ours ou Le Clown Bar), les trois complices ont jeté leur dévolu sur cette petite table au cœur du 12e arrondissement. *« Nous avons choisi de travailler face aux clients. Notre cuisine largement ouverte sur la salle est un vrai plus, qui nous permet d'échanger plus facilement avec les clients. Et tant pis si cela génère un peu de bruit, les odeurs qui s'en dégagent mettent tout de suite les arrivants dans l'ambiance »*, glisse l'un d'entre eux, sans que l'on sache exactement lequel tant ils parlent à l'unisson.

Dans cette salle tout en longueur à l'esprit moderne et bistrotier, les trois compères sont épaulés par une petite équipe de serveurs visiblement heureux de mettre en avant une cuisine soignée et de saison, épaulée par une jolie petite cave sur laquelle veille Pierre : *« On y retrouve des coups de cœur, comme la "Terre du Lias" du domaine de la Borde, ou le saint-joseph rouge des Miquettes. »*

HuThoPi — 12/20
53, rue de Charenton – 75012 Paris

RECETTE DE CHEF - FACILE

POUR
6 PERSONNES

PRÉPARATION
20 MIN

CUISSON
30 MIN

Courgettes farcies
à la verveine, basilic et absinthe

COURGETTES FARCIES
6 courgettes de petite taille
250 g de ricotta
250 g de yaourt grec
1 botte de verveine
2 bottes de basilic
2 échalotes de petite taille
1 citron vert
4 cl d'absinthe (ou Chartreuse verte ou Ricard)

CRÈME DE COURGETTES
2 courgettes vertes
1 botte de basilic
20 cl de crème liquide entière
100 g de graines de courge

TUILE VERTE VÉGÉTALE
130 g crème fleurette
42,5 g de farine
17,5 de Maïzena
1 g de sel
1 c. à soupe de crème de courgettes (couleur)

Sel et poivre

1 – Coupez les courgettes en tronçons de 4 cm, videz-les à l'aide d'une petite cuillère (en gardant une partie pleine d'un côté), réservez la chair pour la crème. Faites cuire dans de l'eau bouillante salée entre 1 et 2 min. Attention, elles doivent rester croquantes ! Réservez au frais.

2 – Réalisez la crème de courgettes : faites cuire les courgettes dans de l'eau bouillante salée 5 min. Plongez-les dans un bac d'eau froide afin de fixer leur couleur. Mixez-les avec la chair de courgette préalablement mise de côté, le basilic et la crème, ajoutez du sel et du poivre.
– Faites torréfier* légèrement les graines de courge au four à 180 °C (th. 6) pendant 7 min. Réservez pour la décoration.

3 – Réalisez la farce : égouttez la ricotta et le yaourt grec sur un linge propre afin d'en extraire un maximum le jus (n'hésitez pas à presser un peu). Pendant que le fromage s'égoutte, hachez finement le basilic et la verveine (gardez quelques feuilles pour la décoration), puis ciselez les échalotes. Mélangez le tout, ajoutez le zeste du citron vert et l'absinthe, un peu de sel et de poivre. Vous pouvez aussi ajouter le jus du citron pour plus d'acidité.

4 – Réalisez la tuile verte : mélangez la crème, la farine, la Maïzena et le sel dans un saladier jusqu'à ce que le mélange soit homogène. Ajoutez une cuillerée de crème de courgettes et mélangez à nouveau. Étalez le mélange sur un tapis de cuisson en silicone (Silpat de préférence), puis enfournez et laissez cuire environ 15 min à 150 °C.

5 – Finitions : farcissez les tronçons de courgette avec la farce. Disposez-les dans l'assiette en cercle, ajoutez la crème de courgettes froide au centre. Décorez avec les feuilles de basilic et de verveine ainsi que les graines de courge torréfiées et des morceaux de tuile verte.

Naomi

NAOMI OGAKI

On connaît la passion de nombreux cuisiniers japonais, installés ou non en France, pour le pâté en croûte. Naomi Ogaki n'échappe pas à la règle, avec une motivation supplémentaire, celle d'avoir pendant quelques années affûté ses couteaux en Alsace, l'autre pays du foie gras et de la charcuterie pâtissière.

Pour tout dire, sa longue formation française s'est concentrée sur deux tables emblématiques, au Buerehiesel (chez Westermann, à Strasbourg) pour tout savoir d'une cuisine généreuse de terroir, et chez Christian Étienne (à Avignon), le pape de la tomate et du melon. De retour au Japon, il ouvre son premier restaurant au nord de Tokyo et revient en France dix ans après l'avoir quittée.

Dans l'antre de ce qui fut naguère Le Petit Verdot, il fait montre d'un talent indiscutable pour notre répertoire bourgeois. Dans ce fidèle cadre de bistrot, aux tables rapprochées et au comptoir carrelé de gris, dont les cigales en porcelaine évoquent son bénéfique séjour en Provence, Naomi Ogaki joue de son savoir-faire dans des compositions classiques aux présentations très soignées : la ratatouille, la salade de ris de veau, le fameux pâté croûte avec ses pickles de carottes, concombre et chou-fleur ou la hampe de bœuf grillée beurre vin rouge et pomme coin de rue témoignent en sa faveur.

La carte des vins est cohérente et variée, complétée d'une gamme de sakés et de liqueurs alsaciennes. Le staff en place est principalement constitué de compatriotes, afin de souder l'équipe et d'apporter une cohésion parfaite autour du chef.

Le 703 — 12,5/20
9, rue Fourcroy – 75017 Paris

POUR
4 PERSONNES

PRÉPARATION
30 MIN

CUISSON
30 MIN

Artichaut à la barigoule & œuf poché

8 artichauts poivrade
50 g de carottes
100 g d'oignons
50 g de céleri-rave
15 cl de vin blanc
3 cl d'huile d'olive
15 g d'ail
1 feuille de laurier
20 cl de bouillon de poulet
Le jus de 1 citron jaune entier
Herbes de Provence

VINAIGRETTE
2 c. à soupe d'huile d'olive
2 c. à soupe de vinaigre de vin rouge
Sel et poivre

ŒUF POCHÉ
4 œufs
Vinaigre blanc
Fleur de sel
Poivre du moulin

DRESSAGE
4 tranches de jambon cru
Salade mesclun

1 - Les artichauts barigoule : épluchez, lavez et émincez les carottes, les oignons et le céleri-rave. Tournez* les artichauts. Arrosez-les de temps en temps dans de l'eau additionnée de jus de citron pour éviter qu'ils ne changent de couleur.
– Mettez l'huile d'olive dans une casserole. Colorez l'ail à feu doux (pour qu'il développe sa saveur sans brûler) et faites suer les carottes, les oignons et le céleri-rave avec des herbes de Provence. Ajoutez les artichauts, salez, puis déglacez au vin blanc et réduisez aux deux tiers. Ajoutez le bouillon de poulet et la feuille de laurier. Cuisez pendant 10 min à couvert. Les artichauts et les légumes doivent être fondants.

2 - La vinaigrette : réalisez une vinaigrette classique en mélangeant vinaigre de vin rouge, huile d'olive, sel et poivre.

3 - Les œufs pochés : portez à ébullition de l'eau vinaigrée dans une casserole, et pochez-y les œufs pendant 3 min. Sortez les œufs, égouttez et assaisonnez.

4 - Finition et dressage : réchauffez les artichauts barigoule, puis disposez-les harmonieusement dans les assiettes. Versez le jus de cuisson. Ajoutez la salade mesclun assaisonnée. Parsemez de petites tranches de jambon cru.

Conseil du chef :
« Si vous avez le temps, préparez l'étape 1 la veille. Le goût des artichauts sera encore plus intense s'ils cuisent dans le jus pendant une nuit. »

Zian

ZIAN BODOU

Comme le souligne notre enquêteur, venu aux premières heures de cette nouvelle page écrite sur les lieux où s'illustra Nicolas Lormeau, avant son déménagement à Bizanos, *« ce jeune chef a quelque chose de différent »*. Oui, dans son implication, dans son énergie à conjuguer terroir et idées personnelles, avec des épices, avec des jeux de textures, marquant autant l'attachement que le détachement, Zian Bodou a beaucoup à raconter.

L'adresse a donc visiblement du potentiel, avec sa petite place arborée et la vue sur l'église Saint-Martin. La déco n'attire pas spécialement le regard, au contraire des assiettes. Et le chef est visiblement pressé de réussir. Pas encore 20 ans, mais de l'ambition et un bagage, acquis lors de son passage chez Michel Guérard, puis chez Philippe Etchebest. Sur le site du restaurant, on peut lire l'objectif fixé pour l'avenir, celui de devenir « l'un des meilleurs restaurants de France ». Pas moins.

À défaut de l'atteindre immédiatement, laissons-le s'épanouir dans cette première maison : la salade de wakamé, fausse raviole de crabe avec une glace au miso et crumble de mimolette ne manque pas d'idées, bien dosée en assaisonnement. Le dos de merlu à la moelle de bœuf parfumé au paprika s'accompagne de rhubarbe, purée de petits pois et purée de patate douce pour un terre-mer bien pensé et réussi. Et le dessert de ce « petit » menu déjeuner à 30 € n'est pas négligé, avec la fraise en émulsion et en morceaux, glace à la capucine et kumquat confit.

Obsidienne — 12/20
8, rue Adoue – 64000 Pau

POUR
4 PERSONNES

PRÉPARATION
20 MIN

CUISSON
30 MIN

Le veau grain de soie
carottes plurielles & jus mijoté « Terre d'Hermès »

4 portions de noix de veau grain de soie
Tamarin
Jus de veau réduit

MOUSSELINE DE CAROTTES
1 botte de carottes fanes
20 g de crème
Huile d'olive
1 mandarine
Sel et poivre

BABY CAROTTES
8 baby carottes
Le jus de 500 g de carottes centrifugées

HUILE « TERRE D'HERMÈS »
2 g de distillat des matières premières du parfum « Terre d'Hermès » (un ensemble de 50 notes olfactives, toutes distillées séparément, puis réassemblées par le restaurant)

DRESSAGE
Feuilles de capucine

1 – Mousseline de carottes : faites cuire les carottes fanes à la vapeur afin de garder un maximum de saveurs, mixez-les ensuite avec la crème, une goutte d'huile d'olive, du sel et du poivre et le jus de la mandarine, réservez cette purée au chaud.

2 – Faites cuire les baby carottes afin qu'elles soient bien fondantes mais encore fermes dans le jus de carottes.

3 – Mixez le tamarin et réservez.

4 – Huile « Terre d'Hermès » : diluez dans de l'huile d'olive le distillat de « Terre d'Hermès ». Réservez.

5 – Finition : saisissez dans une poêle très chaude les noix de veau, gardez-les rosées.

6 – Dressage : disposez une quenelle de mousseline de carottes sur l'assiette, recouvrez de baby carottes légèrement brûlées au chalumeau. Réalisez de petits points de condiment de tamarin et décorez de feuilles de capucine. Ajoutez le veau, perlez le jus de veau avec l'huile « Terre d'Hermès », servez bien chaud.

Note du chef :
« Cette recette, relativement classique, prend une nouvelle dimension avec l'ajout des saveurs complexes du parfum "Terre d'Hermès" à la fois boisé, végétal et minéral avec des notes d'agrumes légèrement fumés. Tout l'enjeu est de bien proportionner les différents éléments qui composent l'assiette afin que rien ne prenne le dessus et que tout s'accorde… à la manière d'un parfum. »

Capélo

ANGEL MORALES

Angel Morales est tout jeune et il rayonne dans le restaurant qu'il vient d'ouvrir dans un quartier calme, derrière le Théâtre de Périgueux. En Périgord, le canard est roi. Il en a fait une devise. Et le motif de son enseigne, repris sur les cartes.

Le chef a baptisé son restaurant du surnom donné à son grand-père, qui élevait des canards et qui l'emmenait, gamin, dans cette quasi-institution qu'était « Chez Louis ». Les locaux connaissent bien l'endroit, c'était le repaire de Jean-Louis Grimard, où l'on venait régulièrement, pour ses bons petits plats et la bonne humeur du patron.

Angel n'a pas d'autre volonté que de transposer cet esprit familial dans un restaurant d'aujourd'hui. En perpétuant la longue tradition des canardises dans un cadre et un esprit moderne, il conserve le lien avec le terroir, l'histoire du lieu et des recettes bien transposées.

Et il a tout pour réussir. Bercé par la tradition familiale, il a pris l'habitude très jeune de s'intéresser à ce qui se mijotait aux fourneaux. Sa formation est solide : passage par les plus belles maisons du coin, Le Vieux Logis à Trémolat ou Le Centenaire aux Eyzies, avant un séjour à Sydney pour y travailler dans une pâtisserie française.

Et si le canard est décliné sous toutes ses formes, tous ses morceaux et à toutes les sauces, un plat est en vedette et déjà indéboulonnable : le fameux tartare de canard, bien condimenté, et que tout le monde réclame.

Capélo — 11,5/20

1, place Louis-Magne – 24000 Périgueux

POUR
4 PERSONNES

PRÉPARATION
10 MIN

MACÉRATION
7 JOURS

Tartare de canard
& son condiment sucré salé

PICKLES D'ÉCHALOTES
2 échalotes
10 cl d'eau
5 cl de vinaigre aromatisé
1 c. à soupe de sucre
1 c. à soupe de sel

VINAIGRETTE
7 cl de l'huile de noix
7 cl de sirop d'érable
1 c. à soupe de moutarde
3 c. à café de vinaigre de framboise
Paprika fumé

TARTARE
2 magrets de canard
1 pêche
Parmesan
Sel et poivre

1 – Réalisez les pickles d'échalotes (plusieurs jours à l'avance) : pelez et hachez grossièrement les échalotes, mettez-les à macérer dans un mélange d'eau, de vinaigre, de sel et de sucre pendant plusieurs jours.

2 – Préparez la vinaigrette : mélangez tous les ingrédients afin d'obtenir une vinaigrette.

3 – Réalisez le tartare : n'utilisez que le maigre du canard, ajoutez-y la pêche coupée en brunoise (petits dés), le parmesan râpé et les pickles. Ajoutez la vinaigrette, les pickles et assaisonnez à votre convenance.

MARC MEYA & YUKA OKUGAWA

La ligne Perpignan-Tokyo est ouverte avec cette nouvelle table qui dresse une passerelle entre Roussillon et Japon. Au cœur de la ville historique, dans un immeuble ancien, un lieu totalement rénové, aménagé à la japonaise pour déguster face aux cuisiniers en action.

Marc Meya et Yuka Okugawa ont travaillé ensemble au Japon avant de revenir en France, dans la région natale du chef au beau parcours complet, dont un passage très formateur à La Galinette avec Christophe Comes, puis un poste de chef à Boulogne aux Deux Amis, où il a pu expérimenter son appétit de création et de mixité.

Avec Yuka, qui partage avec lui le même esprit, il se régale et nous régale : un yubiki de loup cru avec seulement la peau grillée, crème au miso, concombres cuits dans un jus d'agrumes, œufs de poisson et quelques feuilles de mertensia, puis des piquillos farcis à la brandade de morue au goût maîtrisé avec des éclats de poudre d'olives ou des gambas rouges de Palamos, pommes de terre nouvelles et jus de bouillabaisse. Voilà le combo idéal qui réunit tous les foodies de la ville au point que la réservation est devenue vraiment indispensable.

La saisonnalité est évidente et respectée : les légumes viennent d'ici (quelques-uns, comme le confie le chef, en provenance du potager de Christophe Comes), dans une démarche responsable. Et la carte des vins est bien sûr très majoritairement catalane, avec les vedettes, tels Gauby ou Pithon, mais aussi de nombreux domaines à découvrir.

Manat — 11,5/20
3, rue Cité-Bartissol – 66000 Perpignan

RECETTE DE CHEF - **FACILE**

POUR	PRÉPARATION	CUISSON	REPOS
4 PERSONNES	55 MIN	4 H	8 H

Ravioles au boudin blanc
& tête de veau, jus d'une escudella

GELÉE D'ESCUDELLA
½ tête de veau roulée crue
1 poireau
3 carottes
2 oignons
1 gousse d'ail
1 bouquet garni

FARCE À PILOTA
70 g de boudin blanc
70 g de tête de veau cuite
100 g de chair à saucisse
200 g de poitrine de veau
10 g de gingembre râpé
10 g d'ail haché
1 œuf entier
1 tranche de pain de mie
Lait
Sel et poivre

PÂTE À RAVIOLES
250 g de farine
12,5 cl d'eau
½ c. à café de sel
Fécule de maïs

MATÉRIEL SPÉCIFIQUE
Hachoir

1 – Gelée d'escudella : démarrez la cuisson de la tête de veau dans l'eau froide. Une fois à ébullition, écumez et ajoutez la garniture aromatique*, laissez cuire 3 h à feu très doux.
– Débarrassez la tête de veau, filtrez le bouillon et faites réduire de moitié. Laissez refroidir la tête dans le bouillon réduit jusqu'à gélification.

2 – Farce à pilota : à l'aide d'un hachoir à grille moyenne, passez le boudin blanc, la tête de veau cuite, la chair à saucisse et la poitrine de veau. Dans un saladier, mélangez les viandes, l'ail et le gingembre, l'œuf et la tranche de pain de mie trempée dans le lait, salez et poivrez. Réservez au froid.

3 – Pâte à ravioles : faites fondre le sel dans l'eau, tamisez la farine dans un grand bol, puis mélangez le tout avec une spatule. Malaxez pendant 10 min pour rendre la pâte élastique. Divisez la boule en deux boudins et laissez reposer 1 h à température ambiante.
– Sur un plan de travail saupoudré de fécule de maïs, étalez les boudins coupés en petites boules (12 environ), jusqu'à atteindre 8 cm de diamètre. Farcissez les disques avec une demi-cuillerée à soupe de farce, collez les bords avec du blanc d'œuf.
– Faites cuire les ravioles dans une casserole d'eau bouillante salée. Dégustez aussitôt dans le bouillon bien chaud.

Astuce du chef :
« Il est tout à fait possible de réaliser cette recette avec de la viande déjà hachée par votre boucher et de la pâte à gyoza que l'on trouve dans le commerce. »

POPS

CORENTIN LEVERGER

La Côte d'Amour s'étend sur des kilomètres de plages de sable pour amoureux de la mer. Au centre, La Baule, élégante et bourgeoise, en occupe 7 kilomètres. De chaque côté, Le Pouliguen, réputé voile, et Pornichet, très chic, très mode, très tendance. Très pop finalement, en mode exclusif.

En plein centre de la station, reprenant La Petite Thaïlande, Océane Maisonneuve – au prénom prédestiné – et Corentin Leverger ont posé leurs valises et baptisé leur restaurant aux couleurs de la modernité. Une belle expérience de la salle pour elle, en France et à l'étranger, notamment en Australie, une formation classique pour lui : apprenti puis chef de partie au 110 de Taillevent, sous-chef chez Westermann au Coq Rico puis chez Drouant, avant la double rencontre décisive, avec Océane et chez Éric Guérin à La Mare aux Oiseaux, où il entre comme chef de partie, avant d'occuper le poste de sous-chef.

Dès lors, la route est tracée : ils seront chez eux, et dans la région. À La Mare aux Oiseaux, ils ont entrevu ce que l'époque réclame dans une belle auberge : de la nature végétale bien assimilée, du lâcher-prise de qualité, de l'humain au service du naturel, respect des saisons et des producteurs. Tout ce qu'ils ont commencé à appliquer dans leur nid douillet, ouvert à la fin juin pour une saison qui s'annonce belle.

Premiers pas, premières impressions. Il y a certes une influence Guérin, dans le traitement respectueux du produit et du légume de saison, mais on sent très bien une volonté de marquer le territoire. Et puis, pour Pornichet, les tarifs démarrent gentiment : le midi, une carte toute simple autour de 40 €, le soir 65 € pour le beau menu 6 temps (courgette, homard, poisson d'arrivage, cochon, deux desserts…), aménageable en 4 temps pour 45 €, de quoi éveiller la curiosité.

POPS — 12/20
96, avenue du Général-de-Gaulle – 44380 Pornichet

RECETTE DE CHEF - FACILE

POUR
4 PERSONNES

PRÉPARATION
40 MIN

CUISSON
35 MIN

Turbot déclinaison autour du brocoli, beurre blanc au raifort

400 g de filet de turbot sans la peau (ou 1 turbot entier de 1 kg)
3 brocolis
2 échalotes
10 cl de vin blanc
5 cl de vinaigre
100 g de beurre
5 g de raifort ou de wasabi
Fleur de sel
Sel et poivre

1 – Déclinaison de brocoli :
– Sommités de brocoli râpé : gardez de côté une ou deux sommités à râper au moment du dressage.
– Pied rôti : épluchez les pieds du brocoli pour enlever la partie fibreuse. Mettez l'un des pieds dans l'eau bouillante salée jusqu'à ce qu'il soit fondant, mais pas trop cuit (gardez l'eau de cuisson). Refroidissez-le dans une glaçante* et coupez-le en quatre. Au moment du dressage, colorez les deux faces plates dans une poêle avec un peu de beurre.
– Sommités de brocoli : cuisez 8 sommités de brocolis dans la casserole d'eau salée utilisée pour le pied. Refroidissez-les dans une glaçante*, puis réservez. Lors du dressage, réchauffez-les dans une casserole d'eau salée (ou avec le pied dans la poêle).
– Purée de brocoli : plongez le reste des sommités et des pieds dans la casserole d'eau salée. Dès que les morceaux sont fondants, mixez-les avec un peu de beurre et assaisonnez. Débarrassez la purée dans une casserole. Réchauffez au moment du dressage (filmez au contact* pour ne pas qu'elle croûte).

2 – Beurre blanc au raifort : ciselez les échalotes. Mettez-les dans une casserole avec le vin blanc et le vinaigre de votre choix et une pincée de sel. Faites réduire quasiment à sec*. Hors du feu, ajoutez petit à petit le beurre coupé en petits cubes. Râpez le raifort dans le beurre blanc, rectifiez l'assaisonnement et mettez-le de côté. Attention à ne pas trop le faire chauffer pour éviter qu'il tranche.

3 – Turbot : portionnez le turbot en quatre. Faites chauffer une poêle avec un peu de beurre, assaisonnez le turbot et colorez les deux faces.

4 – Dressage : disposez la purée dans l'assiette, puis les sommités de brocolis. Déposez le morceau de turbot à côté de la purée et le pied de brocoli rôti en équilibre sur le poisson. Râpez les têtes de brocoli sur l'assiette, puis ajoutez la sauce et une pincée de fleur de sel.

THIBAULT LE GOFF

Et l'œuf s'ouvrit ! Toute naissance, qu'elle soit biologique ou professionnelle, est l'entrée dans un monde nouveau, attirant et mystérieux, où chaque minute est une construction. Avant, c'était avant : Marion Pelletan et Thibault Le Goff se sont connus en Australie, deux bourlingueurs pourtant attachés à leurs racines. Deux talents complémentaires pour cette table ouverte dans le cœur historique et vivant d'une petite rue tranquille. Un décor frais et lumineux, un peu sixties, parquet blond, lignes sobres, cuisine vitrée. Et tout semble fluide : Marion seule en salle dans ses baskets blanches règle le tempo, Thibault s'affaire sans stress, garde le rythme avec efficacité.

Marion, originaire de Royan, a étudié à La Rochelle, connu le haut standing des palaces en France (Les Sources de Caudalies, Le Strato à Courchevel) et à l'étranger. Thibault le Quimpérois, lui, a étudié au lycée hôtelier de Dinard avant de voyager, passant notamment – bonne formation – chez Dominic Quirke dans son Pickles nantais. Le résultat, c'est la curiosité, l'ouverture d'esprit, le bien-être dans un lieu qui leur ressemble, proposant une cuisine franche et fraîche, primesautière et séduisante : des moules bien charnues à l'escabèche, fenouil et jus de cresson, de délicieuses fèves et pois gourmands nimbés d'une subtile écume mentholée, le faux-filet marié à la betterave et à la pomme de terre confite.

Deux toques d'emblée pour ces premières impressions très favorables. Et si l'on ne passe pas beaucoup de temps à déchiffrer la mince carte des vins, elle a l'avantage d'être lisible et bien orientée bio et biodynamie, avec une douzaine de vins au verre, trois bières bretonnes, des jus de fruits et café bio.

Éclosion — 13/20

3, rue Laennec – 29000 Quimper

RECETTE DE CHEF - INTERMÉDIAIRE

POUR	PRÉPARATION	CUISSON	REPOS
6 PERSONNES	1 H	5 H 30	12 H

Chocolat
betterave cerise

GANACHE CHOCOLAT NAMELAKA
170 g de chocolat noir
3 g de gélatine
8 g de miel
12 cl de lait
24 cl de crème fraîche liquide (35% de matière grasse)

CRUMBLE CACAO
30 g de farine
30 g de cassonade
30g de beurre doux
5 g de cacao en poudre
1 pincée de sel

POUDRE BETTERAVE
1 betterave crue

TUILES DE BETTERAVE
1 grosse betterave rouge crue
50 g de sucre
1 blanc d'œuf

VINAIGRETTE À LA CERISE ET CERISES FRAÎCHES
200 g de cerises griottes + 100 g pour la vinaigrette
2 c. à soupe de vinaigre balsamique
1 c. à café de miel
2 c. à soupe d'huile d'olive
1 pincée de sel

1 – Préparez la ganache Namelaka (la veille) : faites fondre le chocolat au bain-marie. Mettez les feuilles de gélatine à ramollir dans l'eau froide. En parallèle, faites bouillir le lait et le miel. Versez la moitié du lait sur le chocolat, mélangez bien à l'aide d'un fouet, puis versez le reste du lait. Mélangez. Ajoutez la gélatine égouttée à chaud, mélangez. Versez la crème fraîche liquide froide et mixez avec un mixeur plongeant. Réservez au réfrigérateur une nuit.

2 – Préparez la poudre de betterave : pelez la betterave. Taillez la chair en tagliatelles avec un économe. Faites cuire au four en même temps que les tuiles. Mixez. Réservez la poudre dans une boîte hermétique.

3 – Réalisez les tuiles de betterave : enveloppez la betterave brute dans du papier aluminium et enfournez 1 h 15 à 180 °C. Pelez-la, puis coupez-la en gros morceaux et mixez avec le sucre. Laissez refroidir la purée. Ajoutez le blanc d'œuf et mélangez. Étalez la préparation en couche très fine sur du papier cuisson et enfournez à la température la plus basse possible (80 °C idéalement) au minimum 4 h. Laissez refroidir et décollez les tuiles. Réservez.

4 – Préparez le crumble cacao : faites ramollir le beurre à température ambiante. Mélangez du bout des doigts le beurre, la farine, la cassonade et le cacao. Vous devez obtenir une texture grossière et friable. Étalez sur une plaque et enfournez à 180 °C pendant 10 min. Laissez refroidir. Concassez en petits morceaux. Réservez au sec.

5 – Préparez les cerises : dénoyautez les cerises et coupez-les en deux. Mixez 100 g avec le vinaigre, l'huile, le sel et le miel. Passez au chinois. Assaisonnez les cerises restantes.

6 – Dressage : disposez une quenelle de ganache au fond de l'assiette. Écrasez légèrement avec le dos d'une grosse cuillère de façon à former un nid. Disposez les cerises assaisonnées dans le creux et surmontez de crumble cacao concassé. Saupoudrez de poudre de betterave et surmontez d'une boule de glace chocolat. Disposez 2 tuiles de betterave l'une sur l'autre en les collant avec une pointe de ganache. Saupoudrez à nouveau de poudre de betterave.

SAO
Gourret Kevin

KEVIN GOURRET

C'est une des sensations de l'année en Cornouaille : Kevin Gourret, qui a multiplié les expériences chez les autres, est aujourd'hui bien chez lui sur les bords de l'Odet.

En choisissant pour enseigne le diminutif du prénom de son fils (Isao, « le mérite » en japonais), Kevin fixe des racines. Après avoir bourlingué, en version belles tables bretonnes, comme Le Goyen à Audierne dont il tint la barre, ou grands hôtels de station, comme La Messardière tropézienne ou Les Airelles à Courchevel, il trouve un port d'attache, s'entoure d'une équipe fidèle parfaitement coordonnée, disponible et enthousiaste, et peut regarder au loin.

Sa cuisine est incisive, végétale, technique. Elle semble parfois un peu démonstrative, mais s'avère bien dosée et sans afféteries. Dans ce cadre élégant à la lumière tamisée, c'est bien un chef de talent qui s'exprime. Son univers est largement marin, toujours végétal, sacrément breton mais tellement ouvert sur le monde. Par exemple, la belle asperge de la pointe de la Torche confite au sarrasin est agrémentée d'une délicate mayonnaise légèrement relevée par le piment d'Espelette. Un jus de réduction de tête de homard apporte une touche iodée et le plat prend alors une allure voyageuse avec une pointe de gochujang (pâte de piment coréen), quelques pétales de fleurs complétant esthétiquement l'ensemble.

La cave ne déborde pas, mais elle a le mérite de proposer nombre de flacons accessibles et un choix de verres représentatif de toutes les régions, avec une quinzaine de propositions.

Sao — 14,5/20
1, quai Neuf – 29000 Quimper

POUR
4 PERSONNES

PRÉPARATION
40 MIN

CUISSON
3 H 30

Asperge confite au sarrasin, mayonnaise au piment fumé, jus de carcasses de homard

4 asperges blanches
300 g de sarrasin
Sel et poivre

CRÈME AU SIPHON
Les parures des asperges
25 cl de crème
10 g de beurre

MAYONNAISE
2 jaunes d'œuf
1 c. à soupe de moutarde
20 cl d'huile de pépins de raisin
Poudre de piment d'Espelette fumé

SARRASIN SOUFFLÉ
150 g de sarrasin
5 cl d'huile de pépins de raisin
10 g de fleur de sel

RÉDUCTION DE CARCASSES
300 g de carcasses de homards (ou langoustines)
1 oignon
1 carotte
½ poireau
Thym
Ail
Citronnelle
Huile de sésame (idéalement de l'Huilerie Beaujolaise)

1 – **Asperges :** épluchez les asperges, taillez-les à une longueur de 7 cm. Réservez les parures. Recouvrez les asperges de sarrasin, puis enfournez à 180 °C pendant 30 à 40 min. Elles doivent être fondantes et croquantes. Réservez.

2 – **Crème au siphon :** mélangez la crème avec les parures des asperges, mixez et ajoutez beurre, sel et poivre. Passez au tamis, puis mettez en siphon et ajoutez 2 cartouches de gaz. Maintenez au chaud dans un bain-marie.

3 – **Mayonnaise :** réalisez une mayonnaise classique, puis incorporez le piment fumé. Réservez dans une poche à douille.

4 – **Sarrasin soufflé :** faites chauffer l'huile de pépins de raisin, ajoutez le sarrasin tout en remuant, comme pour faire du pop-corn. Une fois les graines soufflées, incorporez la fleur de sel, puis débarrassez en 2 fois sur du papier absorbant pour enlever un maximum d'huile.

5 – **Réduction de carcasses :** enfournez les carcasses à 200 °C pour bien les faire rôtir. Concassez-les à l'aide d'un rouleau à pâtisserie pour extraire au maximum les arômes. Épluchez et taillez la garniture aromatique*. Faites-la revenir dans une casserole, bien la faire suer, puis ajoutez les carcasses. Mouillez à hauteur avec de l'eau. Une fois à ébullition, diminuez le feu, laissez mijoter 2 h. Pensez à écumer pour enlever toutes les petites impuretés. Passez au chinois étamine à mailles très fines et faites réduire le jus jusqu'à la consistance souhaitée. Plus on fera réduire, plus le goût sera prononcé et salé. Ajoutez 1 c. à soupe d'huile de sésame.

6 – **Dressage :** disposez l'asperge tiède, puis ajoutez la mayonnaise à l'aide de la poche à douille. Saupoudrez de sarrasin soufflé. Vous pouvez ajouter des pétales de fleurs comestibles ou de jeunes pousses, pour le côté fraîcheur. Déposez la crème au siphon et versez la réduction de carcasses.

Martin

MARTIN DE LOS SANTOS

Quimper est décidément la ville du « sang neuf » Gault&Millau pour cette édition 2023. Quatre nouveaux établissements sont apparus, tous intéressants, tous vivifiants. Le Tiberi de Manon Kervella et de Martin De Los Santos ne fait pas exception.

La première impression est excellente : voilà ce qu'on peut appeler un accueil « à bras ouvert ». Manon, toute souriante, sait mettre à l'aise les visiteurs de cette salle du centre-ville, face au théâtre, au rez-de-chaussée d'une maison ancienne très bien placée. Son expérience de tables parisiennes lui donne l'aisance naturelle, sans rien de guindé, s'adaptant à tous par les mots et l'attitude.

La cuisine de Martin est simple et directe, métissée, aux influences voyageuses. Il nous emmène dans son monde, d'un océan à l'autre, tout en gardant les pieds sur la terre bretonne qui lui fournit tant de bonnes idées. Des épices ici, des herbes là, un peu d'umami d'Extrême-Orient, tout l'intéresse et il ne s'interdit rien, la marque d'un cuisinier libre aux envies d'ici et d'ailleurs.

D'origine uruguayenne, il a passé quelques années à Majorque avant de travailler à Paris, où il a rencontré Manon aux Bistrotters. Ne vous y trompez pas : le nom Tiberi n'est pas lié à l'ancien maire de Paris, c'est un terme majorquin lié à la bonne chère.

Et la générosité est bien là, dès le bon menu déjeuner à 25 € qui nous a donné l'occasion d'un très bon merlu basse température, pleurotes, radis daikon, émulsion de chou-fleur et sauce crémée au soja reflétant tout l'univers du chef.

Tiberi — 12/20

9, boulevard Amiral-de-Kerguélen – 29000 Quimper

POUR	PRÉPARATION	CUISSON	REPOS
4 PERSONNES	30 MIN	10 MIN	12 H

Tartare de quasi de veau ketchup fumé, échalotes cornichons jaune d'œuf au soja

600 g de noix de quasi de veau
2 grosses échalotes
6-7 cornichons moyens

KETCHUP FUMÉ
200 g de ketchup
1 c. à soupe de piment de la Vera
40 g de sauce soja sucrée
18 g de sauce soja salée
4 cl de sauce ponzu

JAUNE D'ŒUF MARINÉ
4 jaunes d'œuf
15 cl de sauce soja salée
5 cl de sauce soja sucrée
5 cl de vinaigre de riz

TUILE DE TAPIOCA FUMÉE
1 sachet de perles du Japon
1 c. à soupe de ketchup fumé
Romarin

1 – Ketchup fumé (la veille) : mélangez le ketchup, le piment, les sauces soja et ponzu.

2 – Jaune d'œuf mariné (la veille) : faites mariner les jaunes d'œuf dans le mélange des sauces soja et vinaigre de riz. Filmez au contact* et gardez au frais.

3 – Tuile de tapioca fumée (la veille) : faites cuire un sachet de perles du Japon selon les indications du paquet. Égouttez bien au chinois à l'aide d'une spatule. Puis mélangez 1 cuillère à soupe de ketchup fumé et un bouquet de romarin émincé. Étirez la préparation sur une plaque couverte d'un papier cuisson, laissez sécher toute une nuit.
– Le jour J, détachez des morceaux grossiers et faites-les frire dans un bain d'huile classique le temps que la tuile souffle.

4 – Finition : émincez finement les échalotes et les cornichons. Détaillez au couteau grossièrement la noix de quasi de veau fraîche. Mélangez 150 g de viande par personne avec 1 cuillère à soupe de ketchup fumé et une cuillère à café d'échalotes et de cornichons.

5 – Dressage : déposez sur le dessus du tartare un jaune d'œuf mariné et un morceau de tuile *(qui peut aussi servir de réceptacle au tartare, comme sur la photo)*. Poivrez en fonction des goûts (attention avec le sel, le soja en apporte déjà dans la préparation). Décorez avec des cébettes fraîches finement taillées. Vous pouvez servir le tartare avec des frites fraîches de patate douce.

VINS LIBRES
CARTE DE TROUS
CANETON
LE BISTRO DU COIN...COIN

NOA GUINDEUIL

C'est un joyeux bistrot qui s'est ouvert à Rennes au printemps, sous l'impulsion de Pierre Clolus, déjà connu par l'Ambassade, qu'il dirige depuis près de quinze ans. Avec Noa Guindeuil, qui a travaillé sept ans à ses côtés, il lance ce projet porteur, spécialisé en viandes maturées de belles origines, en ajoutant quelques plats marins.

Le maître mot, c'est la convivialité : le restaurant donne sur deux rues en plein cœur de ville, la salle, tout en longueur, offrant un rapprochement naturel. On se parle, on échange, on rigole, on fait du bruit et l'atmosphère est particulièrement tonique, dans un décor bien étudié, tables sans nappe, mais serviettes en tissu. Dans l'armoire de maturation sont exposés les trésors, angus, blonde d'Aquitaine, limousine...

Les temps modernes veulent aussi du local et de la transparence : les légumes sont de saison, et le circuit court est privilégié, garantissant des produits sains et proches, la carte des vins s'orientant également vers la nature. La région est valorisée par ses fromages, son élevage, et l'arrivage est bien contrôlé, tout en serrant les tarifs pour réjouir une jeune clientèle qui répond présent depuis l'ouverture. Tout comme l'équipe de salle, au taquet pendant tout le service, et qui veille au grain, dans la bonne humeur et l'implication.

Et, si vous vous installez sans envie carnivore, la carte a du répondant, vous offrant une possibilité de tout végétal ou une agréable assiette terre-mer, comme ce filet de lieu jaune qui nous a bien plu, haricots coco et gremolata, parsemé de quelques feuilles d'épinards.

Caneton — 11/20
5, quai Lamennais – 35000 Rennes

POUR	PRÉPARATION	CUISSON
4-6 PERSONNES	30 MIN	2 H 30

Caillette de cochon

- 500 g d'épaule de porc hachée
- 100 g de foie de porc finement haché
- 1 petit oignon finement haché
- 1 gousse d'ail hachée
- 50 g de chapelure fraîche
- 1 c. à soupe de persil frais haché
- 1 c. à café de feuilles de thym
- 1 c. à soupe de sauge hachée
- ½ c. à café de muscade moulue
- ½ c. à café de poivre noir moulu
- ½ c. à café de sel
- 1 œuf battu
- 150 g de crépine (ou de tranches de poitrine)
- 50 cl de bouillon de volaille

1 – **Préparez les caillettes :** dans un grand bol, mélangez bien le porc haché, le foie haché, l'oignon, l'ail, la chapelure, le persil, le thym, la sauge, la muscade, le poivre noir, le sel et l'œuf battu.
– Divisez le mélange en quatre à six portions et façonnez chaque portion en une petite boule (ronde ou ovale).

2 – **Enroulez une crépine** (ou une tranche de poitrine) autour de chaque caillette. Vous pouvez placer une feuille de sauge à côté si vous le souhaitez.

3 – **Préchauffez votre four à 160 °C.** Transférez les caillettes dans un plat allant au four. Versez dessus le bouillon de poulet chaud jusqu'à ce qu'il atteigne la moitié de la caillette. Ajoutez le thym et le laurier, couvrez le plat d'aluminium et enfournez. Laissez cuire environ 1 h 30, puis retirez le papier d'aluminium et remettez à cuire encore 1 h (ou jusqu'à ce qu'il soit bien coloré).

V.B.

VASCO BALDISSEROTTO

Les gondoles à Rodez ? Pas encore… Il manque à la ville les précieux canaux pour naviguer d'un quartier à l'autre, mais l'atmosphère et la cuisine vénitiennes sont bien là, dans ce pimpant décor sous influence transalpine, et grâce aux assiettes dessinées par Vasco Baldisserotto.

Sous les suspensions en verre de Murano, dans un beau cadre de *ristorante*, chic et élégant, sa cuisine ne saurait être celle d'une trattoria. Élaborée avec finesse, elle met en scène des produits de saison de ce magnifique terroir aveyronnais savamment sélectionnés, avec le savoir-faire d'un chef de talent, formé chez les meilleurs, apportant sa culture et sa technique.

Vasco a connu un parcours exemplaire. Sur sa terre natale, deux expériences capitales, l'une chez l'immense Gualtiero Marchesi – le chef qui a fait passer la tradition italienne dans le XXe siècle –, l'autre auprès de Massimiliano Alajmo au Calandre, l'une des tables les plus brillantes d'Italie.

Une fois en France, quoi de mieux que de fréquenter d'emblée les sommets du terroir moderne ? Direction la maison Bras, qui va le faire tomber amoureux de l'Aubrac et de ses richesses. D'abord Café Bras, la table du musée Soulages, avant de se mesurer en direct à la cuisine de Michel et de Sébastien au Suquet, puis de revenir à Rodez avec Christophe et Pascale Chaillou.

On ne devrait jamais quitter l'Aveyron. Vasco a fait sien ce slogan en cherchant un lieu pour exprimer son talent dans sa propre maison. Rue d'Athènes, l'établissement Les Jardins de l'Acropolis avait fermé ses portes, il est rebaptisé Opéra. D'Athènes à Venise, il n'y a que quelques bras de mer, et ceux des Ruthénois se sont ouverts pour Vasco.

Opéra — 12/20
1, rue d'Athènes – 12000 Rodez

POUR	PRÉPARATION	CUISSON	REPOS
6 PERSONNES	45 MIN	25 MIN	2 H

Ravioli farce fine de volaille sauce cardinal, langoustine-girolles

SAUCE CARDINAL
300 g de fumet de poisson réduit
300 g de têtes de homard et langoustines
50 g de concentré de tomates
Poivre de Cayenne
300 g de cèbes de Lézignan
Parure de truffe noire
Herbes aromatiques
Ail nouveau
50 g de beurre

PÂTE FRAÎCHE
250 g de farine de semoule de blé dur
6 jaunes d'œuf

FARCE FINE DE VOLAILLE
200 g de chair de volaille
80 g de crème épaisse
25 g de mascarpone
1 blanc d'œuf
Muscade
Poivre de Sarawak
Sauce soja
Sel

FINITION
200 g de champignons (girolles en saison)
200 g de langoustines
Huile d'olive
Huile d'estragon
Fleur de sel

1 – Sauce cardinal : coupez les têtes en morceaux réguliers. Épluchez les cèbes. Claquez la gousse d'ail (en l'écrasant avec le plat de la lame d'un couteau). Dans une cocotte huilée, faites colorer les crustacés jusqu'à caramélisation. Ajoutez le beurre, les herbes, les cèbes et l'ail. Remuez bien et faites cuire doucement pendant 10 à 15 min.
– Déglacez la cocotte avec le fumet. Faites réduire la sauce. Ajoutez le concentré de tomates. Faites cuire en écumant régulièrement jusqu'à ce que le jus soit bien nappant. Débarrassez dans une passoire. Filtrez le jus au chinois étamine puis dans une passette. Ajoutez la truffe noire en brunoise. Poivrez. Laissez refroidir et réservez au frais.

2 – Préparez la pâte : mélangez les éléments au batteur et vérifiez la bonne texture. Laissez reposer 1 h, puis abaissez* au laminoir à 1 mm et faites les disques de la taille voulue. Réservez pour les farcir juste avant cuisson.

3 – Préparez la farce : dans un mixeur bien froid, hachez la chair de volaille avec le sel fin, ajoutez le blanc d'œuf. Versez ensuite la crème, le mascarpone et les assaisonnements en trois fois, en mixant très rapidement et en travaillant par impulsions. Après chaque ajout de crème, veillez à bien racler les bords du bol. Passez rapidement au tamis pour enlever les derniers morceaux. Filmez la farce et laissez-la reposer au frais pendant au moins 1 h. Vérifiez l'assaisonnement.

4 – Raviolis : étalez et découpez la pâte en petits carrés, farcissez-les, soudez les bords à l'eau et plongez-les 1 min dans un grand volume d'eau bouillante. Servez dans les assiettes.

5 – Finition : triez et nettoyez les champignons, et faites-les bien rôtir juste avant de servir. Nettoyez les langoustines et assaisonnez-les à la dernière minute à l'huile d'olive délicate et la fleur de sel. Arrosez d'huile d'estragon en finition. Servez avec la sauce.

FLORENCE HERVÉ & JEAN-BAPTISTE MAZAUD

On devient cuisinier mais on naît aubergiste. Le sens de l'accueil, du partage et de la convivialité ne s'apprend pas à l'école hôtelière. D'ailleurs, Jean-Baptiste Mazaud *(photo, à droite)* n'en a fréquenté aucune, de ces écoles de cuisine qui font les bons techniciens. Et pourtant, l'ancien ingénieur en acoustique a bien le sens de l'assiette juste, autant dans les saveurs que dans l'adéquation avec son environnement.

Avec Florence Hervé, qui pour sa part possède un brevet professionnel, il a pris voici quatre ans le chemin de Rouède, petit village des Comminges, le piémont pyrénéen, au sud de Saint-Gaudens. L'autodidacte et la pâtissière diplômée avaient déjà une première expérience réussie en tant que traiteur, mais tous les deux voulaient ce contact direct, cet échange avec les convives que l'on rend heureux l'espace d'un repas, avec des produits d'ici, cuisinés avec le cœur.

Tout n'est pas facile à la campagne, et se faire connaître au-delà du canton prend du temps. *« On est de très mauvais businessmen »*, plaisante Jean-Baptiste. Au rez-de-chaussée de la jolie maison de village se trouve la cave. *« Parce que le monde du vin m'attire, le lien avec les vignerons, les coups de cœur, les rencontres. »* La salle de restaurant est installée à l'étage. La carte, ingénieuse, pioche dans le terroir, mais aussi dans la mer et dans les tendances, rappelle des souvenirs paysans, arrange la sauce avec le goût actuel. Tout un travail en finesse exécuté à quatre mains. Ni fioritures, ni mises en bouche, ni mignardises, mais un catalogue attrayant, avec le maquereau à la flamme et la fregola, la truite des Viviers du Comminges avec les huîtres de Plougastel, le poulpe grillé et les asperges, la délicieuse pansette d'agneau, un mets de connaisseur. *« C'est peut-être une cuisine que les gens n'ont pas l'habitude de goûter, mais on ne peut pas dire qu'elle est sophistiquée. Il n'y a juste pas de frites... »*

À la rescousse, une flopée d'artisans et de paysans vertueux. Le manifeste est sur la porte d'entrée : *« Une démarche militante et active, pour une alimentation locale, saine et écoresponsable. »* Et tous les producteurs sont cités. *« Il nous a fallu plus de six mois pour sourcer ce que l'on voulait. Après, c'est du réseau. Le fromager nous donne l'adresse du volailler, et ainsi de suite. »* L'excellent pain vient du Petit Moulin, un meunier qui commence à être bien connu aux alentours de Saint-Gaudens, le canard gras d'Escoulis, la brebis de la ferme des Bessous...

Meurette — 12/20
Le Village – 31160 Rouède

RECETTE DE CHEF - **INTERMÉDIAIRE**

POUR	PRÉPARATION	CUISSON	REPOS
6 PERSONNES	35 MIN	1 H	18 H

Éclairs aux petits pois et truite fumée

PÂTE À CHOUX
125 g de lait
50 g de beurre
62 g de farine
2 œufs
2 c. à café de sucre
Une pincée de sel

PURÉE DE PETITS POIS
500 g de petits pois frais
20 cl de crème liquide

TRUITE FUMÉE
1 truite de 500 g
80 g de sucre
120 g de sel fin

DRESSAGE
Zestes de citron jaune
Quelques feuilles de cerfeuil

Conseil de chef:
Vous n'avez pas de fumoir? Vous pouvez utiliser une cloche à fumer. Ou bien mettre des copeaux de bois à fumer sur du papier d'aluminium au fond d'une casserole ou un wok, placer une grille au-dessus, sur laquelle on dépose les aliments à fumer et couvrir.

1 – Préparez la truite fumée (la veille au matin): levez les filets de truite et désarêtez. Immergez les filets dans le mélange sel-sucre pendant 8 heures. Rincez et séchez les filets. Passez la truite une nuit au fumoir *(à défaut de fumoir, voir « Conseil de chef »).*

2 – Préparez la pâte à choux: dans une casserole, mélangez le lait, le beurre en morceaux, le sel et le sucre. Portez à ébullition. Ajoutez la farine d'un coup, desséchez quelques minutes sur le feu. Dans un cul-de-poule, versez la pâte, puis ajoutez les œufs un par un en mélangeant bien entre chaque œuf.

3 – Réalisez les éclairs: confectionnez des éclairs de 8 cm de long avec une douille unie de 12 mm. Faites cuire 15 min dans un four à 185 °C, puis poursuivez la cuisson à 160 °C pendant 20 min. N'ouvrez pas le four durant la cuisson.

4 – Préparez la purée de petits pois: écossez les petits pois, faites-les cuire à l'anglaise*. Réservez une partie pour la déco. Faites chauffer la crème, ajoutez les petits pois. Mixez pour obtenir une purée bien lisse, assaisonnez.

5 – Dressage: coupez un éclair en deux dans la longueur et garnissez-en le fond de purée de petits pois. Déposez par-dessus de fines tranches de truite, quelques petits pois, des feuilles de cerfeuil et terminez par des zestes de citron jaune.

BRICE LEGRAND

Il n'est jamais facile de réussir son entrée dans le paysage de la restauration. Chaque année, des milliers d'ouvertures ont lieu à travers le pays. Certaines sont réussies, d'autres moins. La plupart s'inventent un genre, font des manières, imitent le gastro chic ou le néobistrot, sans vraiment trouver le ton juste. Dans la petite rue du Vieux-Palais, typique voie piétonnière s'échappant de la place du Vieux-Marché, Brice Legrand et Laure Touyre ont apporté leur bien le plus précieux : la sincérité.

Pas d'emphase, pas de ronds de jambe inutiles, pas de décor pompeux, ni dans l'assiette ni autour. Dans le cadre de ce qui fut durant des années un bar à vin honorable, Le Millésime, ils ont aménagé gentiment, avec leurs moyens, un lieu qui leur ressemble.

Ils débutent ensemble, n'en font pas mystère, essaient de faire bien et cette transparence est rafraîchissante. Et le jeune chef ne part pas les mains vides : il a travaillé chez Rodolphe Pottier et chez Olivier Da Silva, deux des figures de pointe de la gastronomie rouennaise d'aujourd'hui. Il a appris à respecter le produit, à ne pas trop compliquer l'affaire, à trouver l'équilibre sans esbroufe. Son petit tartare de maigre en mise en bouche, son maquereau concombre ail des ours et son veau aux premières girolles et frais petits pois témoignent d'un encourageant savoir-faire. Le reste viendra tout seul, avec patience et courage, l'ambiance de salle, la fidélisation des clients, la cave qu'il faut construire petit à petit avec des conseils de spécialistes...

Okto — 11,5/20
26, rue du Vieux-Palais – 76000 Rouen

RECETTE DE CHEF - INTERMÉDIAIRE

POUR	PRÉPARATION	CUISSON
4 PERSONNES	1 H	55 MIN

La langoustine
fleur de courgette et basilic

4 grosses langoustines
4 fleurs de courgette

FARCE
1 courgette
1 oignon nouveau
10 feuilles de basilic
10 cl de crème liquide

CRÈME DE BASILIC
20 cl de crème liquide
2 bottes de basilic

SABAYON DE LANGOUSTINES
Parures des langoustines
1 oignon
1 carotte
1 gousse d'ail
1 c. à café de concentré de tomates
300 g de beurre
4 jaunes d'œuf
50 g de crème liquide
2 cl de jus de citron
Cognac

1 – Préparez les langoustines : décortiquez les langoustines en prenant soin de laisser la queue et de garder les têtes et les pinces pour réaliser le sabayon.

2 – Fleur de courgette farcie : taillez la courgette en fine brunoise (petits dés). Faites revenir à l'huile d'olive, ajoutez l'oignon finement émincé. Ajoutez la crème préalablement réduite de moitié et le basilic haché. Assaisonnez et mettez dans une poche à douille. Farcissez les fleurs délicatement.

3 – Crème de basilic : mixez les feuilles de basilic avec la crème tiédie, passez au chinois et assaisonnez.

4 – Sabayon de langoustines : faites revenir les têtes et les pinces au beurre, ajoutez les carotte et oignon émincés finement. Dès qu'ils sont bien colorés, ajoutez le concentré de tomates, l'ail et flambez au cognac. Ajoutez le beurre et laissez cuire 30 min à feu doux, puis passez au chinois.
– Montez le sabayon en fouettant les jaunes d'œuf sur le feu avec un peu d'eau.
– Incorporez le beurre de langoustines, puis la crème et assaisonnez avec le jus de citron, sel et poivre.

5 – Finition : faites cuire les langoustines à feu vif, enfournez les fleurs de courgette à 160 °C pendant 5 min.

6 – Dressage : disposez la crème de basilic dans le fond de l'assiette, puis une fleur de courgette farcie et la langoustine. Terminez avec une belle cuillère de sabayon.

Gault&Millau

LOUIS FESTA

Il est tout jeune, mais sa tête est bien faite et sa cuisine, singulière, comme le suggère l'enseigne ouverte il y a quelques mois avec sa compagne Cerise Gicquel à Saint-Astier, village du Périgord. Louis Festa est un jeune homme pressé et bien organisé. À 24 ans, il a participé à plusieurs concours et sa dernière récompense fut de taille, le couronnant de la Dotation Gault&Millau 2022, ce qui l'a aidé à finaliser son projet et à s'installer pour y développer ses idées.

Formé à l'école Ferrandi, puis dans de belles maisons parisiennes comme Le Pergolèse, c'est auprès de Jacky Ribault – à Qui Plume la Lune, puis à l'Ours vincennois – qu'il apprend à respecter et magnifier le produit. C'est là aussi qu'il découvre les fondements de la cuisine japonaise, sa rigueur et sa précision, qu'il peaufine en partant deux mois en sac à dos au pays du Soleil-Levant.

Le Périgord est presque sa seconde patrie, grâce à des attaches familiales et des vacances dans ce pays de cocagne. Au Moulin de l'Abbaye à Brantôme, où il passe quelques mois en 2020, l'idée de quitter définitivement Paris prend forme. À Saint-Astier, Louis Festa noue rapidement des contacts directs avec les éleveurs et maraîchers locaux. Dans sa cuisine, il privilégie fraîcheur et saisonnalité et modifie à sa façon l'image périgourdine qui se limite trop souvent à la truffe, au foie gras et au confit. *« Je veux faire une cuisine de produits populaires, mais d'une façon moderne »*, confie-t-il. Après quelques mois, le challenge est bien tenu.

Dans cette belle salle aux murs de pierre et grande cheminée mais à l'esprit contemporain, le jeune chef utilise toutes ses trouvailles au service du produit : le pigeon est en deux cuissons, le filet mariné au koji puis passé au barbecue japonais, la cuisse confite, un gel prune un jus réduit, pour un beau plat de caractère, savoureux et équilibré.

Les Singuliers — 13,5/20
6, rue Montaigne – 24110 Saint-Astier

POUR	PRÉPARATION	CUISSON
4 PERSONNES	30 MIN	3 H

100% lentilles vertes

300 g de lentilles vertes
80 cl de crème liquide
1 l de bouillon de volaille
100 g de parmesan
100 g de beurre
10 cl d'huile neutre
1 échalote
1 gousse d'ail
1 verre de vin blanc sec

1 – Faites cuire les lentilles : dans une sauteuse, mettez un filet d'huile et faites suer l'échalote finement ciselée avec la gousse d'ail juste écrasée. Ajoutez les lentilles et faites-les suer à feu doux, déglacez avec le verre de vin et mouillez-les en plusieurs fois avec le bouillon jusqu'à ce que les lentilles soient cuites (elles pèsent alors environ 750 g).

2 – Lentilles à sécher : placez 100 g de lentilles cuites sur une plaque recouverte d'un papier cuisson et faites-les sécher au four à 120 °C pendant 2 h.

3 – En siphon : récupérez 400 g de lentilles cuites, placez-les dans une casserole et ajoutez la crème liquide, portez à ébullition, mixez et assaisonnez le tout. Placez dans un siphon avec 2 cartouches de gaz et réservez au chaud.

4 – En risotto : avec le reste des lentilles cuites, montez un risotto au beurre et au parmesan, assaisonnez le tout. Si besoin, ajoutez un peu de bouillon pour rectifier la consistance.

5 – Lentilles soufflées : faites chauffer de l'huile neutre dans une casserole, ajoutez d'un coup les lentilles sèches passées dans le four, filtrez et réservez une fois qu'elles seront soufflées.

6 – Dressage : répartissez le risotto dans le fond des assiettes creuses, recouvrez avec le siphon de lentilles et parsemez de lentilles soufflées.

Accord mets-vin :
Le plat s'accorde parfaitement avec un vin rouge léger (type macération carbonique). Cerise Gicquel propose la roussette de Savoie « Quintessence d'Altesse » du domaine des Orchis.

Julien Gourmelen
Le jardin delice

JULIEN GOURMELEN

Changement d'équipage pour une institution bien connue sur cette pointe de la Côte d'Émeraude. Avec beaucoup de volonté et après quelques travaux, Adeline Moiroud et Julien Gourmelen ont rouvert l'établissement au début du printemps pour y écrire une nouvelle page, dans un décor tout neuf aux tables bien espacées, prolongé par une salle véranda dans un ensemble coloré et charmant tout près du front de mer.

Adeline, qui n'est pas du métier, mais qui a longtemps travaillé dans l'événementiel, a le verbe aisé et la relation client naturelle. Elle sait commenter et conseiller les plats de Julien, revenu au pays pour défendre à son tour le beau terroir breton.

Julien a connu quelques maisons emblématiques, dont le Castel Clara à Belle-Île ou Le Pressoir à Saint-Avé, où il avait suivi le chef Vincent David quand celui-ci reprit l'affaire en 2011. Un passage à Genève, puis quatre ans à la Maison Bouquet à Roanne, avant de trouver l'opportunité d'être enfin chez lui, en Bretagne.

La carte est déjà fortement imbibée d'air marin et de produits du cru : notamment à travers de beaux terre-mer, comme les langoustines rôties au thym et langue de veau moelleuse, un accord très réussi avec un jus de carcasse bien équilibré, ou le bar et moelle de bœuf, sur une idée classique chère à Alain Ducasse, et bien transcrite ici avec un bon jus de viande et une tombée d'épinards aux agrumes. Le pâtissier signe un sans-faute avec le soufflé à la fine de Bretagne parfaitement exécuté avec une glace caramel sarrasin qui ferme la boucle régionale.

Jardin Délice — 12/20

23, boulevard Duponchel – 22380 Saint-Cast-le-Guildo

POUR	PRÉPARATION	CUISSON
4 PERSONNES	50 MIN	15 MIN

Thon blanc de ligne mi-cuit
marmelade abricot romarin, jus perlé, chorizo & safran

4 pavés de thon blanc (150 g pièce environ)

MARMELADE
- 1 kg d'abricots
- 1 fenouil
- 1 branche de romarin
- 3 c. à soupe de sucre semoule
- 10 cl de vinaigre de cidre

JUS
- 50 cl de fond de veau
- 100 g de chorizo ibérique coupé en brunoise (petits dés)
- 5 pistils de safran

Huile d'olive
Sel et poivre

1 - Marmelade : dénoyautez et coupez les abricots en cubes, réservez. Coupez le fenouil en brunoise (petits dés). Dans une casserole, faites caraméliser le sucre et déglacez au vinaigre de cidre, attendez que la préparation soit sirupeuse. Ajoutez les cubes d'abricot et la brunoise de fenouil. Faites compoter 8 min à feu doux. Ajoutez le romarin concassé, salez et poivrez.

2 - Jus de viande : faites revenir le chorizo, déglacez au fond de veau, faites réduire jusqu'à consistance. Ajoutez les pistils de safran.

3 - Thon : faites cuire les pavés dans une poêle antiadhésive avec 1 cuillère à café d'huile d'olive. Saisissez 30 secondes de chaque côté.

4 - Dressage : dans une assiette creuse, cerclez la marmelade d'abricot sur le côté gauche. Taillez le thon en 5 tronçons et disposez-le au centre de l'assiette. Enfournez l'assiette 30 secondes à 180 °C avant de servir. Laquez le thon avec le jus.

Sauvage
EAU
Sauvage

LOUIS DESLANDES

La sauvagerie est à la mode en restauration. On invoque le brut, et même le brutal comme dirait Audiard, pour effrayer gentiment les douairières et faire frissonner les citadins en mal d'émotions rustiques. Les « expériences en immersion » se multiplient pour affronter un monde peut-être sauvage mais tellement dépaysant.

Néanmoins, ni Nachka Martinelli, en salle, ni Louis Deslandes, en cuisine, ne cherchent à dérouter ni à trop surprendre les passagers. La petite salle à deux pas du front de mer, dans un quartier animé, mais posée sur une ruelle calme, fait au contraire tout pour rassurer, dans la simplicité et un petit ton récup' dans la déco du meilleur effet.

Après un parcours classique, une bifurcation après son BTS en commerce vers un BTS hôtellerie-restauration, le conduisant d'abord à Bordeaux, puis quelques années en Suisse, trois mois sans doute formateurs comme chef de partie sur l'Orient Express, et quelques saisons dans le Lot, Louis est venu en Bretagne avec Nachka parce que le terroir est favorable et qu'il y garde des attaches familiales.

Sa cuisine est donc tournée autant vers le large, au bout de cette pointe superbe proche de Saint-Malo, que vers la terre, les beaux élevages, les produits naturels qui garnissent le garde-manger et donnent des idées. Locale le plus possible, de saison bien sûr, elle est réalisée avec passion et une technique sûre. Une pointe d'épices, comme l'aiment les Malouins voyageurs, et le plat prend sa dimension, comme les coques, fondue de poireaux, fèves, cresson, beurre blanc au curry rouge ou le dos de cabillaud snacké, mariné au zaatar…

Sauvage — 11,5/20

11, rue de la Mer – 22380 Saint-Cast-le-Guildo

POUR	PRÉPARATION	CUISSON
3 PERSONNES	1 H	55 MIN

Homard bleu de Bretagne
mousseline chou-fleur, fraises au vin rouge, émulsion corail

MOUSSELINE DE CHOU-FLEUR
1 kg de chou-fleur
1 oignon
Graines de coriandre
1 l de lait d'amande
Huile d'olive

HOMARD
1 pièce de 500 g
Garniture aromatique* (carotte, laurier, oignon, persil)

FRAISES ACIDULÉES AU VIN ROUGE
200 g de fraises
30 cl de vin rouge
10 cl de vinaigre de framboise
150 g de sucre muscovado

CRUMBLE DE PARMESAN ET COURGE
100 g de beurre demi-sel
100 g de parmesan
100 g de farine
50 g de graines de courge torréfiées*

ÉMULSION DE CORAIL D'ARAIGNÉE DE MER
100 g de corail d'araignée de mer
1 échalote
10 cl de sauce soja
1 l de fumet de poisson
10 g de curry vert
10 cl de lait de coco
Cognac

1 – Réalisez la mousseline de chou-fleur : épluchez le chou-fleur et l'oignon, coupez-les grossièrement. Dans une grande casserole, faites revenir l'oignon dans l'huile d'olive, ajoutez le chou-fleur, puis le lait, montez à ébullition et maintenez à feu vif pendant 15 min. Mixez jusqu'à obtenir une texture soyeuse.

2 – Faites cuire le homard : faites bouillir une grande casserole d'eau avec la garniture aromatique*, plongez les homards tête la première, puis couvrez, à feu moyen, pendant 12 min.

3 – Préparez les fraises : faites chauffer dans une casserole le vin rouge, le vinaigre, un peu d'eau et le sucre jusqu'à ébullition, plongez les fraises entières sans la queue pendant 5 min, égouttez-les puis faites réduire le reste afin d'obtenir un sirop.

4 – Réalisez le crumble de parmesan : mélangez à la main le beurre pommade*, la farine, le parmesan et les graines de courge torréfiées*. Enfournez à 180 °C pendant 10 min.

5 – Réalisez l'émulsion de corail d'araignée de mer : montez l'eau à ébullition dans une casserole, faites cuire l'araignée de mer pendant 15 min, récupérer le corail dans la tête. Faites suer le corail et une échalote, déglacez au cognac, mouillez à hauteur avec le fumet de poisson, laissez infuser à feu moyen, puis ajoutez le lait de coco et le curry vert.

6 – Finition et dressage : taillez le médaillon de homard en trois jolis morceaux et émulsionnez le corail. Dressez deux quenelles de mousseline de chou-fleur sur l'assiette, disposez le homard dessus. Déposez les fraises autour, puis une belle mousse de corail sur le homard. Terminez par une cuillerée de crumble.

ROBIN SCHROEDER

La cambrousse, vue de Paris, évoque aussitôt une petite odeur de foin et des bottes pleines de terre. Au château de la Bûcherie, élégante demeure du Vexin francilien, on peut garder les escarpins et les bonnes manières, même si la traversée des jardins pour gagner le restaurant se fait plus facilement en baskets. Cette rusticité-là connaît les usages, dans un site de 60 hectares avec son parc à l'anglaise classé.

Le cadre n'est pas non plus celui d'une ferme: pierre authentique, mais déco d'aujourd'hui, presque brute, béton, faïence, néon. On craint l'ampoule? Rien de tout cela. L'atmosphère est chaleureuse, simple et plutôt jeune, à l'image du chef Robin Schroeder, qui a parcouru Paris comme un Papillon, aux côtés de Christophe Saintagne, avant de trouver cette jolie fleur pour clamer tout son amour pour la nature, et le végétal en particulier.

L'environnement s'y prête: les immenses baies vitrées ouvrent sur le domaine et ses espaces potagers, avec ses 3 hectares en permaculture et les serres, et l'on salive devant cette carte locavore qui restreint le champ d'action à 100 kilomètres autour du château. Tant pis pour les baies de goji et le wasabi, mais tant mieux pour ces parfums authentiques, ce panais travaillé comme une viande, avec le citron confit et la sauge, le cochon rôti, millefeuille pommes de terre, pousses de navet, jus corsé, champignon de Paris à cru, et de très bons desserts de saison, à l'instar de ce vacherin poire-basilic, pesto basilic, poire pochée, sorbet poire-basilic…

Cambrousse — 12/20
5, rue du Parc – 95510 Saint-Cyr-en-Arthies

RECETTE DE CHEF - FACILE

POUR	PRÉPARATION	CUISSON
6-8 PERSONNES	45 MIN	25 MIN

Haricots verts du jardin
cerise, givernois & aneth

1 kg de haricots verts frais
500 g de cerises
Fleurs de capucine (ou basilic)
Piment d'Espelette
Vinaigre de cidre

GIVERNOIS CRÉMEUX
2 givernois (fromage de chèvre frais)
30 g de crème crue
1 citron jaune

CONDIMENT À L'ANETH
1 botte d'aneth
1 glaçon
10 g de crème de raifort
1,5 cl de vinaigre de cidre
5 cl d'huile d'olive
30 g de fromage blanc
Piment d'Espelette
Sel

GOMASIO
100 g de noisettes
40 g de sésame blanc
Baies roses
Fleur de sel
Huile d'olive

1 – Préparez les haricots : faites cuire les haricots équeutés à l'anglaise* dans un grand volume d'eau salée durant 5 min pour le garder *al dente*. Faites-les refroidir dans une eau glacée.

2 – Préparez les cerises : équeutez et dénoyautez les cerises. Coupez-les en morceaux de 3-4 mm d'épaisseur. Gardez 100 g pour la marmelade.

3 – Marmelade au vinaigre : faites revenir les cerises dans une poêle bien chaude, déglacez au vinaigre, laissez cuire pendant environ 10 min, puis mixez grossièrement à chaud. Ajoutez une pincée de piment d'Espelette. Réservez au réfrigérateur.

4 – Givernois crémeux : dans un bol, mélangez au fouet les deux givernois (ou chèvres frais) avec la crème crue, le sel, le jus et le zeste du citron jaune. Réservez.

5 – Condiment à l'aneth : dans un mixeur, mélangez l'aneth coupé grossièrement, la crème de raifort, le vinaigre, le sel, le piment d'Espelette, un glaçon afin de fixer la chlorophylle. Commencez à mixer, puis montez le mélange à l'aide de l'huile d'olive, jusqu'à obtention d'une texture lisse. Ajoutez le fromage blanc à la préparation. Réservez au réfrigérateur.

6 – Gomasio : torréfiez* les noisettes et le sésame dans un four à 210 °C pendant 10 min. Dans un mortier, concassez les noisettes, le sésame, ajoutez les baies roses et la fleur de sel ainsi qu'un trait d'huile d'olive.

7 – Finition et dressage : mélanger les haricots avec une partie du condiment à l'aneth. Mettez le givernois crémeux dans le fond de l'assiette. Disposez les haricots par-dessus, agrémentez de cerises fraîches. Ajoutez la marmelade vinaigrée et le gomasio, terminez avec le reste de condiment à l'aneth et les fleurs de capucine.

La Fleur au Fusil
Alarme

BENJAMIN GAGNAIRE

La relève est assurée ! Lorsqu'on s'appelle Gagnaire et qu'on ouvre un restaurant à Saint-Étienne, il y a comme des bonnes ondes qui vous accompagnent (même s'il n'y a aucun lien à notre connaissance entre Benjamin et Pierre…). Benjamin Gagnaire a inauguré sa Fleur au Fusil en janvier dernier et l'aventure démarre bien.

Le thème est compris : une formule végane pour mettre en avant la production maraîchère locale, du carné pour les amateurs et les suggestions du moment. Voilà du bistrot moderne qui favorise la proximité, intégrant une démarche écoresponsable.

Avec sa compagne Marion Sabatier, il a repris le Perroquet Café, fort d'une expérience qui lui permet de bien connaître la ville. Leur but dans ce nouveau lieu est de créer du lien, de renouer avec la tradition du bistrot complice et chaleureux où l'on échange facilement et où le partage est une vertu cardinale.

Le cadre va dans le même sens : un peu rétro en clin d'œil, les tonneaux à l'entrée, le mobilier des années 50, les murs en miroir, le zinc, les banquettes en skaï et les gravures anciennes. La démarche engagée pour le local est à tous les niveaux : en faisant le tour des fermes voisines, en prenant le pain chez les boulangers proches ou encore en cherchant les petits vins du Forez pour garnir une ardoise des vins où tout est disponible au verre. Ce qui n'empêche pas d'offrir des accents personnels et teintés d'exotisme, comme cette bonne galette de chou-fleur au curry, pain pita, sauce au labné, persil et aneth, et salade de pois gourmands, que nous avons dégustée dernièrement.

La Fleur au Fusil — 12/20
7, rue Camille-Colard – 42000 Saint-Étienne

RECETTE DE CHEF - INTERMÉDIAIRE

POUR	PRÉPARATION	CUISSON	REPOS
6 PERSONNES	1 H	30 MIN	2 H

Tacos à la fourme
fèves et verveine

TACOS AU SARRASIN
330 g de farine de sarrasin
75 cl d'eau
10 g de gros sel
1 œuf

GUACAMOLE DE FÈVES À LA VERVEINE
1,5 kg de fèves vertes
½ bouquet de verveine fraîche
2 c. à soupe de yaourt
1 gousse d'ail
Épices à guacamole
1 c. à soupe d'huile d'olive

GARNITURE
2 tomates
1 oignon nouveau rouge
½ bouquet de verveine fraîche
½ bouquet de persil
1 c. à soupe d'huile d'olive
1 petit fenouil de printemps
½ botte de radis
Quelques baies de cassis
¼ de fourme de Montbrison

1 – Réalisez les tacos : préparez la pâte à galette en mélangeant tous les ingrédients. Laissez reposer au moins 2 h.
– Faites cuire légèrement les galettes d'environ 10 cm de diamètre dans une poêle. Déposez-les sur un tube métallique (à défaut, sur un boudin d'aluminium ou un rebord de plat). Enfournez 10 min en position gril à 200 °C. Les galettes doivent être croustillantes. Laissez reposer sur le tube.

2 – Préparez le guacamole : écossez les fèves, faites-les cuire à l'eau bouillante salée 7 min, puis plongez-les immédiatement dans l'eau glacée pour les refroidir. Pelez-les.
– Mixez le yaourt avec l'ail et l'huile d'olive, réservez une partie pour le dressage. Mixez le reste avec les fèves et les feuilles de verveine, épicez à votre convenance. Réservez au frais.

3 – Préparez la garniture : hachez grossièrement au couteau les tomates, l'oignon, les feuilles de verveine et la moitié du persil. Ajoutez l'huile d'olive, salez, poivrez et réservez.
– Émincez finement le fenouil et les radis. Tranchez le quart de fourme.

4 – Dressage : déposez une cuillerée généreuse de guacamole et recouvrez d'un taco. Garnissez le fond avec la préparation de tomate. Alternez ensuite le fenouil, les radis et la fourme. Terminez en disposant par-dessus le cassis, le yaourt à l'ail et le reste du persil concassé.

Astuce antigaspi du chef :
« S'il vous reste des galettes, ou qu'elles se sont cassées lors de la cuisson, n'hésitez pas à vous en servir comme des dips avec le reste du guacamole ! »

BAPTISTE BERGER

Non pas que Saint-Étienne soit une ville endormie, loin de là, mais un peu de Grabuge ne fait pas de mal pour secouer encore davantage les soirées stéphanoises.

Benjamin Guillaume, le créateur du lieu, n'est pas un inconnu des locaux puisqu'il a lancé il y a quelques années un bar à vin à succès (Pampille, rue Denis-Escoffier). Il récidive avec ce Grabuge à l'ambition plus élevée dans l'assiette, avec les mêmes valeurs, faire bon et simple, en ajoutant une démarche locavore poussée vers la production régionale.

En s'assurant le concours de Baptiste Berger en cuisine, il a constitué une belle équipe, complétée par Victorien en salle. La déco un peu vintage, le parti pris pur et brut, la cool attitude générale sont des marqueurs qui créent une ambiance et une ligne éditoriale.

Selon l'arrivage, la cueillette et l'humeur, les menus varient d'un jour à l'autre, et du midi au soir : 24 € pour déjeuner, 34 € pour dîner. Tout caché, tout à l'impro, au feeling, dans la solidarité et le partage.

Si du poisson nous est proposé, il vient plutôt de la rivière ou du lac ; si ce sont des légumes, et il y en a suffisamment pour une offre totalement végé, c'est qu'ils sont de saison et n'ont pas franchi un océan pour passer à table.

On ne s'étonnera donc pas qu'à la cave le même bon goût du naturel arrive au galop, avec nombre de défenseurs répertoriés en bio et biodynamie. Une proposition de pairing est faite par la sommellerie, en format trois ou cinq verres.

Grabuge — 12/20
12, rue Léon-Nautin – 42000 Saint-Étienne

POUR
4 PERSONNES

PRÉPARATION
1 H

CUISSON
45 MIN

Le carotte-dog

CAROTTE « SAUCISSE »
8 belles carottes fanes bio
150 g de beurre demi-sel
Lard fumé (optionnel)

KETCHUP DE CAROTTE
300 g de carottes
Huile d'olive
4 cl de vinaigre de xérès
3 gousses d'ail
1 piment frais

POUDRE DE BRIOCHE
100 g de brioche rassie ou fraîche

FAUSSE MAYONNAISE
300 g de fromage blanc fermier (minimum 10% de matière grasse)
Moutarde
Sel et poivre

PICKLES DE MOUTARDE
Graines de moutarde
100 g de sucre
20 cl de vinaigre

OIGNON FRIT
1 bel oignon blanc
50 g de farine
0,5 l d'huile de friture

1 - Préparez le carotte « saucisse » : coupez les fanes à 1 cm. Faites tremper les carottes, puis brossez-les légèrement en insistant sur la partie entre les fanes et la carotte. Faites fondre 150 g de beurre et le lard dans une cocotte en fonte, ajoutez les carottes, les fanes et 10 cl d'eau, gardez le feu à niveau moyen, couvrez et arrosez les carottes avec le beurre et les sucs de carotte toutes les 15 min pendant 45 min. Les carottes doivent être rôties et tendres.

2 - Préparez le ketchup de carotte : préchauffez le four à 200 °C. Lavez, épluchez et émincez les carottes, la gousse d'ail et le piment. Déposez le tout dans un plat, arrosez d'huile d'olive et de sel. Faites rôtir 15 min, le but étant de concentrer le sucre de la carotte (laissez votre four à 200°C pour la prochaine préparation). Mixez à vitesse maximum en incorporant 15 cl d'huile d'olive et 4 cl de vinaigre de xérès. Vous devez obtenir un mélange lisse comme un ketchup, rectifiez l'assaisonnement si besoin. Remplissez une poche à douille.

3 - Préparez la poudre de brioche : taillez la brioche en cubes et faites-la dorer 10 min dans le four à 200°C. Mixez le tout en poudre une fois la brioche refroidie.

4 - Réalisez la « fausse mayonnaise » : mélangez la moutarde et le yaourt et remplissez une poche à douille (il y a une grosse quantité de matière grasse utilisée pour la cuisson de la carotte, une mayonnaise aurait été de trop !).

5 - Préparez les pickles de moutarde : mélangez 30 cl d'eau, le vinaigre et le sucre dans une casserole et faites bouillir le tout. Mélangez et versez sur les graines de moutarde (vous pouvez garder cette préparation pendant 1 mois au frais).

6 - Réalisez les oignons frits : portez l'huile à 180 °C dans une grande casserole. Épluchez l'oignon, taillez-le en anneaux fins, panez-les à la farine. Plongez-les dans l'huile jusqu'à l'obtention d'une belle couleur blonde.

7 - Dressage : déposez les 2 carottes au fond de l'assiette, faites des traits avec les deux sauces « façon street food » et ajoutez les graines de moutarde le long de la carotte. Déposez les pétales d'oignon, puis saupoudrez de la poudre de brioche avec un tamis à thé.

TABLE DES MA
saveurs

MATÉO RAVEL

Chiche ! Ils l'ont fait et ne le regrettent pas. Matéo Ravel et Patrice Diaz étaient déjà dans la place, Le Bougre d'Âne, un bon bistrot qui a fermé ses portes en juillet 2022. Ils ont eu le courage d'embrayer très vite sur un nouveau projet : ainsi est née La Table des Matrus, bien dans l'air du temps, cuisine paysanne en ville avec produits de saison en circuits courts principalement, dans un cadre sobre et réussi sur des matériaux bruts avec cuisine ouverte et comptoir.

Patrice est en salle, Matéo derrière les fourneaux. Leur pari s'appuie sur le dynamisme et l'agilité de ce tout jeune chef (il a tout juste 20 ans). Une courte carte changée chaque semaine, une offre alléchante avec des marchandises du cru et naturelles, pas d'ingrédients de luxe mais des influences variées dans les assaisonnements et accompagnements. Cette passerelle entre des plats de grand-mère et/ou à forte identité régionale et une approche moderne, sans barrières ni frontières, est déjà la ligne directrice appréciée par une clientèle de plus en plus nombreuse.

Les plus fidèles attendent avec impatience le menu hebdomadaire, publié chaque mardi sur leurs réseaux. Compter 35 € pour une séquence complète, toujours avec du sens, toujours alléchante : la salade d'épeautre du Velay avec un bouillon végétal au vinaigre de kéfir maison et haricots verts, le ceviche de maigre salade de quinoa aux noix de cajou concombre grillé et leche de tigre, ou le bœuf laqué cuit au BBQ chou pointu pickles de crème de moutarde et crème de pois chiches. Et s'il faut du lointain cacao pour le dessert, on fait bien sûr appel au spécialiste régional, la maison Weiss, pour un très bon soufflé chocolat fumé Santarem !

La Table des Matrus — 11/20

26, rue du Grand-Gonnet – 42000 Saint-Étienne

RECETTE DE CHEF - INTERMÉDIAIRE

POUR	PRÉPARATION	CUISSON	REPOS
6 PERSONNES	45 MIN	1 H 30	2 H

Rhubarbe confite en crème d'amande, shortbread vanille, thé noir & meringue géranium

COPEAUX DE RHUBARBE
1 gros bâton de rhubarbe
30 g de sucre
2 sachets de thé noir

SHORTBREAD
100 g de beurre
25 g de sucre
25 g de vergeoise
50 g de semoule fine
130 g de farine
1 pincée de sel
Les grains de ½ gousse de vanille

RHUBARBE CONFITE EN CRÈME D'AMANDE
250 g de rhubarbe
50 g de sucre
50 g de beurre mou
50 g de poudre d'amandes
1 œuf
1 pincée de sel

MERINGUE ITALIENNE
2 blancs d'œuf
120 g de sucre
1 goutte d'huile essentielle de géranium

1 – Copeaux de rhubarbe : épluchez et taillez la rhubarbe en copeaux à la mandoline ou au couteau. Faites un sirop avec 30 cl d'eau, le sucre, les épluchures et le thé, chauffez doucement 10 min, puis filtrez et laissez refroidir. Ajoutez les morceaux dans le sirop qui doit être tiède. Laissez infuser 2 h.

2 – Shortbread : mélangez tous les ingrédients au batteur à la feuille* ou à la main. Roulez la pâte en boudins, puis réservez au froid. Une fois la pâte durcie, taillez des palets de 0,5 cm dans les boudins et enfournez à 170 °C pendant 15 à 20 min, jusqu'à obtenir une légère coloration.

3 – Rhubarbe confite en crème d'amande : épluchez et taillez la rhubarbe en dés. Mélangez le reste des ingrédients, puis ajoutez la rhubarbe. Versez le tout dans un moule chemisé d'un papier sulfurisé, puis enfournez à 160 °C pendant 30 à 40 min jusqu'à ce que la crème d'amande soit cuite et légèrement colorée.

4 – Meringue italienne : mettez le sucre à cuire avec un peu d'eau, montez les blancs en neige. Faites cuire le sucre à 130 °C, puis versez-le en filet sur les blancs montés tout en continuant de battre. Ajoutez l'huile essentielle de géranium et battez jusqu'à ce que la meringue soit ferme et tempérée. Réservez dans une poche à douille munie d'une douille unie.

5 – Dressage : disposez au centre de l'assiette une part de rhubarbe en crème d'amande. Pochez 3 points de meringue autour, flambez-la. Faites reposer le shortbread sur la meringue, puis finissez avec les copeaux de rhubarbe selon votre goût, pour plus ou moins de fraîcheur et d'acidité.

Astuce du chef :
« Vous pouvez garder le sirop de rhubarbe pour réaliser thés glacés, cocktails ou tout simplement comme sirop sur une salade de fruits. »

QUENTIN ALLIRAND

Ils dégagent une énergie et une confiance qui font plaisir à voir. Quentin Allirand et Clélia Aziez ont pour projet d'être aubergistes, le plus beau métier du monde. Après leurs humanités, ils ont sollicité, et obtenu, la Dotation Jeunes Talents Gault&Millau pour reprendre la maison de famille avec le père de Quentin, toujours propriétaire du lieu.

Saint-Julien-Chapteuil, c'est un village de moyenne montagne connu pour être le berceau de Jules Romains – l'inoubliable auteur des *Copains* – et celui des gourmands lecteurs de Gault&Millau, et pour le restaurant Vidal, exemple du petit bistrot idéal, devenu un phare pour tout le département.

Pas étonnant, donc, que Quentin et Clélia partent sur de bonnes bases. Elle, diplômée de l'Université du vin, est une maîtresse de maison et sommelière hors pair, tandis que Quentin, bardé de belles références (Alexandre Gauthier à La Grenouillère, Mathieu Viannay à La Mère Brazier, Florent Pietravalle à La Mirande), affiche sa volonté de travailler le local, la cuisine au feu de bois, la joyeuse rusticité revue par un chef.

Le lieu, une ancienne ferme du XVIIe, en pleine campagne, est juste magnifique, et l'aménagement – bois, pierre, matériaux naturels – est très réussi. Dans cet environnement propice au respect du vivant, Quentin reprend des savoir-faire ancestraux pour affirmer une culture paysanne de longue tradition, dans une vision écoresponsable qu'il partage avec Clélia. Un couple soucieux de mener à bien la transition écologique, appliquée à la restauration, mais aussi à l'hôtellerie, à la gestion de l'eau ou à l'objectif zéro déchet.

La Ferme du Bien-Être — 12/20
Bourgeneuf – 43260 Saint-Julien-Chapteuil

POUR	PRÉPARATION	CUISSON	CONGÉLATION/REPOS
6 PERSONNES	1 H 30	4 H	8 H/10 H

Broche d'agneau céleri jus corsé & brioche aux herbes sauvages

1 gigot d'agneau de 1 kg
1 céleri-rave
Sel et poivre
1 l de vin rouge
10 cl de cognac

MARINADE
10 cl d'huile de tournesol
10 g de piment d'Espelette
1 gousse d'ail
10 g de thym sec

CRÈME DE CHARBON
100 g de fromage blanc
10 g de charbon végétal

BRIOCHE AUX HERBES
6 cl de lait
6 g de levure déshydratée
400 g de farine
75 g sucre
5 g de sel
5 œufs
270 g de beurre
20 g d'achillée millefeuille (fleur)
20 g de frênes
20 g de serpolets

1 - La veille : désossez le gigot et ouvrez-le en deux parties, dégraissez et enlevez les nerfs, réservez-les et conservez les parties les plus tendres de l'agneau. Ensuite, roulez les morceaux dans du film alimentaire et congelez-le toute une nuit pour le découper plus facilement le lendemain.

2 - Jus d'agneau : épluchez le céleri, colorez fortement ses parures avec les os et parures d'agneau, déglacez avec le cognac flambé, puis mouillez avec le vin rouge. Laissez réduire de moitié. Mouillez avec de l'eau jusqu'à niveau, puis laissez mijoter 3 h avant filtration.

3 - Crème de charbon : si vous disposez d'un barbecue, d'une cheminée ou d'un fumoir, disposez votre crème dans un récipient, laissez-la au bord pour la fumer légèrement ou à l'intérieur si vous pouvez contrôler la température (ne pas dépasser les 35 °C).
- Le jour J, mixez la crème fumée avec le charbon végétal.

4 - Broche d'agneau : découpez en lamelles de 2 mm le céleri et le gigot (sorti 1 h au préalable), mélangez 1 h à la marinade.
- Sur la broche, alternez lamelle d'agneau et de céleri. Faites cuire sur un tournebroche jusqu'à obtenir une belle coloration extérieure (à défaut, placez votre broche sur un plat à l'horizontale et enfournez 15 min à 180 °C en la retournant à mi-temps).

5 - Brioche aux herbes : chauffez le lait jusqu'à 35 °C (on peut tester avec le doigt). Versez la levure et réservez.
– Placez farine, sel et sucre dans la cuve du pétrin. Ajoutez le mélange lait-levure. Faites tourner vitesse 2, ajoutez les œufs 1 par 1, puis vitesse 3 environ 20 min. Une fois que la pâte colle bien au crochet, laissez reposer 1 min. Faire légèrement ramollir le beurre, ajoutez-le au batteur et laissez tourner à nouveau 20 min.
– Mixez les herbes. Mettez la pâte dans un récipient dans un espace tempéré pour la faire monter. Faites-la retomber (dégazer) une fois, puis mettez-la au frais 2 h. Faites-la retomber une nouvelle fois, puis au frais 7 h. Étalez la pâte, parsemez-la d'herbes sauvages, puis roulez-la comme un escargot en boule de 45 g et laissez pousser. Enfournez à 190 °C pendant 50 min, puis à 175 °C pendant 50 min.

Parole de chef :

« Nous avons remis en avant la rôtisserie, cuisson ancestrale de la ferme. Nous réalisons ici une broche d'agneau accompagnée d'une brioche aux herbes correspondant à l'alimentation de l'agneau, comme pour recréer son écosystème. »

CORALIE GAUVRIT & ANTOINE LATRY

Aidons les auberges ! C'est notre patrimoine, notre richesse, le socle de notre gastronomie. Une auberge, c'est un lieu vivant où vous êtes accueilli par quelqu'un qui vous reçoit et vous fait à manger, de préférence en mettant en valeur les produits de sa région. Voilà exactement le propos de cette nouvelle table landaise.

Au cœur des Landes d'Armagnac, aux confins du département, dans le charmant village de Saint-Justin, Antoine Latry et Coralie Gauvrit ont posé leurs valises. Leur voyage n'a pas été trop éprouvant puisqu'ils ont été bercés dans ce pays de cocagne, notamment chez la famille Coussau du Relais de la Poste à Magescq, là où l'on peut apprendre le meilleur du terroir à travers les recettes ancestrales portées au plus haut niveau par Jean Coussau.

Antoine, qui y a passé une partie de son apprentissage, est imbibé de bon goût. Il s'est promené un peu en Espagne après sept ans à La Poste, avant de revenir dans le giron familial pour s'occuper de Côté Quiller, l'auberge régionale tout près de la maison mère.

Avec Coralie, cheffe de salle et pâtissière, ils ne se sont pas tourné les pouces pendant le confinement. Tout en peaufinant leur projet de Saint-Justin, ouvert finalement au printemps 2023, ils ont créé une version personnelle du fameux pastis gascon, tout simplement appelé « pastis d'Armagnac », parfumé à la vanille de Madagascar et à l'armagnac, et que l'on commence à trouver dans les épiceries régionales.

À Saint-Justin, la cuisine est simple et juste, d'une bonne tradition actualisée, avec la tête de veau en croquette, le cochon confit et gratin de macaronis, la pavlova fraise et reine-des-prés...

Les Allées — 11,5/20

17, allée Gaston-Phoebus – 40240 Saint-Justin

POUR	PRÉPARATION	CUISSON	REPOS
8 PERSONNES	1 H	1 H 20	30 MIN

Poulpe grillé
crémeux de pomme de terre, pimenton, ananas

POULPE
1 poulpe cru entier
2 feuilles de laurier
1 pincée de gros sel
Huile d'olive

CRÉMEUX DE POMME DE TERRE
300 g de pommes de terre
1 branche de thym
1 gousse d'ail
50 cl d'huile d'olive
20 g de pimenton (sorte de paprika fumé espagnol)
Sel

CUBES ANANAS
1 ananas
10 g de piment d'Espelette
10 g de sel
Un filet huile d'olive

CRUMBLE DE CHORIZO
100 g de farine
100 g de beurre
100 g de chorizo doux
10 g de sel

DRESSAGE
5 g de fleur de sel
Quelques pousses de moutarde
1 filet d'huile d'olive
1 pincée de pimenton

1 – Préparez le poulpe : réalisez un bouillon avec le laurier et le gros sel. Plongez le poulpe dans l'eau bouillante 45 min jusqu'à ce que la pointe du couteau rentre facilement dans un tentacule. Réservez au frais 30 min.
Dans une sauteuse, versez un filet d'huile d'olive. Quand l'huile chante, déposez le tentacule de poulpe et faites caraméliser des deux côtés.

2 – Crémeux de pomme de terre : épluchez et coupez en gros morceaux les pommes de terre. Mettez-les dans une russe (casserole à bords droits) avec le thym, l'ail, puis recouvrez d'huile d'olive. Faites cuire jusqu'à ce que les pommes de terre soient fondantes. Passez au mixeur et assaisonnez de sel et de pimenton. Réchauffez au moment de servir dans une russe.

3 – Cubes ananas : dans un cul-de-poule, taillez l'ananas en cubes de 1 cm. Ajoutez le piment d'Espelette, l'huile et le sel. Mélangez.

4 – Crumble de chorizo : dans un cul-de-poule, mettez la farine, le sel et le chorizo haché. Ajoutez le beurre pommade* et mélangez jusqu'à obtenir une pâte homogène (vous pouvez utiliser un batteur avec la feuille*). Étalez sur une plaque à pâtisserie sur un tapis en silicone et faites cuire 30 min à 175 °C. Remuez à la fourchette et laissez refroidir.

5 – Dressage : étalez une cuillère de crémeux pomme de terre au milieu de l'assiette. Déposez le tentacule de poulpe caramélisé. Disposez les cubes sur les côtés du tentacule. Recouvrez de crumble. Ajoutez un filet d'huile d'olive. Saupoudrez légèrement de pimenton, de fleur de sel et ajoutez quelques pousses de moutarde pour décorer.

Gabriele Ferri

GABRIELE FERRI

Il manquait une jolie table moderne au cœur de cette île un peu sauvage. Gabriele Ferri, en s'installant en plein centre, tout près de l'artère commerçante de Saint-Pierre, comble un manque et apporte surtout un repère gastronomique attractif pour tous les visiteurs.

Né en Italie en 1988, Gabriele est lauréat 2023 de la Dotation Jeunes Talents Gault&Millau. Diplômes de cuisine en poche, il fait plusieurs stages dans son pays natal, travaille à Paris dans les restaurants italiens chics (Armani Caffè) avant de rejoindre la Tour d'Argent pendant un an, puis de voyager, en Allemagne et en Australie. À son retour en France, il passe deux ans à Brindos (Anglet), presque deux au Gaya de Pierre Gagnaire à Châtelaillon pour une première comme chef de cuisine, et deux au Verdurier du château de Drudas.

Ce bagage se mesure dans l'assiette aussi bien que dans la salle. Un restaurant d'aujourd'hui, une prise en main et une maîtrise révélant un vrai professionnel, qui connaît les petites unités comme les grandes brigades, et sait où il va. Avec Marie, son épouse, en salle, tout est bordé, net et même assez enthousiasmant.

À la carte, poissons de la criée et légumes de l'île, pêcheurs et maraîchers valorisés, démarche écoresponsable et petits clins d'œil à la terre natale, *« sans empiéter sur la forte identité oléronaise et maritime »*, comme le précise Gabriele.

Dans le sillage de cette nouveauté, l'épicurisme reprend ses droits. *« Nous visons une clientèle dont la motivation première pour aller au restaurant est la recherche du plaisir »*, assure le couple. Il est dans l'assiette comme dans le verre, le vin – une des passions de Marie – faisant partie intégrante du projet, avec de jolies découvertes locales, sur Oléron et toute la Charente-Maritime.

Sillage — 12/20

Place Camille-Memain – 17310 Saint-Pierre-d'Oléron

POUR	PRÉPARATION	CUISSON
8 PERSONNES	1 H	1 H 15

La lotte chou-fleur en plusieurs textures & lentilles Beluga sauce bagna cauda

1 lotte de 1,8 kg

FUMET
2 l d'eau
1 poireau
1 carotte
1 fenouil
10 cl de vin blanc
1 feuille de laurier

CHOU-FLEUR
1 chou-fleur de 500 g
100 g de beurre noisette*
1 kiwi de l'Adour
Huile d'olive
Vinaigre balsamique blanc
Piment d'Espelette

LENTILLES
160 g de lentilles Beluga
1 échalote
1 carotte
50 cl de vin blanc
20 g de persil frisé
1,5 cl de vinaigre de xérès
Beurre

SAUCE BAGNA CAUDA
2 cl d'huile d'olive
1 gousse d'ail
1 branche de thym
3 filets d'anchois
25 cl de crème
20 g de pommes de terre

Sel et poivre blanc

1 – Préparez la lotte : levez les filets, gardez l'arête centrale pour le fumet. Pelez et assaisonnez les filets avec sel et poivre blanc, roulez-les dans du film alimentaire pour obtenir une ballottine homogène (sans trop forcer sur la chair). Cuisez à la vapeur pendant 13 min à 60 °C. Laissez refroidir au réfrigérateur. Coupez en portions et laissez au frais.

2 – Réalisez le fumet : mélangez tous les ingrédients, faites-les cuire 45 min tout doucement, puis passez au chinois.

3 – Préparez le chou-fleur : coupez le chou-fleur en 2 et mettez de côté 9 grosses sommités (4-5 cm). Faites cuire le reste dans l'eau salée, puis mixez avec un beurre noisette*. Coupez une des sommités mises de côté en petites sommités, mélangez avec le kiwi pelé et coupé en petits cubes, assaisonnez avec de l'huile d'olive, du vinaigre balsamique blanc et du piment d'Espelette.

4 – Cuisinez les lentilles : faites revenir au beurre la carotte coupée en dés et l'échalote ciselée. Ajoutez les lentilles et déglacez au vin blanc. Faites cuire sans sel (pour faciliter la cuisson) dans le fumet de poisson jusqu'à obtention d'un grain cuit mais légèrement croquant. Terminez avec une cuillère de vinaigre. Ajoutez le persil haché au moment du dressage.

5 – Préparez la sauce bagna cauda : faites dorer l'ail avec l'huile et le thym, ajoutez les anchois, la crème et les pommes de terre en brunoise. Laissez cuire et mixez au blender.

6 – Dressage : enlevez le film de la lotte, faites-la rôtir 5 min pour atteindre 48 °C à cœur. Coupez en 2 dans le sens de la largeur et disposez sur une plaque avec le beurre de cuisson.
– Dressez la purée de chou-fleur, brûlez au chalumeau le quartier de chou-fleur avec de l'huile d'olive, dressez une cuillère de lentilles. Posez la lotte et dressez le condiment chou-fleur/kiwi. Versez la sauce généreusement.

SCHORRE

FRANÇOIS-XAVIER SAILLY

Issu d'une famille de paysans, François-Xavier Sailly se dit aujourd'hui profondément attaché à ses racines, à cette terre qui l'a vu grandir et sur laquelle il s'épanouit désormais professionnellement – même si ce diplômé d'un BTS de technico-commercial en agrofournitures ne s'est pas toujours destiné à la restauration – aux côtés de sa compagne, Laurie Graux, cogérante de l'établissement.

Établi dans le dernier exemple de grenier à sel de France, classé aux monuments historiques, le couple a voulu rendre hommage à cette baie de Somme en baptisant son restaurant Schorre : *« Le schorre, c'est un synonyme de prés salés, ou encore mollières en picard, cette bande de terre recouverte par la mer lors des grandes marées. Depuis la salle, et plus encore depuis la terrasse, on découvre d'ailleurs ce schorre, là, sous nos yeux »*, décrit François-Xavier Sailly.

Le projet a été long à se dessiner pour le jeune couple – le chef vient tout juste de fêter ses 30 ans –, le bâtiment ayant dû subir une importante campagne de travaux pour être reconverti, en partie seulement, en restaurant. *« Notre table est installée au dernier niveau de cet ancien grenier à sel,* rappelle-t-il. *Nous y proposons une belle cuisine de produits, inspirée de mes passages chez Adrien Descouls, près de Clermont-Ferrand, et chez Florent Ladeyn, à l'Auberge du Vert Mont. Ces deux chefs m'ont beaucoup apporté. »*

Schorre — 13/20
2, quai Lejoille – 80230 Saint-Valery-sur-Somme

POUR	PRÉPARATION	CUISSON	REPOS
6 PERSONNES	45 MIN	30 MIN	12 H

Le tartare de veau

500 g de longe de veau
1 l de petit lait de vache

PICKLES D'OIGNON
1 oignon
100 g de sucre
20 cl de vinaigre

MAYONNAISE AIL DES OURS
100 g de feuilles d'ail des ours
1 l d'huile neutre
1 jaune d'œuf
1 filet de vinaigre
1 c. à soupe de moutarde
Sel et poivre

SAUCE POUR LE TARTARE
1 jaune d'œuf
1 c. à soupe de moutarde
1 c. à soupe de ketchup (nous utilisons du ketchup de betterave rouge fait maison)
Quelques gouttes de Tabasco
Quelques gouttes de sauce Worcestershire (nous utilisons du jus de shiitaké fermenté)
Huile à l'ail des ours maison
Pickles de cornichons
Pickles d'oignon maison

CHIPS DE POMME DE TERRE
1 pomme de terre (variété marabel par exemple)
1 c. à soupe d'huile
Sel

DRESSAGE
Feuilles et fleurs de lamier pourpre
Fleurs d'ail des ours

1 - La veille, taillez le veau au couteau pas trop fin pour garder un peu de mâche. Mettez-le à mariner toute la nuit dans le petit lait, cela va permettre de détendre les chairs par l'action des acides lactiques.

2 - Préparez les pickles d'oignon : pelez et coupez l'oignon en fines tranches. Faites bouillir 30 cl d'eau avec le sucre et le vinaigre, puis versez sur les oignons. Laissez infuser.

3 - Le jour J, préparez la mayonnaise à l'ail des ours : mixez les feuilles d'ail des ours avec l'huile pour obtenir une huile verte, puis filtrez-la. Montez ensuite une mayonnaise avec cette huile et le reste des ingrédients.

4 - Réalisez la sauce : battez le jaune d'œuf, la moutarde, le ketchup, le Tabasco et la sauce Worcestershire. Montez la sauce à l'huile, ajoutez les pickles en brunoise (gardez quelques lamelles de pickles d'oignon pour le dressage).

5 - Faites des chips de pomme de terre : épluchez la pomme de terre, coupez-la en fines rondelles avec un couteau bien aiguisé ou une mandoline, puis lavez et essuyez avec un chiffon. Mettez les rondelles dans un saladier et ajoutez-y l'huile, salez et disposez-les sur une plaque préalablement chemisée avec du papier sulfurisé. Enfournez la plaque à 180 °C pendant 20 min. Retournez les chips, puis laissez cuire encore 5 min.

6 - Finition : pressez la viande au chinois étamine. Assaisonnez avec la sauce tartare, salez et poivrez selon votre convenance.

7 - Dressage : déposez une belle cuillerée de tartare assaisonné au centre de l'assiette. À l'aide d'une poche à douille, faites des stries de mayonnaise, plantez quelques chips maison, intercalez quelques lamelles de pickles d'oignon. Disposez les fleurs de lamier et d'ail des ours.

ROMAIN BERSAN

ROMAIN BERSAN

La nouveauté dans la continuité : les Saumurois étaient fidèles à L'Aromate, bonne table traditionnelle à l'écart du centre, et facile d'accès. Le jeune chef, passé par Les Ménestrels, a su rassurer les habitués tout en gagnant une autre clientèle et en rajeunissant le propos.

Les premières impressions, après une ouverture au milieu de l'hiver dernier, sont celles de l'énergie dégagée : Romain Bersan a la niaque, il réalise son rêve, être son propre patron, dans sa ville d'origine, après avoir fait ses gammes un peu partout en France, s'être confronté à différents terroirs, à diverses recettes et traditions avant de pouvoir s'installer au pays.

Le Saumurois est une terre riche de ses produits, au vignoble réputé dans le monde entier. Le jeune chef en a conscience, tout comme il mesure les efforts nécessaires pour lancer une affaire aujourd'hui. Prônant une *« gastronomie abordable »*, il se rapproche évidemment des producteurs locaux, tout en gardant une prédilection pour *« tout ce qui est poisson »*. *« À terme, j'aimerais pouvoir proposer du poisson de Loire »*, assure-t-il.

Sa vocation remonte à l'enfance. *« Dès l'âge de 5 ans, je disais qu'un jour je voudrais avoir un restaurant »*, se souvient-il. Cuisiner pour les autres, être son propre patron, ce fut son objectif dès qu'il entra dans le métier. Et cette première affaire, une façon de boucler la boucle. *« La première fois que j'ai mis les pieds dans un restaurant pour y travailler, c'était au Pyrène »*. Le Pyrène, auquel ont succédé L'Aromate, puis L'Instinct de Romain Bersan...

L'Instinct — 11/20

42, rue du Maréchal-Leclerc – 49400 Saumur

POUR	PRÉPARATION	CUISSON	REPOS
4 PERSONNES	1 H 45	4 H 30	3 H

Ravioles de lapin confit
crémeux chenin et thym, pulpe de betteraves aux notes d'açaï

FARCE DE LAPIN CONFIT
200 g de chair de cuisse de lapin sans os
33 g de poudre de baies de sumac
25 g d'un mélange d'herbes fraîches (ciboulette, persil, coriandre)
½ oignon rouge
1 gousse d'ail
50 g de gingembre
1,5 l de graisse de canard

CRÉMEUX CHENIN ET THYM GRILLÉ
1 l de chenin (vin blanc de Loire)
60 g de thym citron
60 g de thym zaatar
60 g de thym orange
½ l de bouillon de légumes
43 g de jus de kalamansi
35 g de Maïzena
1 oignon rouge
2 gousses d'ail
130 g de crème
100 g de mascarpone

TUILES DE BETTERAVE
160 g de jus de betterave
6 cl d'huile olive
25 g de farine T55
Colorant si besoin

PULPE DE BETTERAVE
100 g de betterave
45 g de baies d'açaï
1 cl d'huile de sésame
0,8 cl de jus de sudachi (un agrume japonais)
Sel et poivre

PÂTES À RAVIOLES
350 g de farine
11 jaunes d'œuf
14 g de sel
17 g d'encre de seiche

1 – Farce de lapin confit : faites confire le lapin dans la graisse de canard pendant 3 h 45 à 150 °C. Effilochez le lapin. Hachez finement l'oignon, l'ail et le gingembre. Mélangez tous les ingrédients. Formez des petites boules de 2 cm de diamètre. Réservez 2 h au frais.

2 – Crémeux chenin et thym grillé : faites revenir l'oignon, l'ail, les thyms jusqu'à parfaite caramélisation. Ajoutez le chenin, faites bouillir et flamber. Ajoutez le bouillon et le jus de kalamansi. Laissez réduire de moitié et passez le tout au chinois. Liez à la Maïzena, ajoutez la crème et le mascarpone. Mixez le tout, réservez au chaud.

3 – Tuiles de betterave : mixez les ingrédients et faites cuire dans une poêle, les tuiles dentelles se forment toutes seules.

4 – Pulpe de betterave : faites cuire les betteraves, mixez-les avec les autres ingrédients et réservez au frais.

5 – Pâtes à ravioles : mélangez d'un côté 5 jaunes d'œuf et la moitié du sel, ajoutez 166 g de farine au batteur. Laissez reposer 1 h. Faites de même avec 6 jaunes, l'autre moitié du sel, 184 g de farine et l'encre de seiche.

6 – Passez ces 2 pâtes au laminoir jusqu'à la taille 5. Taillez la pâte à encre de seiche avec le laminoir à tagliatelles. Disposer les tagliatelles sur la pâte blanche de façon aléatoire, passez les deux pâtes au laminoir plat à la taille 6.

7 – Étalez la pâte sur un plan de travail fariné, garnissez de boules de lapin tous les 5 cm, refermez la pâte et formez les ravioles. Faites-les cuire 6 min dans l'eau bouillante salée.

8 – Dressage : dans une assiette creuse, versez le crémeux, disposez les ravioles, puis des gouttes de pulpe de betterave. Ajoutez quelques herbes fraîches pour relever.

Samuel Boulle

SAMUEL BOULLE

La fantaisie (le nom de baptême de son établissement), pour cet Aindinois pur jus, c'est d'agrémenter le beau terroir du Bugey avec quelques twists personnels, issus de sa formation comme de ses voyages. Samuel Boulle a en effet côtoyé quelques chefs majuscules, tel Georges Blanc dans son fief vonnassien, ou Davy Tissot, le lauréat du Bocuse d'Or 2021.

Il s'est installé l'an passé dans ce petit village des contreforts du Jura, entouré de paysages champêtres. Dans l'ancien presbytère qui a connu quelques enseignes successives (dont La Cigale d'Or), il a dessiné avec son père le restaurant tel qu'il le voit : ouvert, simple, accueillant. Pas de meubles de designers, pas de néons agressifs, pas de dancefloor : de l'authentique, avec les moyens du bord, et beaucoup de sincérité.

Même loyauté dans les plats, qui font chanter le terroir du Bugey, mais aussi ceux du Dauphiné et de la Savoie : c'est la symphonie pastorale dans la modestie, avec le coulant au bleu de Gex ou les cromesquis de grenouilles pour se mettre en appétit. La ballottine de volaille est bien fondante avec une sauce au montagnieu, ce vin local rare et méconnu, et une pointe de sirop d'érable, avant un bon dessert maison, beaucoup plus exotique d'apparence mais réaliste, fait de biscuits trempés dans le café (une coutume ici), cardamome et cannelle, nappage chocolat noir…

La petite cave ne fait pas non plus mystère de ses origines, père et fils jouent la transparence dans les provenances, bugey prioritaire, mais aussi sur des prix oubliés : 2,50 € le verre d'altesse ou de montagnieu, qui dit mieux ?

La Fantaisie — 12/20
50, rue Alinières – 01470 Seillonnaz

POUR	PRÉPARATION	CUISSON	REPOS
8 PERSONNES	50 MIN	35 MIN	4 H

Cromesquis de grenouille
& son pesto de persil

CROMESQUIS DE GRENOUILLE
750 g de cuisses de grenouille
50 cl de lait entier
35 g de beurre
35 g de farine
100 g de fromage râpé
80 g d'ail
1 botte de persil
3 œufs
200 g de panure

PESTO DE PERSIL
100 g de pignons de pin
180 g de parmesan
3 bottes de persil
175 g d'huile de tournesol

Sel et poivre

1 – Préparez les cuisses de grenouille : farinez les cuisses, puis faites-les cuire dans une poêle chaude avec de l'huile et du beurre (une légère coloration est nécessaire), salez et poivrez en fin de cuisson. Laissez refroidir et désossez les cuisses de grenouilles. Hachez l'ail et le persil.

2 – Préparez la béchamel : faites fondre le beurre dans une casserole à feu doux. Ajoutez la farine et remuez avec le beurre et la farine jusqu'à ce que le mélange blanchisse. Ajoutez le lait petit à petit dans votre roux*, puis fouettez énergiquement. Ajoutez le fromage râpé, le persil et l'ail haché et ajustez l'assaisonnement.

3 – Préparez les cromesquis : ajoutez la chair des cuisses de grenouilles à la béchamel, puis versez dans des moules sphériques, congelez jusqu'à ce que le mélange durcisse.
– Juste avant de servir, panez les cromesquis dans un mélange d'œuf et de chapelure puis faites-les frire dans une huile à 140 °C jusqu'à obtenir une jolie coloration.

4 – Préparez le pesto : équeutez le persil et faites-le blanchir dans de l'eau chaude durant 1 min, stoppez la cuisson dans de l'eau glacée afin de donner au pesto une belle couleur verte. Essorez.
– Torréfiez* les pignons de pin au four à 200 °C pendant 7 min jusqu'à obtenir une couleur marron clair.
– Dans un blender, mixez le persil, l'ail, les pignons de pin et le parmesan en ajoutant petit à petit l'huile de tournesol.

5 – Dressage : déposez une bonne cuillerée de pesto au centre de l'assiette, disposez le cromesquis par-dessus.

NOÉMIE D'HOOGE & MARIN REMY

Voilà une adresse bénie. Après Bérengère Pélissard (Le Comptoir à Manger) et Tristan Weinling (Utopie), c'est au tour du duo de choc Noémie D'hooge et Marin Remy de s'installer dans le cockpit de cette fusée gastronomique, une salle de poche coincée entre Grand-Rue et Petite France. Nous n'avons eu toutes ces dernières années que des bonnes ondes à cette adresse, et pour tout dire de vraies découvertes pour ces talents en devenir.

Noémie et Marin ne sortent pas de nulle part. Nous les avions repérés au Botaniste, rue Thiergarten, pour leur galop d'essai. Dans cette nouvelle aventure, on sent immédiatement qu'ils ont mûri. Des saveurs plus nettes et surtout plus harmonieuses, une réelle direction culinaire.

Avant Le Botaniste, Marin est passé chez Gilles Leininger au Jardin Secret de la Wantzenau après un apprentissage à Zeum Ysehuet. Quant à Noémie, après de brillantes études (Master of Arts en arts plastiques, École doctorale des humanités…), elle a lancé son projet de Botaniste pour l'affiner aujourd'hui avec Marin.

L'atmosphère est délicieusement décontractée. Et de leur minuscule cambuse, les deux associés tirent des assiettes convaincantes, dans un esprit bourgeois aux nombreux clins d'œil. Dans un style néoclassique, on se débarrasse de l'inutile, on ajoute des notes modernistes, souvent végétales, on favorise les cuissons douces, on rajoute un soupçon d'inventivité. Un style éclectique qui passe bien car la vérité est dans la pureté et la concentration des saveurs.

À leurs côtés, Valeria, en salle, très à l'aise, débouche des vins nature, vins orange et flacons de niche achetés chez un caviste de la nouvelle vague.

Ondine — 13/20

10, Petite-Rue-des-Dentelles – 67000 Strasbourg

POUR
4 PERSONNES

PRÉPARATION
1 H

CUISSON
3 H 30

Ravioles vapeur aux courges safran & natsudaidai

PÂTE À RAVIOLES
12,5 cl d'eau
245 g de farine
Maïzena

CARAMEL DE VIN BLANC
30 g de sucre
25 g de beurre
10 cl de vin blanc

BOUILLON
1 belle courge
1 oignon
2 gousses d'ail
½ poireau
10 cl de vin blanc

BUTTERNUT
1 butternut
1 gousse d'ail
Beurre
Persil (ou autres herbes aromatiques)
Vin blanc

BEURRE INFUSÉ AU SAFRAN
100 g de beurre
Quelques pistils de safran

PURÉE DE COURGE SAFRANÉE
1 courge
Beurre
10 cl de vin blanc
Sel
Huile

FINITIONS
1 natsudaidai (variété d'agrumes)
Huile de pépins de courge

1 - Le bouillon : commencez par réaliser un caramel à sec dans une casserole qui servira à cuire le bouillon. Déglacez avec du beurre et ajoutez 10 cl de vin blanc. Réduisez de moitié.
- Coupez la courge. Faites dorer au four à 180 °C. Déglacez au vin. Transférez dans la casserole avec le caramel de vin, ajoutez de l'eau froide et laissez cuire à feu doux pendant 2 h.
- Passez le bouillon au chinois, réduisez-le davantage et rectifiez l'assaisonnement si nécessaire.

2 - La farce : coupez la butternut en petits dés et faites-les revenir dans du beurre à la poêle. Ajoutez l'ail haché et le persil. Déglacez avec une goutte de vin blanc à feu vif, puis retirez du feu et laissez refroidir.
- Beurre infusé au safran : faites fondre le beurre avec une gousse d'ail et quelques pistils de safran. Laissez infuser.
- Purée de courge : épluchez la courge et coupez un morceau de 4 cm de côté. Salez et huilez légèrement, puis enfournez à 180 °C jusqu'à obtenir une belle caramélisation. Déglacez au vin, faites réduire les sucs, puis retirez du feu. Mixez la courge en incorporant peu à peu le beurre infusé jusqu'à obtenir une texture lisse. Retirez du mixeur et laissez refroidir.
- Incorporez la purée de courge safranée aux dés de butternut, en quantités équivalentes, pour obtenir une masse épaisse à utiliser comme farce pour les ravioles.

3 - Confectionnez les raviolis : versez l'eau bouillante progressivement sur la farine dans la cuve du batteur muni de la feuille*, mélangez jusqu'à l'obtention d'une boule de pâte assez homogène (cette étape peut aussi se faire à la main). Divisez en deux pâtons, filmez et laissez refroidir au frais (la pâte peut aussi être réalisée la veille).
- Avec l'aide d'un laminoir, abaissez* finement la pâte tout en farinant généreusement le plan de travail et la pâte avec de la Maïzena, et taillez des cercles de 9 cm à l'emporte-pièce.

4 - Finition : faites cuire les ravioles à la vapeur, réchauffez le bouillon et n'hésitez pas à les accompagner d'un segment de natsudaidai et d'un filet d'huile de pépins de courge.

Laura Pelou

LAURA PELOU

Lauréate de la Dotation Jeunes Talents Gault&Millau en 2021, Laura Pelou a patienté un an avant d'ouvrir à Toulouse, à l'automne dernier, son restaurant Gram's, dans le quartier animé de la rue de la Colombette.

Avec ce curieux nom de baptême, la cheffe rend hommage à ses grands-mères, toutes deux cuisinières, qui lui ont enseigné, avec son père également cuisinier, le goût des bonnes choses aveyronnaises. C'est ce terroir qu'elle porte en elle, celui qu'elle a voulu apporter au cœur de la Ville rose, par le biais de plats qu'elle aime *« simples et bien maîtrisés »*.

Toulouse, c'est aussi sa ville natale. *« Je suis Aveyronnaise, mais comme ma mère attendait des triplés, mes parents ont préféré la grande ville »*, précise-t-elle. Et la ville qui, aujourd'hui, l'accueille avec tous les parfums du Rouergue et de l'Aubrac. C'est chez Quentin et Noémie Bourdy, à L'Univers de Villefranche-de-Rouergue, qu'elle a perfectionné son savoir-faire, pour mieux peaufiner son projet.

Avoir son propre restaurant, faire sa cuisine, locale et rurale, au cœur de la métropole, c'est son idée, celui d'une jeune femme moderne qui étonne, à la façon d'une Laetitia Visse, à Marseille, en travaillant les abats, et tous les bons morceaux de la viande d'Aubrac, la côte de veau ou de bœuf, la basse côte, qu'elle termine au capucin, ou encore l'emblématique aligot saucisse. Ajoutez le pâté croûte, la terrine de pot-au-feu, les indispensables ris d'agneau et tous les généreux plats du moment… à s'en lécher les doigts.

Gram's — 13/20
64, rue de la Colombette – 31000 Toulouse

POUR
4 PERSONNES

PRÉPARATION
20 MIN

CUISSON
10 MIN

Respounchous
foies et cœur de volaille, jus au vinaigre

- 500 g de respounchous (asperges sauvages)
- 8 foies de volaille
- 8 cœurs de canard
- 50 g de lard
- 2 œufs
- 2 c. à soupe de vinaigre de vin vieux
- 30 g de beurre
- Sel et poivre du moulin

1 – Faites blanchir les respounchous dans une eau salée et vinaigrée pendant 2 min. Arrêtez la cuisson en les passant dans une glaçante*.

2 – Faites cuire les œufs durs. Faites revenir le lard émincé dans une poêle, ajoutez les foies et les cœurs jusqu'à ce qu'ils soient bien dorés de tous les côtés. Réservez les foies et cœurs. Laissez les lardons et versez le vinaigre de vin vieux, déglacez la poêle. Montez la sauce au beurre.

3 – Dressage : répartissez les respounchous dans les assiettes, ajoutez les œufs durs râpés, les foies et cœurs de volailles, un tour de moulin à poivre et une pincée de sel. Accompagnez de dés de pain dur revenus dans une noix de beurre et de pommes de terre poêlées.

CLÉMENT LESSOUD

Hortus. Le mot est à la mode. Dans l'envahissement végétal de toutes les cuisines modernes, les *horti* (« jardins potagers », en latin) se développent et les légumes poussent dru un peu partout. C'est bon pour la santé et moins cher que le turbot ou le veau. Dans le cœur historique de Toulouse, aux beaux immeubles de briques du quartier des Carmes, une table est née, vivifiante et chic.

Clément Lessoud vit dans son époque : originaire de la région toulousaine – il a commencé chez Émile –, il possède un bagage qui s'est étoffé dans de belles maisons, en France et à Londres, avant un passage inspirant auprès de Ludovic Turac à Marseille (Une Table, au Sud). Le voilà désormais chez lui : une bonne équipe à ses côtés, des menus uniques et sans choix pour se faciliter la vie, c'est une affaire qui tourne rond et les premières toques arrivent dès la première saison.

Elles se justifient par un travail de fond, de création, de savoir-faire. Loin de la cantine du jardin, cette cuisine pensée et élaborée a de l'allure. Et demande un peu de temps (comptez trois bonnes heures le soir, avec les à-côtés). L'huître Ostra Regal betterave cresson, les légumes racines sur un jus végétal, et surtout la remarquable sole à la noix du Périgord et au vin jaune nous ont convaincu.

Au déjeuner, la formule, aux ingrédients plus simples, est à 32 € et bénéficie des mêmes attentions, les desserts de cuisiniers correspondent au lieu (chocolat et herbes lors de notre passage) et la cave encore mince va se construire au fur et à mesure autour des bons vignerons du Languedoc et du Roussillon.

Hortùs — 13,5/20
17, rue Croix-Baragnon – 31000 Toulouse

RECETTE DE CHEF - **INTERMÉDIAIRE**

POUR	PRÉPARATION	CUISSON
4 PERSONNES	1 H	3 H

Lotte maturée barigoule d'artichaut de pays et ail noir

1 queue de lotte
300 g de gros sel
1 botte de persil
Sel, poivre
25 cl d'huile de pépins de raisin

ARTICHAUTS BARIGOULE
6 artichauts bouquet/violets
1 citron
1 carotte
1 oignon
1 branche de thym
1 feuille de laurier
25 cl de vin blanc
25 cl de crème liquide

PURÉE ET CHIPS D'ARTICHAUTS
3 artichauts de Macau
1 oignon
50 cl de lait entier
Farine

MAYONNAISE AIL NOIR
1 tête d'ail noir
1 œuf entier
1 c. à café de vinaigre de vin rouge

1 – Préparez la lotte : levez les filets de lotte et les parer (ou demandez au poissonnier). Retirez la fine membrane pour éviter qu'elle ne se rétracte à la cuisson. Placez les filets dans le gros sel pendant 10 min, puis rincez et séchez-les.

2 – Poudre de persil : effeuillez la botte et séchez les feuilles au four à 50 °C pendant 3 h. Mixez jusqu'à obtenir une poudre.

3 – Artichauts barigoule : tournez* les artichauts violets et réservez-les dans de l'eau citronnée. Taillez finement oignon et carotte. Faites suer sans coloration, ajoutez les artichauts, le vin blanc à hauteur, le thym et le laurier. Laissez cuire environ 10 min à couvert. Débarrassez les artichauts et faites réduire le jus de cuisson de moitié. Ajoutez la crème liquide et rectifiez l'assaisonnement. Réservez.

4 – Purée et chips d'artichauts : tournez* les artichauts de Macau en prenant soin d'enlever le foin. Émincez finement un oignon et 2 artichauts tournés. Faites-les cuire sans coloration dans une casserole. Mouillez avec le lait entier. Faites cuire 20 min. Mixez à l'aide d'un blender.
– Taillez très finement l'artichaut de Macau restant. Panez-le dans la farine et faites-le frire dans une huile à 150 °C jusqu'à l'obtention d'une coloration blonde.

5 – Mayonnaise à l'ail noir : mixez l'ail noir épluché avec l'œuf entier au mixeur plongeant. Ajoutez un filet d'huile en continu, comme pour monter une mayonnaise. Ajoutez le vinaigre, salez et poivrez.

6 – Finition : faites cuire la lotte à la vapeur durant 4 min. Taillez les artichauts violets en deux et faites-les colorer à feu vif à la poêle avec un filet d'huile.

7 – Dressage : parsemez le fond de l'assiette de poudre de persil. Disposez des points de mayonnaise, les artichauts, puis une cuillère de purée. Disposez la lotte et les chips. Mettez la sauce d'artichaut à disposition.

OLOW TRADEMARK

LAURA BOIT & BAPTISTE LAVALLEZ

La Côte de Granit rose, une merveille naturelle où le soleil joue avec les ocres de la roche et le bleu de la mer. Une source d'inspiration pour le cuisinier voyageur et le marin épicurien. C'est donc à Trébeurden que Baptiste Lavallez et Laura Boit ont posé leur paquetage.

À l'emplacement de La Piazza, ils ont ouvert leur Vivace avec détermination et vivacité. Laura en pâtisserie, Baptiste en cuisine. Après des études en architecture, Laura prépare un CAP de pâtisserie pour assouvir sa passion, tandis que Baptiste, passé chez Drouant, voyage au gré des vents, apprend la cuisine du monde et s'installe à Paris. Une belle expérience au Caillebotte, l'un des bistrots de la Pantruchoise (Le Pantruche, Le Coucou, Belle Maison…) qui donne aussi l'idée de ce que doit être un bistrot d'aujourd'hui, simple et décomplexé par rapport à une gastronomie un peu pompeuse, visant avant tout le vrai goût de produits tracés et de saison dans une atmosphère jeune et détendue.

Voilà donc le concept de Vivace. La démarche est locavore, plutôt végétale, maintenant l'attention gustative en permanence, sans aucune lourdeur. Le décor est simple, mais les détails montrent beaucoup de soin sur table : couteaux de chez Ponson à Thiers, assiettes d'un céramiste nantais…

Et pour le geste, beaucoup de précision dans une vision moderne : la crème de cosses de petits pois en mise en bouche, les fines tranches de filet de bar en ceviche, fenouil et leche de tigre, comme le filet de barbue asperge blanche rôtie, betterave acidulée, basilic, beurre blanc fumé, montrent précision et délicatesse, comme sur le dessert de Laura, peu sucré et d'une réelle douceur, autour de l'orge et de la noisette.

Vivace — 13,5/20
Place de Crec'h-Héry – 22560 Trébeurden

POUR	PRÉPARATION	CUISSON	REPOS
4 PERSONNES	20 MIN	40 MIN	1 H

L'Orgé
comme un cappuccino

FINANCIER
1 blanc d'œuf
50 g de sucre
20 g de farine
25 g de poudre de noisettes
30 g de beurre
1 pincée de sel

CROUSTILLANT PRALINÉ
40 g de crêpes dentelle
80 g de praliné de noisettes
20 g de beurre

CRÈME PÂTISSIÈRE D'ORGÉ
1 jaune d'œuf
10 cl de lait
7 g d'Orgé Infusion (café d'orge de la marque Graine de Breton)
15 g de sucre
10 g de fécule de maïs

GEL D'ORGÉ
7 g d'Orgé Infusion
2 g d'agar-agar

CRÈME MONTÉE
10 cl de crème liquide (minimum 30% de matière grasse)

1 – Préparez le croustillant praliné : réduisez les crêpes dentelle en petites brisures dans un récipient. Ajoutez le praliné et mélangez. Faites fondre le beurre et ajoutez-le au mélange. Étalez le croustillant sur 2 mm d'épaisseur entre deux feuilles de papier sulfurisé et faites prendre au congélateur environ 1 h.

2 – Préparez le financier : préchauffez le four à 180 °C. Mélangez le sucre, la farine, la poudre de noisette et le sel dans un récipient. Ajoutez les blancs d'œuf et mélangez au fouet. Réalisez un beurre noisette*, ajoutez-le à l'appareil, mélangez de nouveau. Dans un cadre ou un moule carré d'environ 12 cm de côté, chemisé d'un papier sulfurisé (ou 4 moules individuels), versez la préparation et enfournez pendant 15 min. Démoulez le financier, une fois refroidi.

3 – Réalisez la crème pâtissière d'Orgé : infusez l'Orgé dans le lait pendant 7 min à feu doux. Filtrez à l'aide d'une passoire fine. Portez le lait filtré à frémissement.
– Dans un récipient, faites blanchir le jaune d'œuf et le sucre, puis ajoutez la fécule de maïs et mélangez. Versez la moitié du lait dans cet appareil, mélangez à nouveau. Reversez le tout dans la casserole. Remuez sans arrêt à l'aide d'un fouet jusqu'à épaississement du mélange. À ébullition, comptez 1 min en continuant à mélanger, puis débarrassez et filmez au contact*. Réservez au frais. Dès que la crème a refroidi, fouettez-la, puis versez-la dans une poche à douille.

4 – Préparez le gel d'Orgé : infusez l'Orgé dans 10 cl d'eau pendant 7 min à feu doux. Filtrez à l'aide d'une passoire fine. Portez à ébullition, ajoutez l'agar-agar et fouettez pendant 2 min. Débarrassez dans un récipient et laissez prendre au frais. Mixez à l'aide d'un mixeur plongeant jusqu'à l'obtention d'une texture lisse et versez dans une poche à douille.

5 – Réalisez la crème montée : montez la crème en chantilly. Versez dans une poche à douille.

6 – Dressage : détaillez le financier en 4, disposez au centre de l'assiette. Sortez le croustillant du congélateur, taillez des carrés aux dimensions des financiers et disposez-les dessus. Dressez la crème pâtissière, le gel. Surmontez de crème montée et de brisures de noisettes.

BAPTISTE GAUTIER

Une jolie maison champenoise avec sa petite cour intérieure qui donne sur la ruelle des Chats : voilà le nouveau fief de Baptiste Gautier, Normand originaire de Bagnoles-de-L'Orne, qui a suivi jusqu'à Troyes son épouse, Domitille, et baptisé cette enseigne du nom de leur fils.

Bien lui en a pris : cette adresse est charmante, modeste et ambitieuse à la fois, et le travail de Baptiste, formé chez Ferrandi et passé au Taillevent avant de voyager jusqu'en Asie, montre déjà un niveau bien défini.

La maison est toute jeune, mais l'équipe est en place, avec un Matthias en salle tout feu tout flamme, d'une grande gentillesse et d'une grande attention. L'approvisionnement local va encore se renforcer (nous y avons goûté une plaisante tartelette aux escargots) et est déjà effectif dans la carte des boissons, avec le cidre du pays d'Othe, les bières d'une brasserie proche et bien sûr des champagnes de l'Aube et de cette remarquable côte de Montgueux, offrant un choix au verre bien varié.

Le chef a dessiné un menu déjeuner attractif, à 23 € ; le soir, il s'oriente vers des petites assiettes à partager qui permettent de goûter davantage, avec les moules et chorizo de wagyu, la burrata pêche et origan, le secreto iberico courgettes marinées et olives, l'assiette de lonzo du Tarn ou la très locale andouillette de Troyes sauce chaourçoise. Et Baptiste n'oublie pas qu'il a commencé par un apprentissage en boulangerie : le pain maison est excellent !

Octave — 11/20
23, rue des Quinze-Vingts – 10000 Troyes

POUR	PRÉPARATION	CUISSON	REPOS
8 PERSONNES	1 H 30	1 H	3 JOURS

Pâté en croûte
à la Prunelle de Troyes

PÂTE
500 g de farine
250 g de beurre
11,5 cl de lait entier
15 g de sucre
15 g de sel

MARINADE/FARCE
600 g d'échine de porc
600 g de gorge de porc
500 g de foies de volaille
8 cl de vin rouge
8 cl de Prunelle de Troyes
6 cl de porto
30 g de sel
4 g de poivre
2 g de mélange 4 épices
1 oignon
2 gousses d'ail
200 g de lard gras
40 g de pistaches
100 g de graisse de canard
2 œufs

GELÉE
500 g de fond brun de veau
10 feuilles de gélatine

MATÉRIEL SPÉCIFIQUE
Moule à pâté en croûte
Sonde

1 - Marinade (3 jours avant) : taillez en lanières l'échine et la gorge, déveinez 300 g de foies de volaille. Mettez l'ensemble à mariner toute une nuit avec les alcools et les épices, sel et poivre.

2 - Préparez la pâte (2 jours avant) : mélangez et pétrissez tous les ingrédients, préformez la pâte en rectangle. Filmez et réservez au frais.

3 - Préparez la farce (2 jours avant) : faites confire à la graisse de canard l'oignon et l'ail épluchés.
- Découpez en brunoise (petits dés) le lard gras, pochez-le 10 secondes dans une eau bouillante, puis refroidissez-le dans une eau avec des glaçons. Épongez sur du papier absorbant.
- Poêlez les 200 g de foies de volaille restants, puis laissez refroidir. Coupez grossièrement.
- Mixez l'ensemble avec la marinade de la veille. Ajoutez en mélangeant un œuf et les pistaches.

4 - Assemblage (2 jours avant) : abaissez* la pâte à 4 mm d'épaisseur, beurrez et foncez le moule.
- Mettez la farce dans le moule en prenant soin d'enlever le maximum d'air. Recouvrez le moule, en ayant fait préalablement trois cheminées*. Dorez* avec un œuf au pinceau. Enfournez à 220 °C pendant 8 min, puis baissez le four à 180 °C. Cuisez à cœur à 58 °C, vérifiez à l'aide d'une sonde (selon les fours, comptez environ 30-45 min).

5 - Démoulage (la veille) : démoulez et coulez la gélatine liquide dans le pâté par les cheminées. Laissez encore reposer une journée avant de déguster.

NICOLAS FRECH

Nicolas Frech a été commis chez Loiseau, a passé huit ans auprès de Bernard Leray à La Nouvelle Auberge, a travaillé en Suisse comme son épouse, Marine *(photo)*, avant de revenir en Alsace. C'est avec un bon bagage et une tête bien faite qu'ils se sont installés à Turckheim pour ouvrir une belle page de leur histoire commune. Le décor est simple et rustique, celui d'un restaurant classique dans la rue principale de ce très beau village.

Aucun doute sur le potentiel du chef : cette cuisine est déjà mature, nette, maîtrisée. Nicolas Frech peut aborder les plats traditionnels alsaciens pour les tourner à sa façon, montrant souplesse et ingéniosité dans son « Tap'Alsace » ou son fleischnacka bœuf et foie gras. Sa force est aussi dans le choix des produits : avec discernement et savoir-faire, il sait tirer parti de marchandises de haute qualité. Ainsi le tartare de saumon Label rouge, qu'il sait entourer sobrement pour mieux le mettre en valeur, sans surcharge d'épices ou d'herbes. De même pour le turbot meunière, d'une fraîcheur incomparable, juste poêlé, posé sur des asperges blanches d'Alsace avec une sauce bien gourmande au lard de Conca qui ajoute une touche paysanne du meilleur effet, ou encore le ris de veau, préparé dans les règles de l'art, avec un jus bien réduit et aromatique.

En salle, Marine se démène avec une rare énergie tout en gardant le sourire même dans le coup de feu, fréquent au déjeuner notamment. Elle s'occupe également d'une carte des vins plutôt bien faite avec de bonnes références, en Alsace comme ailleurs, en Bourgogne et Rhône.

La Table du 12 — 12/20
12, Grand Rue – 68230 Turckheim

RECETTE DE CHEF - FACILE

POUR
4 PERSONNES

PRÉPARATION
30 MIN

CUISSON
40 MIN

REPOS
12 H

Cœur de ris de veau
petits pois à la française, bretzels en crumble

CŒUR DE RIS DE VEAU
1 kg de cœur de ris de veau
6 c. à soupe de farine
100 g de beurre
3-4 cl d'huile
1 citron

PETITS POIS À LA FRANÇAISE
450 g de petits pois frais
1 laitue
150 g de lard paysan (à défaut, des lardons fumés)
2 oignons rouges
40 g de beurre

BRETZELS EN CRUMBLE
100 g de beurre
100 g de noisettes en poudre
100 g de farine
40 g de sucre
100 g de bretzels secs (rayon apéritif dans le commerce)

1 – Ris de veau (la veille) : faites dégorger les ris de veau (plongez-les dans de l'eau et maintenez au réfrigérateur) pendant au moins 12 h pour les nettoyer du sang résiduel.
– Le jour J, faites-les blanchir dans l'eau à feu doux jusqu'à ébullition, faites-les refroidir rapidement en laissant couler de l'eau froide dessus.
– Épluchez les ris de veau pour enlever la membrane restante, salez-les et farinez-les, puis tapez-les bien pour enlever l'excédent de farine.
– Démarrez la cuisson dans une poêle avec un mélange huile et beurre, ajoutez les ris de veau, puis laissez cuire environ 5 à 7 min de chaque côté en arrosant bien les morceaux. Pour un ris de veau bien croustillant, privilégiez la cuisson avec la farine et le beurre au dernier moment. Finissez par un zeste de citron jaune sur le ris de veau (cela apportera de la fraîcheur au plat et l'allégera...).

2 – Petits pois à la française : faites cuire les petits pois à l'eau salée pendant 8 à 10 min, vérifiez la cuisson avant de les sortir de l'eau. Ils doivent rester croquants, mais pas trop. Taillez les oignons rouges en fins quartiers, faites-les revenir dans l'huile, ajoutez le lard, puis, quand l'oignon est quasiment cuit, ajoutez la laitue préalablement émincée et lavée. Faites revenir rapidement.

3 – Crumble aux bretzels : mettez dans un saladier ou la cuve du batteur tous les ingrédients, mélangez le tout à la feuille* ou à la main. Enfournez à 170 °C pendant 15 min environ.

4 – Dressage : disposez les petits pois au centre de l'assiette. Posez sur le dessus le ris de veau, puis des morceaux de crumble autour. Vous pouvez ajouter des pousses de petit pois. Versez une cuillerée du beurre de cuisson autour des petits pois.

LOÏC RENAND & ANTHONY VIAL

Pour tous les fans de la troupe du Splendid, ce lieu est mythique puisqu'il s'agit de l'ancien magasin de sport où travaille Popeye (Thierry Lhermitte) dans le film *Les bronzés font du ski*. Le cadre a évidemment bien changé, mais l'emplacement, au cœur de la station, est idéal, propice à développer une cuisine montagnarde ajustée et moderne.

On y a précisément installé deux pointures pour lancer l'affaire: Loïc Renand *(photo, 3e en partant de la droite)*, qui fut le second de Jean Sulpice, et Anthony Vial *(bras croisés, au centre)*, venu de chez Buron au Chabichou (Courchevel), ne sont pas là pour faire de la figuration et des démonstrations de godille. Assurant un irréprochable planté de bâton, ils vont droit au but pour délivrer une belle partition rustico-montagnarde, un peu canaille chic, du meilleur effet sur la clientèle du ski.

Aux murs, des néons rouges et quelques véritables « poyas », ces tableaux d'inspiration pastorale représentant généralement la montée aux alpages. L'ambiance est festive, mais chacun y trouve son compte et même un peu d'intimité si nécessaire.

Beaucoup de maîtrise dans l'assiette en mêlant les genres, un pâté en croûte de belle facture, un chou-fleur rôti à la grenobloise beurre noisette à la sauge, une remarquable butternut à la braise, sauce soja graine de courge et noisette du Piémont, les contrastes et télescopages sont nombreux, mais tous bien maîtrisés, jusqu'au superbe dessert au miel, évocation d'enfance très gourmande, mais léger et aérien, où l'on retrouve des notes de soleil, de miel et de pollen...

Poya — 12,5/20
683, avenue de l'Olympique – 73150 Val-d'Isère

POUR	PRÉPARATION	CUISSON	REPOS
4 PERSONNES	55 MIN	1 H 15	1 H 30

Truite de Savoie confite
quinoa & œufs de brochet

MARINADE DE LA TRUITE
800 g de filets de truite de Savoie
2 kg de gros sel
5 g de baies des Batak
2 citrons verts
20 cl de sauce soja salée
2 l d'huile de tournesol

CONDIMENT DE LA TRUITE
4 échalotes ciselées
1 citron jaune
1 botte de ciboulette

SAUCE AUX ŒUFS DE BROCHET
50 cl de crème à 30%
80 cl de vin blanc de Savoie
50 g d'œufs de brochet
Le zeste de 1 citron vert
2 échalotes ciselées
5 cl de vinaigre de vin blanc
20 g de beurre
Sel et poivre

HUILE DE SAPIN
200 g d'huile d'olive
80 g de branches d'épicéa frais (attention à ne pas se tromper sur la variété du sapin)

QUINOA CROQUANT
300 g de quinoa
10 g de beurre
2 g de raifort
Le zeste de 1 citron vert
Sel et poivre

DRESSAGE
1 boîte d'œufs de truite

1 – Préparez la truite : mélangez dans un gros bol le sel, la sauce soja, les baies des Batak, les zestes de citron vert. Dans un plat assez grand, déposez une partie du mélange, puis la truite, et recouvrez avec le reste du mélange de sel. Réservez le plat au frais pendant 1 h 30, laissez mariner.
– Rincez la truite, puis séchez-la dans un torchon. Retirez la peau et détaillez des morceaux de 80 à 100 g environ.
– Faites chauffer l'huile de tournesol doucement jusqu'à 48 °C. Plongez-y les portions de truite et laissez confire 25 min. Attention à ce que la température ne varie pas trop. Réservez au frais.
– Au moment de servir, chauffez légèrement la truite du côté peau (que vous avez enlevée) et faites frire la moitié des échalotes. Mélangez la ciboulette, les zestes de citron jaune, les échalotes fraîches et frites pour avoir un joli mélange homogène qui viendra sur le dessus de la truite.

2 – Sauce aux œufs de brochet : dans une casserole, faites revenir les échalotes avec le beurre, sans coloration. Ajoutez le vin blanc et laissez réduire jusqu'à évaporation presque totale. Versez la crème, laissez réduire et épaissir. Laissez la sauce refroidir, puis ajoutez les œufs de brochet, les zestes de citron, le sel et le poivre et, pour finir, le vinaigre pour l'acidité.

3 – Huile de sapin : faites tiédir l'huile d'olive à 70 °C environ (elle doit être un peu plus que tiède). Versez-la dans un mixeur et ajoutez le sapin taillé en petits morceaux et mixez pendant 2 min à vitesse maximum. Versez le mélange sur un torchon propre avec un bac en dessous pour filtrer l'huile.

4 – Quinoa croquant : dans une casserole, faites fondre le beurre, ajoutez le quinoa, faites revenir sans coloration, puis versez 30 cl d'eau et laissez cuire à feu doux. Une fois l'eau évaporée, ajoutez le raifort, le sel, le poivre et les zestes.

5 – Dressage : mettez le quinoa tiède dans l'assiette, puis dressez la truite. Ajoutez les œufs de truite. Versez la sauce tiède à côté, rehaussée de pointes d'huile de sapin.

Yann Foucher

YANN FOUCHER

Ou comment transformer une table de piste en attraction gastronomique sans abandonner les prérequis du genre, manger vite et bien avant de rechausser pour ne pas perdre une miette de poudreuse.

On peut dire que Maxime Bonnevie, le propriétaire, qui a installé cette nouvelle table au rez-de-chaussée de son autre restaurant, L'Edelweiss, connu des Avalins depuis vingt ans, a bien réussi son départ. Et ce grâce à un bon chef, Yann Foucher. Dès les premières portes, on sent la maîtrise, le style coulé, l'aisance à enchaîner les changements de carre. Après trois jours d'ouverture, la salle affichait complet et le succès ne s'est pas démenti de toute la saison.

Vue sur la cuisine d'un côté, sur la vallée de l'autre, cette jolie bergerie a des atouts, dans son décor montagne chic, vieilles planches provenant de fermes familiales, ton vert sapin privilégié. Les pas lourds des chaussures de ski et les casques qui s'entrechoquent rythment le repas, dans l'enthousiasme des grandes tablées qui s'interpellent d'un bout à l'autre de la salle. On est très vite dans le bain avec cette jeune équipe qui vous conseille avec le sourire et vous guide vers cette cuisine à la braise assurant déjà le succès du lieu.

Le patron rend hommage à son grand-père, René, un fameux skieur qui aimait les bonnes choses. Il aurait donc apprécié cette tarte à l'oignon confit, jus de viande et copeaux de cecina de bœuf, et surtout le gigot d'agneau de lait, d'une onctuosité parfaite, cuit au four Mibrasa puis laqué, accompagné d'un risotto de petit épeautre et champignons.

René – Chalet du Fornet — 11,5/20

Le Fornet – 73150 Val-d'Isère

POUR
4 PERSONNES

CUISSON
15 MIN

REPOS
12 H

Poireau légèrement fumé
lard noir de Bigorre & émulsion beaufort

- 4 beaux poireaux
- 8 fines tranches de lard noir de Bigorre
- 12,5 cl de lait
- 6,5 cl de crème 18%
- 100 g de beaufort
- ½ feuille de gélatine
- 1 tranche de pain de mie
- Beurre clarifié*
- Huile

1 – La veille, taillez les 4 poireaux de la même longueur en veillant à garder le maximum de blanc, puis lavez-les pour éliminer la terre. Nettoyez également une partie des verts de poireau, faites-les sécher au four pendant 12 heures à 50 °C (th. 1/2) avant de les réduire en poudre.

2 – Réalisez l'émulsion beaufort : faites bouillir ensemble le lait et la crème, ajoutez le beaufort préalablement râpé, mélangez au mixeur plongeant et ajoutez la gélatine. Passez le mélange au chinois et remplissez un siphon avec 2 cartouches de gaz.

3 – Taillez de petits dés de pain de mie et faites-les dorer dans le beurre clarifié*. Faites braiser les blancs de poireau dans une sauteuse (fermée) avec de l'huile pendant 20 minutes, puis ouvrez-les en deux dans le sens de la longueur. Dressez-les sur l'assiette en les ouvrant un peu. Mettez l'émulsion au milieu avec quelques croûtons de pain de mie. Déposez les tranches de lard sur le dessus et saupoudrez de la poudre de vert de poireau.

GUILLAUME LE BOZEC

Ils ont la culture bretonne, et plus particulièrement morbihannaise, chevillée au corps. Delphine Dugor vient d'Auray, Guillaume Le Bozec de Pontivy. Ils se sont rencontrés en travaillant et ne se sont plus quittés.

Passé par nombre de belles maisons de la région (dont Avel Vor à Port Louis, Le Pressoir à Saint-Avé, mais aussi le Manoir de la Boulaie à côté de Nantes, et plus loin la merveilleuse école Troisgros à Roanne), Guillaume est un bosseur et un gagneur, qui ne déteste pas les concours (il a remporté l'étape locale du trophée Masse lorsqu'il était à Carnac en 2017) et aime surtout plus que tout mettre son terroir en avant.

Avec Delphine, qui possède une solide formation en salle, en particulier sur le vin, ils ont déniché un local qui leur convient, à l'abri du chahut et du tourisme de masse du cœur historique. Entre cathédrale et palais des congrès, la façade discrète ouvre sur une table aux délicats effluves marins : le chef fait de ses compositions des œuvres graphiques dans lesquelles la couleur tient parfois autant de place que le parfum, l'âme de l'artiste se manifestant aussi dans les tableaux aux murs de la salle. Ainsi, le maquereau à la flamme et la crème d'avocat sont portés par un fumet poisson coco coriandre, le lieu jaune sur son bouillon façon bourride est boosté par les langues d'oiseau, la quête du produit de qualité ne se limitant pas à l'océan ou même à la région, comme le prouve son beau menu truffe mélano de l'hiver dernier.

Agora — 12,5/20

19, rue de la Boucherie – 56000 Vannes

POUR	PRÉPARATION	CUISSON	REPOS
4 PERSONNES	40 MIN	35 MIN	4 H

Quenelles de foie gras passion

QUENELLES DE FOIE GRAS
250 g de foie gras frais
4 g de sel
Poivre Voatsiperifery de Madagascar
Rhum

LAQUAGE PASSION
400 g de jus de fruit de la passion
200 g de jus de mangue
35 g de gélatine végétale

COULIS DE MANGUE
1 mangue
1 c. à café de sauce teriyaki
1 c. à café de sauce sukiyaki
1 pointe de gingembre
Huile

VINAIGRETTE
25 cl de vinaigre blanc
125 g de sucre
50 g de gingembre

CONDIMENTS
1 mangue
100 g de champignons shiitaké
100 g de champignons énoki

1 – Préparez les quenelles de foie gras : éveinez le foie gras, ouvrez les lobes, assaisonnez de sel, poivre et rhum selon votre goût, puis roulez le foie gras en ballottine (formez un boudin dans le film alimentaire en serrant bien).
– Faites cuire le foie gras sous vide 30 minutes à 80 °C dans un grand volume d'eau : emballez la ballottine dans un sac de congélation étanche, plongez doucement le sac dans le bain en le maintenant ouvert. La pression de l'eau va chasser l'air naturellement, puis fermez le sac. Une fois cuit, enlevez le film et travaillez le foie gras avec la feuille* du batteur.
– Débarrassez et mettez cette pâte de foie gras en forme dans des moules à quenelles à l'aide d'une poche à douille lisse. Faites prendre au congélateur, puis démoulez.

2 – Préparez le laquage passion : mélangez et faites bouillir le jus de fruit de la passion, le jus de mangue et la gélatine végétale. Piquez le foie gras avec un cure-dent. Trempez-le dans le jus gélifié. Débarrassez sur une assiette.

3 – Réalisez le coulis de mangue : mixez ensemble la mangue, les sauces teriyaki et sukiyaki et une pointe de gingembre.

4 – Préparez les condiments : mélangez les ingrédients de la vinaigrette avec 50 cl d'eau chaude. Taillez la mangue en losanges, émincez les shiitakés et ôtez le pied terreux des champignons énoki. Versez la vinaigrette chaude sur les trois ingrédients séparés.

5 – Dressage : disposez les quenelles de foie gras laquées sur les assiettes, ajoutez les condiments et des points de coulis de mangue.

Romain Le Cordroch

ROMAIN LE CORDROCH

Difficile de faire plus breton. Romain Le Cordroch, originaire de Pontivy, installé à Vannes, dans l'ancien lieu du restaurant Les Remparts, revendique, proclame, assume et s'engage : *« Je suis un homme amoureux de ma Bretagne natale. »*

Son long CV témoigne de sa passion du voyage et de sa curiosité de marin – après le lycée hôtelier de Dinard, il a commencé sur un ferry… Sa formation est ponctuée d'expériences enrichissantes auprès de chefs à la forte personnalité : Jean-Luc Rabanel, Christian Constant… et de passages à Sydney, Rio, Shanghai…

Face aux remparts, la façade vert jade cache un intérieur simple et lumineux. Tables à pieds cuivrés, parquet blond, atmosphère très conviviale et service détendu. L'enseigne est bretonne : « Bvañ » peut se traduire par « nourrir » ou « vivant ».

Romain aime participer à cette fête bretonne et gourmande : il apporte quelques assiettes, donne les explications, avec connivence et sens du partage. Les légumes des maraîchers locaux, les tomates de Baden, la pêche de Concarneau, de la simplicité et de l'engagement.

Avec Cyrielle, sa compagne, qu'il a connue dès l'enfance, cette étape à deux, chez eux, est une marche décisive, celle dont ils rêvaient depuis longtemps. Avec leurs convictions : circuits courts privilégiés, et donc produits régionaux presque exclusivement, avec une prédilection marquée pour le végétal, comme le soulignent les noms des menus à l'aveugle (« Tagète », « Cosmos », « Livèche »). Et, dans l'assiette, les idées fusent, le concombre avec la truite en gravlax siphon de lait fermenté et fromage blanc ou le filet de sébaste accompagné de moules et de bons légumes safranés…

Bvañ — 11,5/20
6, rue Alexandre-le-Pontois – 56000 Vannes

POUR	PRÉPARATION	CUISSON	CONGÉLATION
4 PERSONNES	45 MIN	55 MIN	12 H

Feuilles de brick
œuf cuit par le froid, chou-fleur, coulis kiwi oseille

COMPRESSION DE FEUILLES DE BRICK
3 feuilles de brick
50 g beurre noisette
Sel, poivre du moulin

ŒUF FERMIERS CUITS PAR LE FROID
4 œufs bio
Fleur de sel, poivre du moulin

COULIS KIWI OSEILLE
3 kiwis verts
1 botte oseille
1 botte d'agastache
10 cl jus citron vert
7 cl huile d'olive

CHOU-FLEUR EN TEXTURE
1 gros chou-fleur blanc
50 g de wakamé au citron
50 g de haricots de mer
50 cl de lait
1 gousse d'ail
1 feuille de laurier
20 cl de lait fermenté
20 cl de crème fleurette
5 cl de sauce poisson
10 cl d'huile d'herbes

FINITION ET DRESSAGE
Quelques grammes de caviar (ou autres œufs de poisson)
Pousses et fleurs aromatiques (lamier pourpre, oseille sauvage, achillée millefeuille, nombril de Vénus…)
Huile d'olive
Sel, poivre du moulin

MATÉRIEL SPÉCIFIQUE
Four vapeur (à défaut, cuisson vapeur classique)

1 – Œuf cuit par le froid (la veille) : placez les œufs une nuit au congélateur. Décongelez-les pendant environ 3 h. Séparez les jaunes des blancs, ne gardez que les jaunes. Assaisonnez et réservez au frais.

2 – Compression de feuilles de brick : faites fondre le beurre noisette* et badigeonnez les feuilles de brick. Superposez-les et réalisez des fonds de tartelette en taillant des cercles adaptés aux dimensions des moules cannelés. Placez les feuilles collées de beurre au fond du moule, ajoutez un autre moule sur le dessus pour leur donner leur forme. Enfournez 10 min à 160 °C jusqu'à coloration ambrée. Débarrassez des moules.

3 – Coulis kiwi oseille : mixez tous les ingrédients au blender, rectifiez l'assaisonnement. Réservez en pipette.

4 – Crémeux de chou-fleur au lait fermenté : faites cuire la moitié du chou-fleur (réservez une sommité) dans du lait avec la feuille de laurier et l'ail. Mixez-le avec le lait fermenté, la crème liquide et la sauce poisson.

5 – Ragoût de chou-fleur aux algues : faites cuire la moitié restante du chou-fleur dans un four vapeur (le garder légèrement croquant). Rafraîchissez-le et hachez-le. Mélangez avec le wakamé et les haricots de mer hachés, l'huile d'herbes, sel et poivre.

6 – Finition et dressage : versez du coulis de kiwi dans le fond de l'assiette, garnissez la compression de feuilles de brick d'un peu de crémeux de chou-fleur au lait fermenté, puis de ragoût de chou-fleur. Disposez un jaune d'œuf sur le dessus, assaisonnez d'un trait d'huile d'olive. Surmontez de chou-fleur cru râpé. Enfin, disposez le caviar (ou les œufs de poisson) et les herbes aromatiques.

INDEX DES VILLES

INDEX DES RESTAURANTS

INDEX DES CHEFS (& CO)

INDEX DES RECETTES

GLOSSAIRE

Abaisser la pâte
Ou « étaler » la pâte. Consiste à aplatir une boule de pâte en exerçant une pression à l'aide d'un rouleau à pâtisserie. Tourner la pâte d'un quart de tour, puis recommencer le même mouvement jusqu'à l'obtention de l'épaisseur attendue.

Beurre clarifié
Beurre fondu à feu très doux dont on ne garde que la matière grasse par décantation (pour ôter l'eau, la caséine et le lactosérum).

Beurre noisette
Beurre doux ou salé qui, en fondant et en chauffant lentement, « se clarifie » : l'eau s'évapore, et la caséine (protéine du lait) caramélise et prend une jolie couleur noisette.

Beurre pommade
Beurre à température ambiante travaillé à la spatule jusqu'à l'obtention d'une consistance lisse et souple (comme une pommade).

Cheminée
Dans une tourte, une cheminée est un trou dans la partie supérieure de la pâte permettant d'évacuer la vapeur, de vérifier la cuisson et/ou d'introduire une crème (ou autre) en cours de cuisson. Il peut être réalisé avec un bout de carton recouvert de papier alu.

Cuire à l'anglaise
Désigne un mode de cuisson de légumes plongés, à découvert, dans un grand volume d'eau bouillante salée.

Décuire
Consiste à diminuer le degré de cuisson en incorporant un élément liquide ou solide afin de lui donner une consistance moelleuse.

Demi-glace
Jus corsé d'aspect brillant (qui a inspiré sa dénomination). Il est préparé par réduction, à feu très doux, d'un fond brun de l'ingrédient principal (veau, volaille, gibier…) jusqu'à l'obtention d'un jus épais éventuellement ajusté par une liaison à la fécule.

Dorer
Appliquer du jaune d'œuf au pinceau de cuisine. Tremper le pinceau dans le jaune d'œuf (la dorure) et répartir uniformément sur la surface à colorer.

Feuille
(ou batteur plat) Accessoire qui permet de mélanger toutes les préparations dont la consistance varie entre normale et épaisse.

Fraiser
Mélanger intimement les ingrédients qui constituent une pâte en les pressant et en les fragmentant avec la paume de la main.

Garniture aromatique
Préparation à base d'oignons, de carottes, céleri-branche et bouquet garni, utilisée pour parfumer et donner du goût aux plats en sauce ou pour cuire des légumes secs.

Glaçante
Bain d'eau glacé dans lequel on plonge légumes ou viandes pour stopper la cuisson.

Habiller
Préparer une volaille ou un poisson pour sa cuisson. Ce terme regroupe plusieurs actions comme ébarber, vider et enfin lever les filets.

Monder les tomates
Consiste à inciser en forme de croix la peau des tomates à l'opposé du pédoncule. Plonger les tomates 30 secondes dans une eau bouillante, puis les refroidir aussitôt dans de l'eau glacée en vue de les peler facilement.

Nappe
Cuire « à la nappe » consiste à cuire à feu doux dans une casserole une préparation en la remuant en permanence à l'aide d'une spatule. La préparation va progressivement épaissir et « napper » la spatule. (Astuce : pour contrôler la cuisson de la crème anglaise, passer un doigt sur la cuillère de crème ; si une trace reste visible sur la cuillère, c'est que la crème est suffisamment épaisse.)

Réduire à glace
Réduire, se dit d'une sauce jusqu'à ce qu'elle devienne sirupeuse et onctueuse. Cette expression s'emploie surtout pour les fonds de viande qui sont « réduits » pour en faire une glace de cuisine.

Réduire à sec
Faire chauffer une sauce jusqu'à ce qu'il n'y ait plus aucune trace de liquide dans la casserole... sans pour autant laisser brûler la réduction. Cela permet de concentrer les saveurs.

Roux
S'obtient en faisant fondre le beurre à feu doux dans une casserole après avoir ajouté (en une seule fois) une proportion égale de farine. Fouetter doucement et laisser cuire 5 min à feu doux.

Singer
Consiste à saupoudrer de farine des aliments préalablement revenus dans de la matière grasse, avant de les arroser d'un liquide, pour obtenir une sauce liée (dans le cas de la préparation d'une sauce).

Suprêmes d'agrumes
Quartiers d'agrumes débarrassés de leur peau transparente.

Torréfier
Faire griller des fruits secs afin de renforcer leurs arômes et de les déshydrater légèrement. Cette étape permet également de débarrasser certains oléagineux de leurs peaux comme les noix, les noisettes. On torréfie également le café.

Tourner
Concrètement, tourner un artichaut revient à récupérer uniquement le cœur du légume. Pour cela, retirez la queue et les deux premières rangées de feuilles. Dégager les feuilles en contournant l'artichaut avec un couteau bien aiguisé pour atteindre le cœur. Terminez la découpe en enlevant les feuilles supérieures.

Président-directeur général
Patrick Hayoun

Directeur de la rédaction
Stéphane Bréhier

Directeur des enquêtes
Marc Esquerré

Directrice artistique
Ingrid Maupoux,
assistée de Cannelle Petit

Rédactrice en chef adjointe
Florence Saint-Martin

Coordinatrice de projet
Maud Lolia,
assistée de Nonna Jouannaud

Iconographes
Julie Vanazzi et Carolina De Souza

Relecture des recettes
Fabienne Haberthur

Relecture et correction
Brigitte Roux, Élise Cotineau et Fanny Jacquet

Publicité & Partenariats
Nicolas Molina nmolina@gaultmillau.fr
Carl-Alexandre Bourdin cabourdin@gaultmillau.fr
Daniel Dias ddias@gaultmillau.fr

Audit & Labellisation
Franck Tesson

Photogravure
Fotimprim

Impression
Graphius, Belgique sur Arena White Smooth 100 g/m²

Dépôt légal
Septembre 2023

ISBN
978-2-375-57-095-1

Éditions Gault&Millau, 37-39 rue Boissière, 75016 Paris
Gault&Millau SA au capital de 250000 €

LALLIER
CHAMPAGNE
AŸ.FRANCE
LALLIER
Depuis 1906
LALLIER
CHAMPAGNE
À AŸ-FRANCE
RÉFLEXION
R.019
BRUT